Dirk Ziesing

Hamm 1870/71

agenda Verlag
Münster
2023

Dieses Werk entstand mit freundlicher Unterstützung durch
den Landschaftsverband Westfalen-Lippe

die Volksbank Hamm

den Hammer Geschichtsverein e. V.

Umschlagbild:
Ansichtskarte, Verlag von Carl Vogt, Hamm, um 1905,
Abzeichen des Krieger-Vereins Hamm, gegründet 1877

Bibliografische Informationen der Deutschen Nationalbibliothek
Die Deutsche Nationalbibliothek verzeichnet diese Publikation
in der Deutschen Nationalbibliografie;
detaillierte bibliografische Daten sind im
Internet über http://dnb.dnb.de abrufbar.

Drubbel 4, D-48143 Münster
Tel.: +49(0)251-799610
www.agenda-verlag.de, info@agenda-verlag.de
Druck & Bindung: TOTEM, Inowroclaw, Polen
ISBN 978-3-89688-782-5

Inhalt

Hamm ist der kleine Haag[1]*, das Markbein in der Mark,*
Hamm ist der Musensitz, da sind die Leute stark,
Hamm gibt uns guten Fisch, Hamm gibt uns gute Schinken,
Hamm gibt vor wenig Geld den besten Keut[2] *zu trinken.*

Lobvers von Pastor Johann Kayser (1654–1721) aus Lippstadt,
ab 1683 Hofprediger in Kleve

[1] Alter Begriff für eine befestigte Anlage.
[2] Hammer Weißbier, seit dem Mittelalter bekannt und beliebt.

Einleitung

Als Hauptstadt der Grafschaft Mark entwickelte sich Hamm schon in früher Zeit zum Garnisonsort. Die bekannteste Einheit war das Preußische Infanterie-Regiment Nr. 9, welches ab 1763 mit sechs Kompanien in Hamm stationiert wurde. Ein berühmter Kommandeur war Carl Friedrich von Wolffersdorff (1716–1781), dessen Grabmal sich in der Marker Sankt-Pankratius-Kirche befindet.

In den Befreiungskriegen von 1813 bis 1815 hatte das 3. Bataillon des 1. Westfälischen Landwehr-Infanterie-Regiments seinen Standort in Hamm. Zum Offizierskorps gehörte unter anderem der junge Sekonde-Leutnant Ludwig Vorster (1792–1870), auf dessen Familie Gut Vorsterhausen zurückgeht. Nach der Schlacht bei Waterloo bekam er für seinen besonderen Einsatz ein Eisernes Kreuz 2. Klasse verliehen. Vorster stieg zum Hauptmann der Landwehr auf, wurde Gutsbesitzer und Kreisdeputierter. Sein Grab befindet sich auf dem Marker Friedhof.

Das Preußische Staatshandbuch nannte 1870 für den Kreis Hamm eine Einwohnerzahl von 57.357, von denen 15.343 auf die Stadt entfielen. Dort waren die folgenden militärischen Einheiten garnisoniert: 2. Bataillon 1. Westfälisches Infanterie-Regiment Nr. 13 (ab 1866), 4. Eskadron 2. Hannoversches Ulanen-Regiment Nr. 14 und 1. Bataillon 2. Garde-Grenadier-Landwehr-Regiment. 1871 kam die 4. Eskadron des Westfälischen Kürassier-Regiments Nr. 4 hinzu. Das Bezirkskommando der Landwehr im Kreisgebiet hatte seinen Sitz in Unna. Es war zuständig für das 2. Bataillon des 3. Westfälischen Landwehr-Regiments Nr. 16.

Da keine kompletten Listen der Hammer Kriegsteilnehmer existieren, kann kein Anspruch auf Vollständigkeit erhoben werden. Als Quellen dienten neben den Kirchenbüchern der unterschiedlichen Konfessionen und den amtlichen Verlustlisten auch diverse Regimentsgeschichten. Dabei ist die Zuordnung zu den Herkunftsorten nicht immer eindeutig, zum Beispiel, wenn Geburt und Taufe an unterschiedlichen Orten stattfanden, oder die Familien der Betroffenen den Wohnort wechselten.

In einigen Fällen wurden Teilnehmer und Opfer des Deutsch-Dänischen Krieges 1864 und des Preußisch-Österreichischen Krieges 1866 berücksichtigt, da oftmals Soldaten an mehreren der Einigungskriege teilnahmen, und auch nach 1871 entstandene Denkmäler diese Ereignisse einbeziehen.

Der Deutsch-Französische Krieg

Kaiser Napoleon III.

Napoleon Bonaparte (1769–1821), erster Kaiser der Franzosen, hinterließ nur einen leiblichen Sohn, der 1832 im Alter von 21 Jahren der Schwindsucht erlag. Offizielles Familienoberhaupt wurde daraufhin der Neffe Charles Louis Napoleon (1808–1873). Nach der Abdankung seines Onkels lebte er anfänglich in Augsburg und später im Schloss Arenenberg, auf der Schweizer Seite des Bodensees, und setzte alles daran, seinerseits die Macht in Frankreich zu übernehmen. Nach zwei gescheiterten Umsturzversuchen gelang ihm 1848 der politische Einstieg als Abgeordneter, und durch eine Volksabstimmung wurde er schließlich Präsident der Republik. 1852 ließ er sich als Napoleon III. zum Kaiser der Franzosen ausrufen. Kaiserin wurde die im Jahre 1853 mit ihm vermählte Eugénie de Montijo (1826–1920).

Kaiser Napoleon III.

Der Ausbruch des Krieges

Nach den für Preußen siegreichen Einigungskriegen, 1864 gegen Dänemark und 1866 gegen Österreich, sah Napoleon III. den französischen Einfluss in Europa massiv bedroht. Die Lage verschärfte sich drastisch, als 1870 auch noch ein Prinz aus dem Hause Hohenzollern den spanischen Thron besteigen sollte.[1] Zwar verzichtete dieser freiwillig auf die Krone, aber Otto von Bismarck (1815–1898), in Personalunion preußischer Ministerpräsident und Kanzler des Norddeutschen Bundes, brachte den Inhalt der so genannten „Emser Depesche“ so provokant an die Presse, dass sich der französische Kaiser beleidigt fühlte und am 17. Juli 1870 Preußen den Krieg erklärte. Sein Kalkül, im übrigen Europa und auch unter den süddeutschen Fürsten Verbündete zu finden, erwies sich als Trugschluss, denn Bayern, Württemberg und Baden folgten ihren Bündnisverpflichtungen und machten ebenfalls ihre Truppen gegen Frankreich mobil.

König Wilhelm I. von Preußen (1797–1888) übernahm den Oberbefehl, mit Albrecht von Roon (1803–1879) als Kriegsminister und Helmuth von Moltke (1800–1891) als Chef des Generalstabs. Die deutsche Streitmacht bestand zunächst aus drei Gruppen entlang der Linie Trier-Mainz-Landau. Die erste Armee, geführt von General Karl Friedrich von Steinmetz (1796–1877), bildete bei Koblenz den rechten Flügel, die zweite unter Prinz Friedrich Karl (1828–1885), einem Neffen des Königs, das Zentrum bei Mainz und die dritte, unter der Führung des Kronprinzen von Preußen, dem späteren 99-Tage-Kaiser Friedrich III. (1831–1888), den linken Flügel bei Mannheim. Zu diesem Armeekorps gehörten auch die süddeutschen Truppenteile.

Auf der Gegenseite standen die Franzosen entlang der Strecke von Nancy bis Belfort. Der erste französische Angriff erfolgte am 2. August 1870 auf Saarbrücken. Vier Tage später wurden die Franzosen jedoch bei Spichern zurückgeschlagen. Parallel dazu waren die deutschen Truppen auch bei Weißenburg (04.08.) und Wörth (06.08.) siegreich.

Schulterstück eines französischen Soldaten, 78. Linien-Regiment, vom Schlachtfeld bei Wörth 7. August 1870

Am 12. August erhielt Marschall François-Achille Bazaine (1811–1888) den Oberbefehl über die französische Rhein-Armee. Weitere Niederlagen bei

Colombey-Nouilly (14.08.), Mars-la-Tour (16.08.) und Gravelotte (18.08.) führten jedoch dazu, dass dieser Teil der französischen Streitmacht in der befestigten lothringischen Hauptstadt Metz eingeschlossen wurde.

Französische Soldaten 1870/71
(Illustrirte Kriegs-Chronik 1870-71, Verlag Hermann Oeser, Neusalza in Sachsen)

Oberkommandierender wurde nun Marschall Patrice de Mac-Mahon (1808–1893), ein Franzose irischer Abstammung und späterer Präsident der Republik. Unter seiner Leitung wurde in Châlons-sur-Marne eine neue Armee aufgestellt und in Anwesenheit des Kaisers in Marsch gesetzt. Auf deutscher Seite hatte sich inzwischen unter dem Kronprinzen Albert von Sachsen (1828–1902) eine vierte Armee formiert, welche an der Maas eintraf und die drei anderen strategisch ergänzte. Am 31. August 1870 trafen Deutsche und Franzosen bei Sedan erneut aufeinander. Als das französische Armeekorps am 2. September bedingungslos kapitulierte, geriet neben 83.000 Soldaten und rund 2.600 Offizieren auch der Kaiser selbst in Gefangenschaft. Im Anschluss daran wurde Napoleon III. zunächst nach Schloss Wilhelmshöhe bei Kassel gebracht und schließlich nach England abgeschoben. Dort starb er später während einer Operation zur Entfernung von Blasensteinen.

Die Fortsetzung des Krieges

Unverzüglich nach der Niederlage bei Sedan wurde in Paris das zweite französische Kaiserreich aufgelöst und am 4. September 1870 eine neue Republik ausgerufen. Der Kriegszustand blieb jedoch weiterhin bestehen. So rückten die deutschen Heere zur Belagerung auf die französische Hauptstadt vor. Am 7. Oktober verließ der Innenminister Léon Gambetta (1838–1882) als Sonderbeauftragter Paris in einem Ballon.[2] Ihn begleiteten nur sein Sekretär und ein Luftschiffer. Außerdem hatte man Briefe im Gesamtgewicht von rund einer Tonne geladen. Gambetta gelangte so nach Tours und organisierte anschließend in Bordeaux eine neue Regierung zur Führung des verbliebenen französischen Territoriums.[3]

Gambetta verlässt Paris in dem Ballon „Armand Barbès"
(7. Oktober 1870)

Leichtbrief der Ballonpost, 10 x 6 cm, vom 16. Januar 1871,
von Paris nach Chanceaux-près-Loches im Departement Indre-et-Loire

In Paris wurde währenddessen der bewaffnete Widerstand organisiert, und in den nicht besetzten Gebieten formierten sich weitere militärische Truppen. Für die Freischärler, die den deutschen Verbindungslinien zu schaffen machten, entstand der Begriff „Francs-Tireurs". Größere Einheiten wurden später auch zu offiziellen Heeresabteilungen vereinigt, wie das Korps des italienischen Nationalhelden Giuseppe Garibaldi (1807–1882), welcher, unterstützt von seinen Söhnen Menotti Garibaldi (1840–1903) und Ricciotti Garibaldi (1847–1924), in Burgund in die Kampfhandlungen eingriff.[4] Unabhängig davon wurde Paris bereits am 9. September mit 130.000 Mann eingekesselt, die Eisenbahnlinien zerstört und die Telegrafenleitungen gekappt. Es mangelte jedoch an schwerer Artillerie und Belagerungsgerät, so dass eine Einnahme der Stadt nicht möglich war.

Am 27. September wurde nach dem Fall Straßburgs das Elsass besetzt. Metz war zu diesem Zeitpunkt ebenfalls noch eingeschlossen. Nach einem vereitelten Durchbruchsversuch ergaben sich dort am 27. Oktober rund 170.000 Mann.

Anschließend wandten sich die deutschen Truppen gegen Belfort, eine der bedeutendsten französischen Festungsstädte der damaligen Zeit. Am 3. November wurde der Belagerungsring geschlossen. Die zunächst rund 17.000 Verteidiger hielten sich jedoch standhaft.

Deutsche Artilleristen während der Belagerung von Belfort in einem Mittelwall der Festung

Im restlichen Frankreich folgten zwischen November 1870 und Januar 1871 weitere Schlachten bei Amiens (27.11.), Orléans (03./04.12.) und Le Mans (10.–12.01.), wo die zur Befreiung von Paris vorrückende, so genannte Loire-Armee geschlagen wurde.

Ein weiteres Truppenkontingent, die französische Ost-Armee unter der Führung des Generals Charles Denis Bourbaki (1816–1897), wurde Richtung Belfort in Bewegung gesetzt. Durch die Schlacht bei Montbéliard vom 15. bis zum 17. Januar 1871 gelang es den deutschen Generälen August von Werder (1808–1887) und Edwin von Manteuffel (1809–1885), die Franzosen in die Defensive zu drängen. Etwa 15.000 französische Soldaten konnten sich südwärts absetzen, die restlichen 87.847 Mann und 2.467 Offiziere traten schließlich auf neutrales Schweizer Gebiet über.

Bei Saint-Quentin in Nordfrankreich fand am 19. Januar die letzte Schlacht statt, und wiederum unterlagen die französischen Truppen, bei dem Versuch, die Nachschubwege der Preußen zu zerstören.

Die Schlacht bei Saint-Quentin am 19. Januar 1871
(Illustrirte Kriegs-Chronik 1870-71)

Die Situation in Paris war inzwischen – nach der monatelangen Belagerung – aussichtslos geworden. Verschiedene Durchbruchsversuche scheiterten. Aufgrund der Blockade herrschte ein absoluter Mangel an Nahrungsmitteln.

Paris — Imp. A.-E. Rochette.

RÉPUBLIQUE FRANÇAISE

MAIRIE DU XIVe ARRONDISSEMENT

BON *pour* 500 *grammes de pain*

Paris, le 1871.

Le Maire,

Bon für 500 Gramm Brot, 1871 ausgestellt in Paris, im Rathaus des XIV. Arrondissements

Das Ausmaß der Misere wird darin deutlich, dass man nicht einmal davor zurückscheute, Hunde, Katzen und selbst Ratten als Fleischlieferanten zu verwenden.

Metzgerei auf dem Markt in Saint-Germain während der Belagerung von Paris 1870/71

Während die Belagerung von Paris anhielt, hatten sich die deutschen Fürsten in Versailles versammelt, um Wilhelm I. zum Herrscher eines geeinten deutschen Reiches zu erheben. Am 18. Januar 1871 fand im Spiegelsaal des Versailler Schlosses die Proklamierung des deutschen Kaiserreichs statt.

Nach einem letzten erfolglosen Ausbruchsversuch der Franzosen wurde schließlich am 28. Januar 1871 ein Waffenstillstand geschlossen. Belfort war davon zunächst ausgenommen, hier hielt die Besatzung noch bis zum 18. Februar 1871 stand. Noch eklatanter war es in der lothringischen Festung Bitsch, die seit August 1870 von bayerischen Truppen belagert wurde und erst am 25. März 1871 kapitulierte.

Abschließend ergab sich aus militärischer Sicht folgende Bilanz: Von rund 700.000 besiegten französischen Soldaten gerieten mehr als die Hälfte in Gefangenschaft, an Toten zählte man rund 140.000. Auf deutscher Seite gab es nach amtlicher Darstellung insgesamt 1.146.355 Kriegsteilnehmer, von denen mehr als 40.000 starben. Sie fielen auf den Schlachtfeldern oder erlagen in den Lazaretten ihren Wunden oder Krankheiten, wie Typhus und Cholera.

Am 10. Mai 1871 wurde in Frankfurt am Main der Friedensvertrag unterzeichnet. Elsass und Lothringen wurden damit an das Deutsche Reich angeschlossen, und Frankreich hatte Kriegskostenentschädigungen in Höhe von 5 Milliarden Francs zu zahlen.

„Elsaß-Lothringen unsere wiedergewonnenen Schwestern", Motivtuch, ca. 70 x 70 cm, Berberich & Cie., Säckingen, um 1871

Der Überfall von Châtillon-sur-Seine

Ein Ereignis am 19. November 1870 betraf zahlreiche Kriegsteilnehmer aus Hamm und verdient daher eine besondere Behandlung.

Es ging dabei um das 2. Bataillon des 3. Westfälischen Landwehr-Regiments Nr. 16. Dessen Stabsquartier lag in Unna. Kompaniestandorte waren in der Reihenfolge der fünf Kompanien Hamm, Unna, Dortmund, Aplerbeck und Lütgendortmund. Den Posten des Bezirkskommandeurs hatte Major zur Disposition Otto Adolph Lentz (1822–1897) inne. Er stammte aus Stargard in Westpreußen und war der Sohn eines Hauptmanns und Justizbeamten. 1858 heiratete er selbst als Hauptmann in Darkehmen in Ostpreußen Johanne Louise von Freyhold (1826–1913), Tochter eines verstorbenen Unteroffiziers. Nach Kriegsende wurde Lentz zum Oberstleutnant befördert. 1872 übernahm er das Bezirkskommando und das 2. Bataillon des 3. Ostpreußischen Landwehr-Regiments Nr. 4, zunächst am Standort Ortelsburg, ab 1874 in Allenstein. Dort gründete er einen Kriegerverein und 1879 einen Verschönerungsverein. 1890 nahm er seinen Abschied und verbrachte die letzten Jahre seines Lebens in Königsberg.

In Preußen ging die Landwehr auf das Jahr 1813 zurück. In den Befreiungskriegen wurden wehrpflichtige Männer im Alter zwischen 17 und 40 Jahren zum Kampf gegen die napoleonische Armee herangezogen. Ende 1813 stellte man in Westfalen zunächst fünf eigenständige Landwehr-Infanterie-Regimenter und ein Landwehr-Kavallerie-Regiment auf. Das erste Regiment, zu dem auch ein Bataillon aus Hamm gehörte, hatte einen entscheidenden Anteil an den Kämpfen rund um die Schlacht bei Waterloo im Juni 1815.

Später wurden die Landwehr-Einheiten direkt den einzelnen Infanterie-Regimentern zugeordnet. In Westfalen waren dies die vier Regimenter mit den Nummern 13, 15, 16 und 17, 1860 kamen als fünftes bis achtes die Regimenter 53, 55, 56 und 57 hinzu.

Männer, die sowohl die aktive Dienstpflicht als auch die Reservepflicht hinter sich hatten, traten zum 1. Aufgebot der Landwehr über. Für diejenigen, die höchstens zwei Jahre gedient hatten, dauerte diese Verpflichtung fünf Jahre, ansonsten verkürzte sie sich auf drei. In dieser Zeit war die Teilnahme an Übungen vorgeschrieben und im Kriegsfall die Einberufung. Daran schloss sich das 2. Aufgebot an, welches bis zu einem Lebensalter von 40 Jahren verpflichtend war, Wehrübungen und ein Fronteinsatz allerdings nicht.

1842 stiftete der preußische König eine Landwehr-Dienstauszeichnung. Sie wurde in der Regel beim Verlassen des 2. Aufgebots verliehen, also nach einer Gesamtdienstzeit von zwölf Jahren, in besonderen Fällen auch früher. 1868 erfolgte eine Unterteilung in zwei Klassen, wobei die erste Offizieren und im Offiziersrang stehenden Ärzten vorbehalten blieb und nach 20 Jahren verliehen wurde.

Landwehr-Dienstauszeichnungen 1. und 2. Klasse

Die Landwehr-Bataillone Unna und Soest wurden vor dem Abmarsch nach Frankreich, Mitte August 1870, mit den Landwehr-Bataillonen Detmold und Paderborn zum kombinierten Landwehr-Regiment 16/55 vereinigt. Kommandeur war Oberst Eduard Jacob Friedrich Lettgau (1819–1885), vormals Kommandeur der Landwehr in der Festung Minden. Er wurde 1874 als Generalmajor verabschiedet.

Mitte November 1870 war die General-Etappen-Inspektion der 2. Armee, welcher die Landwehr zugeteilt wurde, in Troyes eingerichtet. Die dritte Kompanie des Unnaer Bataillons lagerte in dem Ort Bar-sur-Seine, die erste, zweite und vierte (insgesamt 460 Mann) in Châtillon-sur-Seine, die fünfte in Chaumont-en-Bassigny.[5] Die Soester Wehrmänner waren in der Gegend um Bologne untergebracht, die Detmolder und die Paderborner in der Umgebung des weiter nördlich gelegenen Ortes Pont-à-Mousson. Hinzu kamen zwei Eskadronen des 5. Reserve-Husaren-Regiments.

Am Morgen des 19. November, um exakt 6:15 Uhr, trafen rund vierhundert Freischärler unter der Führung von Ricciotti Garibaldi in zwei Kolonnen in Châtillon-sur-Seine ein. Nachdem die deutschen Wachen das Feuer auf die Angreifer eröffnet hatten, kam es zwar zum allgemeinen Alarm, aber die Franzosen konnten ungehindert in mehrere Häuser eindringen. Es entwickelte sich ein blutiger Straßenkampf. Nur das Rathaus und die Präfektur konnten erfolgreich von der Landwehr verteidigt werden. Oberst Lettgau befahl daraufhin zunächst den Rückzug auf das linke Ufer der Seine und schließlich weiter nach Château-Vilain.

Garibaldis Freischärler

Während einige deutsche Autoren behaupten, die Einwohner Châtillons hätten bereitwillig mit den Eindringlingen kooperiert und mitgeteilt, in welchen Häusern und Räumen Deutsche einquartiert waren, stellte Garibaldi in einem Buch klar, dass dies von zahlreichen Bürgern abgelehnt wurde. In einigen Fällen machte man auch zur Bedingung, das Innere der Häuser nicht mit Blut zu besudeln. Die Erinnerungen eines Garibaldianers klingen jedoch anders: „Die Preußen lagen sämtlich in Privathäusern im Bette, wir stießen die Türen auf und töteten sie mit dem Bajonett; es war eine wahre Schlächterei. Diejenigen, welche sich auf die Straße retteten, wurden auf der Stelle kaltgemacht; ich selbst stieß zwei, die mit bloßem Hemde aus den Häusern flohen, mit dem Bajonett nieder."

Auf deutscher Seite verzeichnete man unter den Toten einen Offizier und dreizehn Mann, sowie bei den Verwundeten zwei Offiziere und neun Mann. Eine unbekannte Anzahl an Wehrmännern wurde vermisst, viele waren in Gefangenschaft geraten und wurden verschleppt. Garibaldi nannte 164 Soldaten und 13 Offiziere als Gefangene und als Beute 72 Pferde, sechs Wagen mit Material, den kompletten Instrumentensatz einer Militärkapelle sowie zwei sehr hässliche Marketenderinnen...

Allein 30 Wehrmänner und 8 Gefreite aus Hamm sind in den amtlichen Verlustlisten als ermordet, verwundet oder vermisst genannt. Nachweislich fanden die Hammer Wehrmänner Eickelmann, Lohweg, Schäfer, Schröder und Wiemer den Tod. Ihre Namen werden auf dem Kriegerdenkmal am ehemaligen Exerzierplatz und zum Teil auch auf einer Gedenktafel in der Pauluskirche genannt.

Das ranghöchste Opfer war der Stabsoffizier Richard von Alvensleben, Major des 5. Reserve-Husaren-Regiments, getötet durch einen Kopfschuss. Er wurde 1828 auf Gut Zichtau bei Salzwedel in Sachsen-Anhalt geboren und war ein Sohn von Johann Friedrich Carl von Alvensleben (1783–1851), Rittmeister, und Amalie Caroline Johanne von Rohr (1786–1843). Am 4. April 1870 fand in Potsdam seine Trauung mit Anna Wilhelmine Gottliebe Valeska von Korff (1840–1907) statt. Sie hatte 1857 in erster Ehe den Ulanen-Rittmeister Friedrich Nicolaus Paridon von Korff (1832–1868) geheiratet.

Ferdinand Moritz Bardeleben (1827–1892) führte als Hauptmann die 2. Landwehr-Kompanie. Er war der jüngste Sohn des Justizrats Dr. Heinrich Carl Ludwig Bardeleben (1775–1852), welcher 1813 als Artillerie-Offizier ein Eisernes Kreuz erlangt hatte. Die Mutter hieß Friederike Huth. 1860 heiratete er in Frankfurt an der Oder Maria Feuerherm (1828–1897), Tochter eines Kreisrichters. 1869 ernannte man Bardeleben in Unna zum Kreisgerichtsrat. Bei Châtillon wurde er durch einen Schuss in die rechte Schulter schwer verwundet und kam zur Privatpflege nach Unna zurück. Für seinen Einsatz erhielt er ein Eisernes Kreuz 2. Klasse. Anschließend stieg er zum Direktor des Kreisgerichts Hagen auf. 1887 wurde er zum Präsidenten des Oberlandesgerichts Celle ernannt. Er starb dort fünf Jahre später.

Wilhelm Ludwig de Salengre-Drabbe (1845–1925) aus Kleve war Sekonde-Leutnant und Adjutant. Mit einem Durchschuss in einem Oberarm kam er zur Privatpflege in seinen Geburtsort und wurde mit einem Eisernen Kreuz ausgezeichnet. Seine Eltern, Arend Wilhelm Drabbe und Maria Jacoba Sautijn Schovel, hatten 1844 in Den Haag geheiratet. Die Großeltern väterlicherseits hießen Arend Jacob Adriaan Drabbe (um 1811–1835) und Wilhelmina Louisa de Salengre. Er selbst heiratete 1879 als Premier-

Leutnant in Dortmund Marie Sophie Johanna von Born (1856–1929), eine Tochter von Johann Hermann Georg Wilhelm von Born (1826–1902), Bankier und ab 1876 Präsident der Dortmunder Handelskammer. De Salengre-Drabbe wurde 1884 Hauptmann der 8. Gendarmerie-Brigade und erhielt 1896 als Major den Roten Adler-Orden 4. Klasse.

Albert Heinrich Ernst von Werthern (1836–1901) kam auf Haus Broel zur Welt und wurde in Borgeln evangelisch getauft. Seine Eltern waren der Gutsbesitzer Gottfried Carl Heinrich von Werthern (1804–1869) und Caroline Smiths (1805–1880) von Haus Meyerich. Als Sekonde-Leutnant des 1. Aufgebots des 3. Westfälischen Landwehr-Regiments heiratete er 1862 Caroline Schenk (1836–1900), eine Tochter des Soester Superintendenten Heinrich Schenk. Als Premier-Leutnant und interimistischer Kompanieführer zählte von Werthern bei Châtillon zwischenzeitlich zu den Vermissten. Anschließend fand die Beförderung zum Hauptmann statt. Später besaß von Werthern das Gut Broel und wurde Ehrenamtmann in Borgeln. Er starb in Köln.

Sein Bruder Carl Arnold von Werthern (1844–1931) war 1870 Premier-Leutnant im 1. Westfälischen Infanterie-Regiment Nr. 13 und wurde zum Westfälischen Feld-Artillerie-Regiment Nr. 7 abkommandiert. Dort brachte er es zum Hauptmann und Batteriechef. 1876 fand auf Haus Sassendorf die Trauung mit Anna Friederike Theodore Pauline Gustavine von Bockum genannt Dolffs (1849–1937), Tochter eines Oberstleutnants, statt. 1878 wurde von Werthern Ehrenritter des Johanniter-Ordens. Er starb als Generalmajor a. D. in Hiddesen bei Detmold.

Der Wehrmann Hermann Friedrich Vatheuer wurde 1841 in Allen geboren und in Rhynern katholisch getauft. Seine Eltern waren der Tagelöhner Theodor Vatheuer und Wilhelmine Reimann. Er starb am 19. November in Châtillon. Seinen Namen findet man auf dem Denkmal in Rhynern.

Einige weitere wurden zwar blessiert, sie kamen aber mit dem Leben davon. Der Schreiner Carl Staas, Unteroffizier der 1. Kompanie, wurde durch einen Schuss leicht an einer Wade verwundet, konnte aber bei seiner Einheit bleiben. Er war 1839 in Soest geboren worden, als Sohn des Schreiners Carl Staas und der Lisette Schallermann, und hatte 1863 in Hamm Emma Anna Sophie Lücke (um 1844–1908) geheiratet, die Tochter eines Privatschreibers. Nach seiner Rückkehr aus dem Krieg arbeitete Staas zwischenzeitlich als Bäcker, später wieder als Schreiner, in Hamm. Zuletzt lebte er in Recklinghausen-Süd und starb dort 1921 als Witwer und Invalide. Sein 1846 geborener Bruder Heinrich Staas war Lehrer und fiel bei Mars-la-Tour als Musketier im 1. Bataillon des 3. Westfälischen Infanterie-Regiments Nr. 16.

Carl Gustav Constantin Taube (1837–1888), evangelisch, stammte aus Schweidnitz (Świdnica) in Niederschlesien. Sein Vater Carl Friedrich Taube war Papierfabrikant, die Mutter hieß Christine Hande. Er kam als Fabrikarbeiter nach Hamm, und 1864 fand die evangelische Trauung mit der Katholikin Anna Maria Detempel (1837–1884) statt, der verwitweten Tochter eines Schmiedes aus Hüsten. 1870 war Taube Gefreiter und wurde in Châtillon durch einen Schuss in einen Unterarm schwer verwundet. Als Gastwirt und Witwer ging er 1885, ebenfalls in der evangelischen Gemeinde, eine weitere Ehe mit der Arbeitertochter Anna Maria Nöllecke (1855–1923), katholisch, ein. Taube wohnte zuletzt in der Viktoriastraße und starb dort mit 52 Jahren an Wassersucht.

Der Gefreite Caspar Diedrich Wilhelm Höver erlitt eine „Contusion" (Prellung) „durch Springen" und musste im Lazarett in Châtillon versorgt werden. Vermutlich war er bei dem Angriff aus einem Fenster gesprungen, um sich in Sicherheit zu bringen. Er wurde 1840 in Rüssenberg, Kreis Iserlohn, geboren und in Evingsen evangelisch getauft. Seine Eltern waren Johann Peter Höver, Tagelöhner, und Charlotte Egges. Er kam als Fabrikarbeiter nach Hamm, und 1862 fand dort die katholische Trauung mit Maria Hüffner statt, Tochter eines Schäfers aus der Westenfeldmark. Nach seiner Rückkehr nach Hamm ging der Walzmeister und Witwer Höver 1871 in der evangelischen Gemeinde eine neue Ehe mit Wilhelmine Kleiböhmer, Tochter eines Tagelöhners aus der Westenfeldmark, ein. Anschließend betätigte sich Höver als Gastwirt in Hamm, Lange Straße[6], und 1875 folgte eine dritte Ehe, wiederum evangelisch, mit der Köttertochter Johanna Henriette Wilhelmine Evermann. Höver starb 1915 als Rentner in der Borbergstraße und hinterließ eine Witwe und sechs Kinder.

Auch „Eduard" Remmert zog sich durch Springen eine Prellung zu und musste im Lazarett versorgt werden. Es dürfte Franz Eberhard Remmert genannt Brand (1834–1907) gemeint sein. Dieser war katholisch und stammte aus Rhynern. Seine Eltern waren der Tagelöhner Theodor Remmert genannt Brand und Therese Brand. Er heiratete als Schuster 1859 die Tagelöhnertochter Johanna Clara Maria Koert (Coert). Als pensionierter Bahnwärter und Witwer in Aplerbeck ging er 1903 in Rhynern noch eine weitere Ehe mit seiner ebenfalls verwitweten Schwägerin Maria Sophia Koert (1842–1908) ein. Diese hatte 1862 Carl Heinrich Wilhelm Busemann geheiratet, einen aus Fröndenberg stammenden Schieferdecker. Remmert erlag 1907 in Rhynern einem Schlaganfall.

Friedrich Bennekemper (1837–1886) stammte aus Dortmund. Sein Vater, der Gastwirt und Sohn eines Schmiedes Conrad Heinrich Thomas

Bennekemper (Jahrgang 1794), hatte in den Befreiungskriegen 1813 bis 1815 als Freiwilliger der westfälischen Landwehr gegen die Franzosen gekämpft und 1819 Anna Christina Gertraud Wilhelmina Heitmann aus der reformierten Gemeinde in Hörde geheiratet. Der Sohn war 1870 Büchsenmacher im Landwehr-Bataillon Unna und wurde am 19. November durch einen Schuss in einen Oberarm verwundet. Man entließ ihn daraufhin zur Privatpflege in Hamm. Dort betätigte er sich als Kaufmann und Fabrikant schmiedeeiserner Gartenmöbel. 1871 fand die Heirat mit Anna Clara Knöfel statt, geboren 1850 in Torgau in Sachsen. Deren Vater war zunächst Sergeant im 4. Preußischen Artillerie-Regiment und anschließend Bahnmeister in Hamm. Bennekemper starb 1886 in Herne an einem Nierenleiden.

Es folgen weitere Wehrmänner, die man nach dem Überfall vermisste. Sie gerieten wahrscheinlich in Gefangenschaft und kamen später frei. Der ranghöchste temporär Vermisste aus Hamm war der Sergeant Johann Heinrich Hermann Stricker (1838–1889). Dessen Eltern, der Metzger und Presbyter Gerhard Wilhelm Stricker und Marie Henriette Asbeck (um 1807–1877), hatten 1835 geheiratet. Nach seiner Rückkehr heiratete er selbst 1871 Clara Luise Hobrecker (1845–1929), eine Tochter des Drahtindustriellen Carl Christoph Hobrecker (1806–1889). Stricker betrieb eine Metzgerei in der Widumstraße und starb mit 51 Jahren.

Bei Friedrich Koop, Unteroffizier der 2. Kompanie, handelte es sich wahrscheinlich um Johann Friedrich Heinrich, den 1842 geborenen und katholisch getauften Sohn des Schusters Christoph Koop (um 1804–1870) und der Wilhelmine Husmann. Als Aktuar (Gerichtsschreiber) in Dortmund heiratete er 1868 in Bochum Sophie Fasbender. Koop starb 1885 als Gerichtsassistent a. D. in Bochum.

Der Hornist Heinrich Nattkemper war vermutlich Johann Heinrich Wilhelm Nattkemper, der 1836 in Hilbeck geboren wurde, als Sohn des Schneiders Wilhelm Nattkemper und der Elisabeth Grieper. Er kam als Maurer nach Hamm, heiratete 1864 die Witwe Anna Catharina Margaretha Elisabeth Kilp (1830–1907) aus Braam und lebte mit seiner Familie in der Westenfeldmark. Nattkemper starb 1902.

Der Gefreite Johann Wilhelm Theodor Barkey wurde 1837 in Minden geboren. Sein Vater Friedrich Wilhelm Barkey war Unteroffizier im 2. Westfälischen Infanterie-Regiment Nr. 15 und bekam später eine Stelle als Kreisbote in Warburg. 1829 hatte er die Mutter Maria Wilhelmina Tempel, eine Soldatentochter aus Hausberge, geheiratet. Barkey junior kam als Fabrikarbeiter nach Hamm, und 1867 fand die Trauung mit Henriette Luise Christine Gerling (1828–1882) statt, die aus Böckel bei Bünde in

Ostwestfalen stammte. Deren Vater Victor Heinrich Ludwig Gerling (1787–1861) hatte 1812 in Rödinghausen Anna Maria Ilsabein Oberbremer (1787–1835) geheiratet und 1840 als 53-jähriger Witwer Anna Sophie Charlotte Nordkämper, geboren 1800 in Ennigloh, die Witwe des Heuerlings Johann Heinrich Kindermann (1796–1838), den sie 1825 geheiratet hatte. Sie brachte eine Stieftochter mit in die Ehe, die etwa gleichalt mit Gerlings leiblicher Tochter war, Maria hieß und 1863 Johann Friedrich Kampmann aus Sandbochum heiratete. Bemerkenswert ist, dass in einigen Kirchenbucheinträgen die Identitäten beider Frauen vermischt wurden. Jedenfalls hatte Barkeys Zukünftige 1859 in Hamm den aus Steinhagen stammenden Fabrikarbeiter und Witwer Heinrich Wilhelm Pollmeyer geheiratet, welcher 1866 an der Cholera starb. Barkey wurde 1874 von einem Zug überfahren und erlitt tödliche Verletzungen. Er hinterließ keine Nachkommen.

Bei dem Gefreiten Heinrich Büscher könnte es sich um Bernard Heinrich Büscher gehandelt haben, der 1838 in der Ahlener Feldmark zur Welt kam und in der Sankt-Bartholomäus-Kirche katholisch getauft wurde. Dessen Eltern waren der Kötter Heinrich Büscher und Elisabeth Büttendrop. Er kam als Arbeiter nach Hamm und starb 1907 in seiner Wohnung am Bockumer Weg, anscheinend unverheiratet.

Der Gefreite Wilhelm Limberg (1840–1887), katholisch, stammte vom Berger Hammer bei Calle, nahe Meschede. Seine Eltern waren der Schreinermeister Caspar Limberg und Theodora Thöne. Limberg kam als Fabrikarbeiter nach Hamm. Nach dem Krieg arbeitete er als Dreher und heiratete 1871 Maria Alexandrine Franziska Hernscher (1845–1886) aus Arnsberg, die Tochter eines Werkführers. Später bekam Limberg eine Stelle als Hilfspolizeidiener in Hamm.

Friedrich Walbersdorf, geboren 1838, stammte aus Osthelden bei Kreuztal. Seine Eltern waren der Landwirt Johannes Walbersdorf und Anna Maria Franziska Müller. 1865 ehelichte er in Ferndorf Catharina Haas aus Meiswinkel. 1866 gehörte Walbersdorf zum 37. Füsilier-Regiment. Danach kam er als Fabrikarbeiter nach Hamm und war 1870 Gefreiter im Bataillon Unna. Am 19. November zählte er zu den Vermissten. Er kehrte nach Hamm zurück und stieg zum Schweißmeister auf. Später lebte er als Invalide und Gastwirt in Witten. Seine Ehefrau starb dort 1895 im Alter von 54 Jahren, er selbst 1919 als Witwer und Privatier.

Der bekannteste unter den vermissten Wehrmännern dürfte Heinrich Gottfried Wilhelm Ludwig Feldhaus gewesen sein. Er wurde 1840 in Kamen geboren, als Sohn des Ackerbürgers Albert Feldhaus und der Friederika

Hoppe. Als Ackerknecht heiratete er am 1. Februar 1860 im Dorf Mark Friederike Louise Henriette Elisabeth Holtmann (1837–1905), die Tochter eines Kolons.[7] Am 20. Februar kam eine Tochter zur Welt. Feldhaus wurde zunächst Landwirt und später Gastwirt in der Ostenfeldmark. 1870 errichtete er an der Ostenallee Nr. 80 das bekannte Hotel „Feldhaus". Er überlebte zwar den Kriegseinsatz, starb jedoch 1884 im Alter von nur 44 Jahren. Der Hotelbetrieb bestand bis Ende der 1960er Jahre, das renovierte Gebäude ist noch vorhanden.

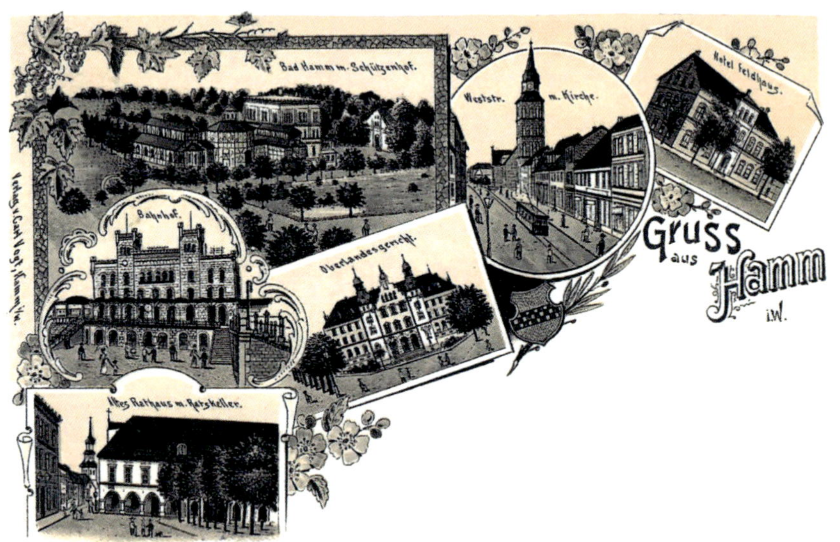

„Gruss aus Hamm",
Ansichtskarte mit dem Hotel Feldhaus, um 1905

Bei dem vermissten Wehrmann Heinrich Bamberg wird es sich um Heinrich Diedrich gehandelt haben, den 1838 in Hamm geborenen und evangelisch getauften Sohn des Korbmachers Johann Heinrich Bamberg und der Anna Elisabeth Kuhne. Dieser war Fabrikarbeiter und heiratete 1869 die Katholikin Maria Christine Böckler, Tochter eines Schäfers.

Johann Heinrich Matthias Ludwig Blanke (1835–1886) war ein Sohn des Kötters Diedrich Blanke und der Maria Catharina Lüke, geboren in der Westenfeldmark, getauft in Herringen. Er ging 1862 eine Ehe mit Johanna Clara Friederika (Sophie) Hermani (1839–1894), Tochter eines Ackerknechts und Fabrikarbeiters, ein. Der Tagelöhner Blanke starb kurz vor seinem 51. Geburtstag in Pelkum an einer Kopfrose (Gürtel- oder Gesichtsrose).

Der Wehrmann Johann Carl Heinrich Blüggel genannt Schürmann aus Berge kam 1836 als Sohn von Franz Heinrich Blüggel genannt Schürmann,

Landwirt, und Maria Catharina Bohnensack zur Welt. Erst 1881 schloss er eine Ehe mit der 42-jährigen Witwe Henriette Wilhelmine Krumme genannt Schulze Elsey aus Oberaden. Sie hatte 1861 Johann Gottfried Bramey geheiratet. Der ehemalige Wehrmann starb 1912 als Leibzüchter in Overberge.

Mit Wilhelm Bock war vermutlich ein gleichnamiger Kandidat gemeint, der 1835 in Mark geboren wurde. Dieser Sohn des Paares Christian Bock und Christine Rehfus war, wie sein Vater, Zimmermann und heiratete 1858 Amalie Henriette Lohmann. Er starb 1897 als Invalide in Hamm in der Widumstraße.

Bei dem Wehrmann Wilhelm Böning handelte es sich wohl um Franz Carl Matthias Gerhard Friedrich Wilhelm, den 1836 in Vöckinghausen unehelich geborenen Sohn des Schuhmachers Christian Böning und der Elisabeth Kattenbusch genannt Vedder. Die Eltern heirateten 1837 und zogen nach Norddinker. Böning wurde Schuhmachermeister. 1877 fand seine Hochzeit mit Henriette König (1858–1908), Tochter eines Zimmermanns aus Schmehausen, statt. Böning starb 1916 in Norddinker.

Johann Heinrich Brinckheger (1838–1907) wurde in der Nordenfeldmark geboren und in Heessen katholisch getauft. Seine Eltern waren Franz Brinckheger, Schäfer und Tagelöhner, und Angela Nottbohm. 1865 heiratete er in Herbern die Arbeitertochter Elisabeth Schoppmann (1841–1923). Der Invalidenrentenempfänger Brinckheger starb mit 69 Jahren in der Brüderstraße in Hamm.

Die Wehrmänner Franz und Heinrich Brüggemann wurden ebenfalls unter den Vermissten genannt. Der Erste dürfte Franz Heinrich Brüggemann (1838–1910), katholisch, gewesen sein. Er kam aus Berge und war ein Sohn von Heinrich Brüggemann, Ackerknecht, später Bahnarbeiter, und Elisabeth Koch. 1865 heiratete er als Tagelöhner in Hamm Antonia (Antonette) Killing (um 1835–1890), Tochter eines Schusters aus Bockum, und später als Witwer Josephine Specht (um 1861–1924) aus Drensteinfurt. Brüggemann wurde ebenfalls Bahnarbeiter und starb in Hamm.

Johann Heinrich Brüggemann (1834–1912), ebenfalls katholisch, stammte aus der Westenfeldmark. Der uneheliche Sohn von Anna Sybilla Brüggemann heiratete 1864 in Rhynern, evangelisch, Johanna Henriette Bretländer aus Drechen und starb als Invalide in Rhynern.

Für den Wehrmann Wilhelm Drees kommen mehrere Probanden in Betracht. Hermann Wilhelm Drees, katholisch, kam 1840 in der Westenfeldmark zur Welt, als Sohn des Kötters und Tagelöhners Heinrich Drees und der Wilhelmine Henriette Juckenack. Er war zunächst Fabrikarbeiter und ab 1863 verheiratet mit Friederika Sophia Muth, evangelisch, einer Schreinertochter aus Pelkum. Drees starb 1913 als Briefträger a. D. in Dortmund-Oespel.

Bei Friedrich Eichmann handelte es sich vermutlich um Wilhelm Heinrich Friedrich Eichmann (1839–1896), katholisch, einen Sohn des Metzgers Friedrich Eichmann und der Carolina Finger, die 1838 geheiratet hatten. Er selbst betätigte sich als Viehhändler und heiratete 1872 Anna Catharina Schwake (1847–1901), die Tochter eines Brennereibesitzers in Ennigerloh. Eichmann starb mit 56 Jahren an Unterleibskrebs.

Ferdinand Gallas wurde 1841 in Hüsten katholisch getauft, als Sohn des Hammerschmiedes Johann Gallas (um 1813–1867) und der Anna Maria Ballet (um 1817–1866), die 1837 geheiratet hatten. Die Familie zog später nach Hamm, und Vater und Sohn nahmen Stellen als Fabrikarbeiter an. 1868 fand in Lippstadt die katholische Trauung des Sohnes mit Maria Magdalena Wiehe statt, die 1846 geboren worden war. Nach dem Krieg arbeitete Gallas als Hammerschmied in Hamm.

August Friedrich Albert Gärtner stammte aus Stettin. Der 1840 geborene Sohn des Klempnermeisters Johann August Gärtner und der Carolina Friederika Roeder wurde Schauspieler und heiratete 1867 in Hameln Charlotte Christine Lundt, die 1848 in Meppen geborene Tochter des Schauspieldirektors Ferdinand Gustav Lundt und dessen Ehefrau Nancy Margarethe Möller. Auf der Reise nach Hamm bekam das Paar Gärtner-Lundt am 24. Juli 1870 einen Sohn, der in Oelde evangelisch getauft wurde. Er starb am 25. Juli in Hamm. Anschließend wurde der Vater zur Landwehr eingezogen und gehörte in Châtillon zu den Vermissten. Er kehrte zurück und wohnte mit seiner Frau in Berlin. Im weiteren Verlauf wurde die Ehe geschieden, und Charlotte Lundt heiratete 1877 in Berlin den aus Neukirchen bei Leverkusen stammenden Polizei-Leutnant Otto Eugen Weyland. Sie starb 1892 in Marcinelle bei Charleroi in Belgien. Gärtner starb 1895 als Theater-Souffleur in Colmar im Elsass.

Joseph Glahe, katholisch, wurde 1836 in Belecke geboren, als Sohn des Tagelöhners Johann Heinrich Jodokus Glahe und der Theresia Hoppe. 1862 fand in Hamm die evangelische Trauung des Fabrikarbeiters mit Catharine Marie Helene Feith aus Lipperode statt. Glahe arbeitete später als Hilfsbahnwärter und starb 1896 im katholischen Krankenhaus in Hamm.

Heinrich Großekathöfer kam 1834 in Spexard zur Welt und wurde in Gütersloh katholisch getauft. Die Eltern, der Bauer Johann Christoph

Großekathöfer und Maria Catharina Lütgemeyer, lebten später in Avenwedde. Er selbst kam als Tagelöhner nach Hamm und heiratete dort 1864 Anna Catharina Weißenberg, die Tochter eines Schneiders aus Werne an der Lippe. Schon 1866 ging Großekathöfer eine zweite Ehe mit Gertraud Venjacob ein. Zu dieser Zeit lebte er als Ziegelarbeiter in der Westenfeldmark. Später brachte er es zum Ziegelmeister in der Ziegelei Klute.[8] Er überstand den Überfall in Châtillon und kehrte nach Hamm zurück. Großekathöfer starb 1904.

Heinrich Theodor Hesse (1836–1887) wurde in Opsen geboren und in Rhynern katholisch getauft, als Sohn des Tagelöhners Gerhard Hesse und der Elisabeth Ostermann. Er zog als Fabrikarbeiter nach Hamm, und 1862 fand dort die katholische Trauung mit der Tagelöhnertochter Wilhelmine Walter statt.

Wilhelm Diedrich Gerhard Hermann Heinrich Hustadt (1837–1914) stammte aus Uentrop. Seine Eltern waren der Kötter Andreas Hustadt genannte Kellermann (1797–1850) und Louisa Höger genannt Diekotte (1801–1861). Er ging als Bahnarbeiter nach Dortmund und heiratete 1864 in Uentrop Anna Catharina Elisabeth (Elise) Reinecke, eine Tagelöhnertochter aus Recklingsen bei Welver. Anschließend arbeitete er als Bremser und nach seiner Rückkehr aus dem Krieg als Eisenbahnschaffner in Dortmund.

Unter den Vermissten waren auch zwei Söhne des Maurermeisters Johann Gottlieb Franz Diedrich Hölscher (1808–1843) aus Mark, der 1835 Clara Maria Catharina Elisabeth Sträter geheiratet hatte. Es handelte sich um den Gefreiten Johann Eberhard Gottlieb Hölscher (1838–1900) und den Wehrmann Johann Diedrich Wilhelm Christian Hölscher (1844–1891). Der Vater war vor der Geburt des jüngsten Sohnes gestorben. Gottlieb arbeitete als Maurer in Hamm und ging 1867 eine Ehe mit Wilhelmine Hülsmann (um 1845–1920) aus Uentrop ein, einer unehelichen Tochter der Charlotte Hülsmann. Sein Bruder Diedrich lebte als Fabrikarbeiter in Hamm und heiratete 1869 Elisabeth Neuhaus, die Tochter eines Zimmermanns. 1872 ging er als Witwer eine weitere Ehe mit der 1848 geborenen Köttertochter Henriette Schwale ein.

Bei dem Wehrmann Heinrich Kaiser handelte es sich wahrscheinlich um einen gleichnamigen Kandidaten aus Endorf bei Sundern im Sauerland, katholisch, geboren um 1837 als Sohn des Arbeiters Johann Kaiser und der Franziska Liedhegener. Er kam als Schneider nach Hamm und heiratete dort 1864 Sophie Brand, Tochter eines Maurers. Kaiser starb 1922 als Invalide in Hamm.

Diedrich Franz Friedrich Christian Gerhard Victor Kattenbusch (1836–1907) wurde in Schmehausen als Sohn des Kötters Hermann Kattenbusch und der Sophia Kuhlmann geboren. Er war zunächst ab 1867 verheiratet mit Henriette Boettler, einer Schneidertochter aus Haaren, und später mit Elisabeth Hoerenbaum. Kattenbusch starb als Rentner bei seinem Sohn, dem Gastwirt Friedrich Kattenbusch, Jahrgang 1877, am Nordenwall in Hamm.

Friedrich Arnold Kornfeld wurde 1838 in Ummeln geboren und in Brackwede evangelisch getauft. Seine Eltern waren der Tagelöhner und Heuerling Peter Adolph Kornfeld und Hanne Wilhelmine Tiemann. Er kam als Tagelöhner nach Hamm und heiratete 1863 in der katholischen Gemeinde Elisabetha (Lisette) Jubitz (um 1838–1870), Tochter eines Tagelöhners aus Wiedenbrück. Nach seiner Rückkehr ging Kornfeld 1871 als Rangierer bei der westfälischen Eisenbahn eine neue Ehe mit Marie Sophie Friederike Rothöft (Jahrgang 1841) ein, Tochter eines Schneidermeisters. Diese Trauung erfolgte in der evangelischen Kirche. Der Rangiermeister Kornfeld starb 1878.

Bei Friedrich Lenz handelte es sich möglicherweise um Friedrich Hermann Maria Lenz (1835–1919), katholisch, geboren in der Pilsheide als Sohn des Tagelöhners Eberhard Lenz (Lenze) und der Clara Sybilla Knepper. Dieser zog als Schneider nach Weddinghofen und heiratete 1862 in Kamen Sophia Lietschulte, eine Tagelöhnertochter aus Töddinghausen.

Johann Diedrich Lohsträter (1837–1910) aus Herringen, Schreinermeister, war Hornist in der 1. Kompanie. Der Sohn des Webers Johann Eberhard Lohsträter und der Wilhelmina Pinninghoff hatte 1863 Henriette Clara Elisabeth Strickmann (1841–1898) geheiratet, eine Bauerstochter aus Mark. Er starb mit 73 Jahren im städtischen Krankenhaus in Hamm.

Heinrich Diedrich Messmann wurde 1836 in Braam geboren und in der Marker Dorfkirche getauft. Er war ein unehelicher Sohn der Dienstmagd Maria Messmann. 1858 heiratete er als Ackerknecht Clara Maria Catharina Elisabeth Rüsse genannt Sensenbusch (1838–1899), eine Tagelöhnertochter aus Dinker. Aus dem Namen Messmann wurde Mersmann. Er starb als Tagelöhner 1912 in Dinker.

Der Wehrmann Franz Laurentius Ost (1836–1887), katholisch, stammte aus Beringhausen bei Marsberg. Seine Eltern waren der Gemeindsmann (selbstständiger Grundbesitzer) und Zimmermann Johannes Ost genannt Nöllen und Catharina Lentze. Der Junior wurde Zimmermeister, und 1864 fand in Hamm die katholische Trauung mit der evangelischen

Tagelöhnertochter Wilhelmine Henriette Bußmann (1841–1882) statt. Nach dem Krieg bekam Ost eine Stelle als Postunterbeamter, und als Witwer ging er 1882 eine zweite Ehe mit Elisabeth Himmelreich aus Senden ein. Der Briefträger Ost starb mit 51 Jahren an der Schwindsucht.

Diedrich Riesey (Riesei) aus Sandbochum war Wehrmann in der 1. Kompanie und wurde nach dem Überfall am 19. November 1870 in Châtillon vermisst. Wahrscheinlich handelte es sich um Johann Diedrich, den 1835 geborenen Sohn des Paares Wilhelm Riesey, Kolon in Sandbochum, und Johanna Maria Binkhoff. Er wurde in Herringen evangelisch getauft, und dort fand auch 1863 die Eheschließung des Ackerknechts mit Henriette Hentrop (um 1842–1906), katholisch, statt, der Tochter eines Maurers aus Wiescherhöfen. Nach seiner Rückkehr als Militärinvalide arbeitete Riesey als Ackerer und Tagelöhner. Er starb 1904 in Sandbochum.

Bei dem in der amtlichen Verlustliste „Heinrich Rohäger" genannten Wehrmann dürfte es sich um Johann Roheger (1836–1902) gehandelt haben. Dieser Sohn des Tagelöhners Johann Hermann Roheger und der Maria Anna Bersmann war katholisch und stammte aus Ostdolberg. Er kam als Bäcker nach Hamm und heiratete 1864 Margaretha Schulz, Tochter eines Maurers aus Werne. Roheger wurde später Bäckermeister und heiratete 1885 als Witwer Anna Maria Regina Ebel genannt Wickenkämper (1852–1924), eine Schustertochter aus Osttünnen. Er wohnte in der Brüderstraße und starb mit 66 Jahren an Lungenlähmung.

Johann August Stollmann (1842–1922) wurde in der Südenfeldmark unehelich geboren und katholisch getauft. Seine Mutter Johanna Wilhelmina Stollmann stammte aus Breckerfeld. 1868 heiratete er in Mark Louise Friederika Kleiböhmer und wurde evangelisch. Der Bäckermeister Stollmann wohnte später mit seiner Familie auf der Wilhelmstraße in Hamm.

Friedrich Wilhelm Stricker wurde 1838 in Berge geboren und dort evangelisch getauft. Seine Eltern waren der Tagelöhner Christian Baumeister genannt Stricker und Anna Sibylla Stricker. Nach seiner Rückkehr heiratete er 1873 in Berge die Köttertochter Sophie Wilhelmine Maria Behr aus Braam. Der Landwirt und Drechslermeister Stricker starb 1922.

Opfer aus Hamm

Das Kriegerdenkmal

1872 konstituierte sich in Hamm eine Kommission zur Errichtung eines Denkmals, welches dem Andenken der im Krieg Gefallenen gewidmet sein sollte. Amtierender Bürgermeister war von 1865 bis 1874 August Friedrich Emil Tiemann. Er wurde um 1820 in Bielefeld geboren, als Sohn des Geheimen Sanitätsrats Dr. med. Johann Christoph August Tiemann (1795–1874). Der Vater hatte sich 1815 als Student den freiwilligen Jägern aus Ostwestfalen angeschlossen und die letzte Phase der Befreiungskriege mitgemacht. 1819 heiratete er Henriette Christiane von Laer (1794–1841). Emil Tiemann starb 1899 unverheiratet in Bielefeld.

Das Kriegerdenkmal an der Pauluskirche, um 1910, Sammlung Ludger Moor

Das Hammer Germania-Denkmal stand ursprünglich auf dem Marktplatz an der Pauluskirche. Es wurde am 20. März 1875 eingeweiht, dem Geburtstag des deutschen Kaisers. Justizrat Wilhelm Rauschenbusch (1818–1881) hielt die Festrede. Unter der Leitung des Musikdirektors Adalbert Staab (1813–1888) gab es einen Musikvortrag, und anschließend hielt der Gerichtsrat Hermann von Bönninghausen (1828–1894) eine weitere Rede. Bei dem anschließenden Festessen im Hotel „Zum Grafen von der Marck" brachte Dr. jur. Georg Ludwig Hartmann (1811–1882), ab 1868 Präsident des Appellationsgerichts[9], ein Hoch auf den Kaiser aus.

Später wurde es durch den doppelgleisigen Ausbau der Straßenbahn erforderlich, das Denkmal abzubauen und umzusetzen. Seit Mai 1914 steht es daher am ehemaligen Großen Exerzierplatz an der Ahse, auf einem Hügel, genannt „alte Schanze". Einige Beschädigungen sind zu verzeichnen, wobei im Besonderen die von der Germania getragene Fahne nur noch als Fragment vorhanden ist.

Das Kriegerdenkmal am ehemaligen Exerzierplatz

Das Ehrenmal kostete 6.803,40 Mark und wurde von dem Bildhauer Franz Anton Goldkuhle (1827–1906) aus Wiedenbrück geschaffen. Der Sohn des Schneiders Johann Felix Goldkuhle und der Bernardine Tribeler hatte in Warendorf eine Tischlerlehre absolviert und sich 1854 in seiner Heimatstadt selbstständig gemacht. Aus Goldkuhles Werkstadt sind zahlreiche Altäre und andere sakrale Kunstwerke bekannt. Er schuf 1874 auch das nicht mehr erhaltene Kaiser-Wilhelm-Denkmal in Gelsenkirchen. Goldkuhle war ab 1861 verheiratet mit Maria Catharina Große Hütig (1841–1883) aus Batenhorst.

Zur Einweihung erschien das in Hamm in Garnison liegende 2. Bataillon des 13. Infanterie-Regiments unter dem Kommando von Oberstleutnant Klipfel. Adolph Ludwig Eduard Klipfel (1828–1887) war ein Sohn des Direktors der Berliner Münze, Ludwig Friedrich Eduard Klipfel (1797–1867), welcher 1827 Melly Caroline Wilhelmine Amalie Heegewald (1803–1868) geheiratet hatte. Deren Vater Johann David Heegewald (1773–1850) wurde aufgrund seiner Verdienste für die Armenfürsorge zum Ehrenbürger von Berlin ernannt. Klipfel hatte 1870/71 als Major im 13. Regiment ein Eisernes Kreuz 2. Klasse erworben. 1876 übernahm er das 8. Westfälische Infanterie-Regiment und wurde zum Oberst befördert. Ab 1856 war er verheiratet mit Elisabeth Charlotte Friederike Henriette Sasse (1830–1899), der Tochter eines Legationsrats. Ein in Münster geborener Sohn dieser Ehe, Ludwig Paul Carl Klipfel (1857–1917), besuchte in Hamm das königliche Gymnasium und brachte es später zum Generalleutnant.

Von der Kavallerie kam bei der Einweihung die in Hamm stationierte 4. Eskadron des Westfälischen Kürassier-Regiments, angeführt von Major Franz Heinrich von Treskow (1835–1910). Er hatte diesen Posten 1873 als Rittmeister übernommen, und im September 1874 war die Beförderung zum Major erfolgt. 1870 war er als Offizier des 1. Hannoverschen Ulanen-Regiments Nr. 13 zunächst abkommandiert zum Stab der 6. Kavallerie-Division, dann zum Generalkommando des VI. Armeekorps und hatte ein Eisernes Kreuz 2. Klasse erworben, nachdem er am 9. September bei Laôn einen Streifschuss am Kopf erhalten hatte. Von Treskow wurde in Radojewo bei Posen geboren, als einer von dreizehn Söhnen des Rittergutsbesitzers Heinrich Balthasar von Treskow (1795–1861) und dessen Ehefrau Antonie von Bünting (1811–1860).[10] Im November 1866 heiratete er Christiane von Braunschweig (1847–1934).[11] 1877 wurde er als etatmäßiger Stabsoffizier in das Westpreußische Ulanen-Regiment Nr. 1 versetzt. Von 1881 bis 1886 kommandierte er das 1. Brandenburgische Ulanen-Regiment Nr. 3 und wurde in dieser Zeit zum Oberst ernannt. Anschließend kam er als Kavallerie-Abteilungs-Chef zum preußischen Kriegsministerium und wurde

Präses einer Remonten-Ankaufs-Kommission. Er starb als Generalmajor a. D. in Freienwalde an der Oder.

Die Vorderseite des Denkmalsockels ist wie folgt beschriftet:

Des
deutschen Reiches
Einigkeit
und seine Macht
und Kraft
das ists dem sie
ihr Blut geweiht
das ists was sie
geschafft
1870 1871

Die Rückseite trägt diesen Text:

Für's
Vaterland
im blutgen Streit
sind muthig
sie gestorben
und haben so
für alle Zeit
sich Ruhm
und
Preis erworben

Die Verstorbenen werden in den beschrifteten Flächen in alphabetischer Folge genannt. Unter der Überschrift „Vor dem Feinde gefallen" findet man zwei Spalten mit jeweils zwanzig Namen und als Abschluss „Wiemer, Ch." mittig darunter.

Für Friedrich Wilhelm Althoff existiert ein Eintrag im Sterbebuch der Gemeinde St. Agnes. Er wurde 1842 in der Westenfeldmark geboren und in Nordherringen katholisch getauft.[12] Seine Eltern waren der Tagelöhner Wilhelm Althoff und Elisabetha Sudenkemper. Er brachte es zum Schreinermeister und heiratete 1867 in Hamm Elisabetha Kramer, geboren 1838 als Tochter eines Tagelöhners in der Nordenfeldmark und getauft in Heessen. Sie war die Witwe von Benjamin Becker. Althoff war 1870 Füsilier in der 10. Kompanie des 1. Hannoverschen Infanterie-Regiments Nr. 74. Am 6. August erlitt er bei Saarbrücken einen Brustdurchschuss mit Verletzung der Lunge. Er starb daran am 15. August im Vereinslazarett in Dudweiler im Saarland.

Carl Friedrich Adolph Hugo von Basse wurde 1849 in Kamen geboren und evangelisch-reformiert getauft. Dort hatte sein Vater Julius Georg von Basse (1818–1877), ein ehemaliger Premier-Leutnant, von 1847 bis zu seinem Ableben das Amt des Bürgermeisters inne. Die Mutter Julie Luise Gerhardine von Schell (1820–1887) stammte von Haus Rechen bei Bochum. Die Trauung des Paares hatte 1848 in Köln stattgefunden. Der erstgeborene Sohn trat 1866 in den Militärdienst ein, war 1870 Sekonde-Leutnant im 2. Bataillon des 1. Westfälischen Infanterie-Regiments Nr. 13 und starb am 2. September an einem Schuss in die rechte Schulter. Die Beisetzung fand auf dem Kirchhof von Ars-sur-Moselle statt. Von Basse wurde auch auf der 1872 eingeweihten und 1956 abgebrochenen Sedansäule in Kamen genannt.

Ignatz Otto Becker, katholisch, wurde 1849 in Hamm geboren. Sein Vater Theodor Franz Becker (1815–1851), ein ehemaliger Husar, bekam später eine Stelle als Gerichtsschreiber in Dortmund. 1848 heiratete er Christina Weil, die 1810 geborene Tochter des Arbeitsmanns Gilbert Weil und der Christine Norath. Der Großvater Ignatz Christoph Franz Becker (1779–1835) hatte von 1804 bis 1808 das Amt des Bürgermeisters in Coesfeld inne. Der junge Becker war 1870 Handlungsgehilfe in Dortmund und ging als Musketier zur 10. Kompanie des 3. Westfälischen Infanterie-Regiments Nr. 16. Er fiel am 16. August 1870 bei Mars-la-Tour.

Franz Anton Bitter, geboren 1845, war Unteroffizier im 1. Bataillon des 16. Regiments und starb ebenfalls bei Mars-la-Tour. Im Taufbuch der katholischen Gemeinde St. Nikolaus in Freienohl wurde eine entsprechende Notiz ergänzt. Bitter, ein Sohn des Postillions Karl Bitter und der Christina Schwarze, war als Fabrikarbeiter nach Hamm gekommen.

Carl Bernhard Alexander Boos, geboren 1836 in Hamm, war ein Sohn von Alexander Leonard Joseph Boos (um 1794–1869) und Philippina Wilhelmina Ferdinandina Vennemann (1799–1870). Das Paar hatte 1818 in Münster katholisch geheiratet. Der aus Düsseldorf stammende Vater war zu dieser Zeit Wachtmeister im 2. Westfälischen Husaren-Regiment Nr. 11, die Mutter die 1799 in Münster geborene Tochter eines Wagenbauers. Boos senior wurde als Leutnant verabschiedet und bekam eine Stelle als Chausseegeld-Erheber in Hamm. Der Junior ging als Gerichtskassenkontrolleur nach Hattingen und heiratete dort 1865 in der evangelisch-lutherischen Gemeinde Emeline Sophie Wilhelmine Elisabeth Wiesmann, die 1840 geborene Tochter des Gastwirts Friedrich Wiesmann und der Emeline

Fliegenschmidt. Boos war 1870 als Sekonde-Leutnant der Landwehr der 6. Kompanie des 7. Westfälischen Infanterie-Regiments Nr. 56 zugeteilt. Er fiel in der Schlacht bei Mars-la-Tour. Seinen Namen findet man auch auf dem Kriegerdenkmal in Hattingen.

Johann Wilhelm Brüggemann, katholisch, fiel am 6. August 1870 bei Spichern. Er war Musketier in der 5. Kompanie des 1. Hannoverschen Infanterie-Regiments. Die 1813 gegründete Einheit war 1866 nach der Annexion des Königreichs Hannover als 74. Regiment in die preußische Infanterie eingegliedert worden. Im Juli 1870 wurden zahlreiche Mannschaften aus dem Landwehrbezirk Unna, zu dem auch Hamm gehörte, zur Verstärkung des Regiments eingezogen. Möglicherweise handelte es sich um den 1842 geborenen Sohn des Tagelöhners Johann Eberhard Brüggemann und der Sophia Nölken, geboren in der Westenfeldmark, getauft in Nordherringen.

Sekonde-Leutnant Maximilian (Max) Lothar Dieterici, 6. Leichte Fuß-Batterie des Westfälischen Feldartillerie-Regiments Nr. 7, starb am 18. August 1870 bei Metz im Feldlazarett Nr. 12. Das Hospital war von den Preußen im Schloss Aubigny eingerichtet worden. Eine Granate hatte Dieterici beide Füße abgerissen. Der junge Artillerieoffizier wurde 1843 nicht in Hamm geboren, sondern in Hattingen. Dort war sein aus Magdeburg kommender Vater Julius Hypolith Dieterici zunächst als Gerichtsassessor tätig, ehe er als Justizrat und Notar nach Hamm kam. 1842 hatte er in Langendreer Carolina Müser geheiratet, die Tochter eines Brennereibesitzers. Schon 1835 war er als Gerichtsreferendar in Lübben in Brandenburg Vater einer unehelichen Tochter geworden. Diese Geburt wurde jedoch geheim gehalten, und die Mutter Emma Mathilde Johanna Nordmann heiratete später den Kaufmann Friedrich Moritz Siegel. Von 1868 bis 1870 war Dieterici senior Meister vom Stuhl der Hammer Freimaurerloge „Zum hellen Licht". Sein 1846 in Hattingen geborener Sohn Arthur Leonhard Dieterici starb als Militärarzt in Niederländisch Indien.

Die Tochter Hedwig Elfriede Dieterici, geboren 1848 in Hattingen, heiratete 1871 in Hamm Otto Ludwig Heinrich Ferdinand van Beughem (1837–1896), Hauptmann und Kompanie-Chef im 1. Westfälischen Infanterie-Regiment Nr. 13. Der Sohn des Essener Majors a. D. und Kreisgerichts-Salarienkassenrendanten Leonhard Carl Christian Heinrich van Beughem (1798–1876) und der Ottonette Dorothea Wilhelmina Luisa Flashoff (1809–1870) hatte am Krieg teilgenommen und war im Januar 1871 zum Hauptmann befördert worden. 1889 versetzte man ihn als Oberstleutnant in das 2. Oberschlesische Infanterie-Regiment Nr. 23, 1891 fand die Verabschiedung als Oberst statt. Er starb in Pyrmont.

Der Wehrmann Johann Ferdinand Eickelmann, Jahrgang 1838, stammte aus Calle bei Meschede. Seine Eltern waren die Ackersleute Franz Eickelmann genannt Eggert und Gertrud Eickelmann. Er kam zunächst als Fabrikarbeiter nach Rhynern und bekam dann eine Stelle als Bahnarbeiter in Hamm. 1863 fand in Soest die katholische Trauung mit Margarethe Schenuit statt. In der Folgezeit wurden in Hamm zwei Kinder katholisch getauft. Am 19. November trug Eickelmann einen Schuss in den Unterleib davon und starb am 25. November in einem Lazarett in Châtillon. Der Grabstein mit seinem Namen auf dem Ostenfriedhof dürfte nur Symbolcharakter haben, denn es ist unwahrscheinlich, dass die Leiche zur Bestattung nach Hamm gebracht wurde.

Eickelmanns Grabstein auf dem Ostenfriedhof

Christoph – nicht Christian – Gnegel, Maurer und Füsilier der 10. Kompanie des 74. Regiments, wurde seit der Schlacht bei Spichern am 6. August 1870 vermisst und am 30. Juni 1871 gerichtlich für tot erklärt. Er war katholisch und kam aus Beelen bei Warendorf. Es dürfte sich um den 1843 in der Bauerschaft Remse geborenen und in Marienfeld bei Harsewinkel getauften Sohn des Heuerlings Johann Hermann Gnegel genannt Wöstmann (1822–1899) und dessen Ehefrau Anna Maria Schöning (1822–1888) gehandelt haben. Die Familie wohnte später in der Bauerschaft Oester bei Beelen. Dort wurde 1847 Heinrich Gnegel geboren, der als Musketier im 1. Bataillon des 1. Westfälischen Infanterie-Regiments Nr.13 am 14. August 1870 bei Metz durch einen Schuss in das linke Bein schwer verwundet wurde.

Johann Gottlieb Friedrich Goormann, geboren 1850 als Spross einer bekannten Hammer Familie, fiel am 14. August 1870 bei Colombey nahe Metz einem Schuss in den Nacken zum Opfer. Er war Musketier im 1. Westfälischen Infanterie-Regiment Nr. 13. Seine Eltern waren der

Tagelöhner Johann Diedrich Friedrich Wilhelm Goormann (Goermann) und Wilhelmine Sümper.

Julius Carl Griesenbrock, katholisch, war der 1846 geborene Sohn des Drahtziehers Theodor Griesenbrock und der Sophia Wortmann. Er hatte in einer Fabrik gearbeitet, bevor er 1870 Musketier in der 5. Kompanie des 3. Westfälischen Infanterie-Regiments wurde. Bei Mars-la-Tour traf ihn eine Kugel in der linken Seite, und er starb am 20. August in einem Lazarett.

Friedrich Wilhelm August Haselhorst (Hasselhorst) stammte aus Schildesche bei Bielefeld und war der 1845 geborene Sohn des Heuerlings Caspar Heinrich Haselhorst und der Hanne Wilhelmine Tasche. 1870 wurde er Gefreiter und Hornist in der 9. Kompanie des Niederrheinischen Füsilier-Regiments Nr. 39, und er starb am 6. August bei Saarbrücken durch zwei Schüsse in den Kopf.

Der Gefreite Carl Philipp Hörger der 10. Kompanie des 1. Hannoverschen Infanterie-Regiments Nr. 74 starb am 18. August 1870 bei Gravelotte ebenfalls durch einen doppelten Kopfschuss. Er war 1844 in Krefeld geboren und evangelisch getauft worden und durch seinen Bruder in die Stadt an der Lippe gekommen. Beider Eltern waren der Wagenlackierer Carl Friedrich Philipp Hörger und Johanna von Moock (um 1804–1877), eine Lackierertochter aus Coesfeld. Der Kaufmann und Fabrikant Georg Aloys Hörger (1841–1921) heiratete 1864 Wilhelmine Hohgräfe (1845–1923), die Tochter eines Schmiedegesellen. Auch zwei Schwestern verschlug es nach Hamm. Julie Hörger, geboren 1832, heiratete 1861 in Krefeld Johann Robert Gruttorffer und als Witwe 1870 in Hamm Carl Friedrich Kettelhake (um 1845–1879) aus Bückeburg, Obermüller in Uhlendorffs Mühle. Nach dessen Tod folgte 1886 eine weitere Ehe mit dem Kaufmann Caspar Heinrich Sieckmann aus Bielefeld. Elisabeth (Elise) Marie Hörger, geboren 1836, heiratete 1865 in Krefeld Johann Heinrich August Wessling und 1879 in Hamm den Witwer und Weichensteller Ludwig Carl Opfer, geboren 1832 in Marienburg im Westerwald.

Heinrich Wilhelm Kampmann gehörte als Musketier zur 6. Kompanie des 1. Westfälischen Infanterie-Regiments Nr. 13 und starb am 18. August bei Gravelotte durch einen Schuss in den Kopf. Er war 1848 in Hamm geboren worden und hatte eine katholische Taufe erhalten. 1846 hatte auch die Trauung der Eltern, Hermann Wilhelm Kampmann, Tagelöhner, und Wilhelmina Küster, Tochter eines Tagelöhners aus Lübbecke in Ostwestfalen, in der katholischen Gemeinde stattgefunden.

Carl Heinrich Koch, evangelisch, ein Schlosser aus Hamm, war Musketier im 1. Bataillon des 3. Westfälischen Infanterie-Regiments Nr. 16. Nach der amtlichen Verlustliste fiel er am 16. August 1870 bei Mars-la-Tour. Abweichend davon findet man in den Regimentsaufzeichnungen die Angabe, dass Koch am 27. August in dem weiter östlich gelegenen Ort Semécourt starb. Ferner ergibt sich mit dem dort genannten Alter das Geburtsjahr 1848. Irritierend ist der dritte Vorname Max, welcher in beiden Quellen erscheint. Mit diesen Angaben ließ sich kein passender Kandidat finden. Bei Mars-la-Tour fiel allerdings auch Carl Diedrich Heinrich Wilhelm Koch, Füsilier der 11. Kompanie des 16. Regiments. Er wurde 1849 in Werve geboren und in Heeren getauft, als Sohn des Tagelöhners Diedrich Koch und der Elisabeth Wiener.

Ein Musketier der 8. Kompanie des 1. Westfälischen Infanterie-Regiments Nr. 13 namens Koop, katholisch, wurde am 18. August bei Gravelotte durch einen Schuss in die linke Schulter schwer verwundet und starb sechs Tage später im Feldlazarett Nr. 1. Als Vornamen notierte man in den amtlichen Listen „Carl Wilhelm" und „Karl Johann Wilhelm" in der Regimentsgeschichte. Johann Wilhelm Carl Koop war der 1851 geborene Bruder des bereits behandelten Unteroffiziers Friedrich Koop.

Wilhelm Carl <u>Heinrich</u> Köster, katholisch, geboren 1841 als Sohn des Schneiders und späteren Bahnwärters Hermann Köster und dessen Ehefrau Maria Lange, war zunächst als Fabrikarbeiter, danach als Kleinhändler, tätig. 1865 fand die katholische Trauung mit der Schustertochter Margaretha Michaelis aus Meinigsen bei Soest statt. 1867, 1868 und 1870 wurden in Hamm Kinder geboren. Dann wurde Köster Gefreiter in der 11. Kompanie des 1. Westfälischen Infanterie-Regiments Nr. 13 und erlitt am 28. November 1870 in der Schlacht bei Beaune-la-Rolande einen Unterleibsdurchschuss. Er starb daran am folgenden Tag und wurde vor Ort begraben. Seine Witwe heiratete Eduard Raab, der als Ritter des Eisernen Kreuzes aus dem Krieg zurückgekehrt war.

Fritz Kröner aus der Westenfeldmark war Füsilier in der 10. Kompanie des 3. Westfälischen Infanterie-Regiments Nr. 16. Nach der Schlacht bei Mars-la-Tour wurde er zunächst vermisst und dann als leicht verwundet eingestuft. Er starb jedoch an den Folgen. Geboren wurde er 1848 als Sohn des Webers Diedrich Kröner und der Wilhelmine Brinkmann.

Da für August Middendorf eine besondere Gedenktafel existiert, wird er in dem entsprechenden Kapitel behandelt.

Heinrich Wilhelm Theodor Müser, katholisch, geboren 1846, war ein Sohn des Fabrikarbeiters und Schmiedes Johann Theodor Müser (um 1810–1877) und der Catharina Elisabeth Wiesenbrock. Als Fabrikarbeiter heiratete er 1869 Maria Christina Benzler (1848–1906), Tochter eines Tagelöhners aus Dolberg. Eine Ende Januar 1870 geborene Tochter lebte nur wenige Tage. Müser wurde Musketier der 8. Kompanie des 3. Westfälischen Infanterie-Regiments und starb bei Mars-la-Tour durch einen Kopfschuss. Die Witwe heiratete 1872 den Schneider und späteren Kassenboten Edmund Pankok.

Theodor Rudolph Emil Otto, katholisch, wurde 1846 in Hamm als Sohn des Geheimen Justizrats Ludwig Emil Otto (um 1803–1869) und dessen Ehefrau Franziska Antonia Bertha Linhoff geboren. Er lebte als Bildhauer in Berlin und wurde 1870 Gefreiter in der 4. Kompanie des Westfälischen Füsilier-Regiments Nr. 37. Am 6. August wurde er bei Wörth während des Kampfes in den Weinbergen verwundet und vermisst. Man nahm später an, er wäre in dem Fluss Sauer ertrunken. Bei Max Otto aus Hamm, Vize-Feldwebel der 7. Kompanie des 2. Hessischen Infanterie-Regiments Nr. 82, handelte es sich vermutlich um Wilhelm Matthias Max Otto, den 1848 geborenen Bruder des Vorgenannten. Er starb 1918 als unverheirateter Kaufmann in Hamm.

Friedrich Christian Ludwig Reichenbecher (Reichenbächer, Reichenbecker) (1767–1840), Sohn eines Proviant-Kommissars, war als Buchbinder aus Berlin nach Hamm gekommen und hatte 1810 Barbara Ungnade aus Aachen geheiratet. Ihr Sohn Carl Ludwig Heinrich Reichenbecher (1815–1847) heiratete 1839 Anna Catharina Carolina Kaldewey genannt Schlottmann (um 1815–1877) aus Norddinker. Diese ging als Witwe im Juni 1848 eine neue Ehe mit ihrem Schwager Johann Friedrich Theodor Reichenbecher (1820–1880) ein. Der im November 1848 geborene Sohn Christian Albert Reichenbecker arbeitete ebenfalls als Buchbinder, ehe er als Gefreiter des 1. Bataillons des 3. Westfälischen Infanterie-Regiments in den Krieg zog. Er fiel am 16. August 1870 in der Schlacht bei Mars-la-Tour.

Theodor Richter, ehemals preußischer Sergeant, bekam einen Posten als Chaussee-Aufseher in Wesel. Sein dort geborener, gleichnamiger Sohn wurde Lanzenreiter im 2. Hannoverschen Ulanen-Regiment (14. Preußisches), dessen vierte Eskadron in Hamm stationiert war. Er starb, gerade 20 Jahre alt, an einem Kopfschuss während eines Patrouillenritts bei Mézières in Nordfrankreich, am 24. November 1870. Auf der Gedenktafel wird, vielleicht irrtümlich, der Vorname Louis genannt – die Mutter des Toten hieß Louisa Basenau.

Hermann Röwekamp, katholisch, wurde 1842 in Heessen geboren. Seine Eltern waren der Tagelöhner Johann Heinrich Röwekamp und Elisabeth Micheel. Als Fabrikarbeiter heiratete er 1868 Gertrud Holtmann, und 1869 kam ein Sohn zur Welt. 1870 war Röwekamp Grenadier in der 5. Kompanie des 4. Garde-Grenadier-Regiments und erlitt am 18. August bei Gravelotte einen Kopfschuss, an dem er zwei Tage später im Lazarett zu Saint Hilaire verstarb.

„Bernhard Rohling" fiel am 6. August 1870 bei Saarbrücken als Füsilier der 2. Kompanie des Niederrheinischen Füsilier-Regiments Nr. 39. In der amtlichen Verlustliste nannte man Osterwick bei Coesfeld als Herkunftsort. Es handelte sich wahrscheinlich um Johannes Bernard Roling, der 1844 im benachbarten Holtwick die Taufe erhielt. Dessen Eltern, der Weber Johann Gerhard Roling und Maria Catharina Leuters, wohnten zu dieser Zeit in der Bauerschaft Riege und anschließend in der zu Osterwick zählenden Bauerschaft Höven.

Erwähnenswert ist auch Johannes Bernard August Roling (1844–1874) aus Holtwick, ein Sohn des Fassbinders Bernard Roling und der Maria Catharina Eising. Er war in der 5. Kompanie des 1. Westfälischen Infanterie-Regiments und wurde am 14. August 1870 bei Metz schwer verwundet. Genauere Angaben zu dieser Verwundung sind nicht überliefert. Am 23. Januar 1871 trug Roling bei Chouzelot, südwestlich von Besançon, zusätzlich einen Durchschuss der linken Hand davon. Er starb als Junggeselle in Holtwick wenige Tage vor seinem 30. Geburtstag an Lungenschwindsucht.

Wilhelm Georg Rommel kam 1838 in Marburg zur Welt und wurde evangelisch-reformiert getauft. Seine Eltern waren Christian Balthasar Justus Rommel (1798–1857), Geheimer Justizrat und später Obergerichtsdirektor in Rotenburg, und Marie Sophie Caroline Schlarbaum (1806–1880), Tochter des Marburger Regierungsprokurators (Rechtsvertreter der Regierung). 1867 wurde Rommel als Premier-Leutnant vom 3. Hannoverschen Infanterie-Regiment Nr. 79 zum 1. Westfälischen Infanterie-Regiment Nr. 13 nach Hamm versetzt. Als Hauptmann und Chef der 7. Kompanie starb er am 14. August bei Colombey an einem Schuss durch den Hals und wurde in dem Ort Pange, östlich von Metz, bestattet. Das 13. Regiment verlor in dieser Schlacht 6 Offiziere und 90 Mann, weitere 13 Offiziere und 266 Mann wurden verwundet.

Denkmal des 1. Westfälischen Infanterie-Regiments Nr. 13 in Colombey, 1912

Heinrich Friedrich Rosenbaum wurde 1845 in Nordbögge geboren und in Bönen getauft. Seine Eltern waren der Ackerknecht Heinrich Rosenbaum und Anna Sybilla Overdorp. Als Füsilier der 9. Kompanie des 1. Hannoverschen Infanterie-Regiments fiel er am 6. August 1870 bei Spichern.

Johann Emil Fritz Alexander Schachtrupp wurde 1849 in Osterode am Harz geboren. Seine Vorfahren stammten aus Lippstadt und betrieben in Osterode seit 1811 eine Gipsmühle und seit 1812 eine Bleiweißfabrik. Die Eltern, Carl August Friedrich Schachtrupp (1805–1865) und Elise Laubinger (1818–1894), hatten 1835 in Osterode geheiratet. Alexander wurde 1870 als Sekonde-Leutnant der Reserve des 79. Landwehr-Regiments zum 2. Hannoverschen Ulanen-Regiment Nr. 14 kommandiert. Am 19. Januar 1871 übernahm er in der Schlacht bei Saint Quentin das Kommando anstelle des verwundeten Rittmeisters und starb beim Angriff auf ein französisches Karree des 2. Französischen Chasseur-Bataillons durch einen Schuss in das Herz.

Sein Bruder Friedrich Ludwig Franz Schachtrupp (1843–1917) war ebenfalls Sekonde-Leutnant im 14. Ulanen-Regiment und kehrte mit einem Eisernen Kreuz 2. Klasse aus dem Krieg zurück. Als Premier-Leutnant im gleichen Regiment heiratete er 1874 in Verden an der Aller Guillerma Josepha Guadalupe Lucia Augspurg (1854–1882), die in Mexiko geboren worden war. Anschließend wurde Schachtrupp Hauptmann der 6. Gendarmerie-Brigade und ging 1890 als Witwer in Liegnitz eine weitere Ehe mit Anna Caroline Agnes Gertrud Jäckel (1863–1901) ein. Als Oberstleutnant a. D. ehelichte er schließlich 1906 in Berlin-Charlottenburg Dorothy Christine Hodges (1882–1954), eine Kaufmannstochter aus Monkstown bei Dublin in Irland.

Ein weiterer Bruder, Georg Wilhelm Ludwig Emil Schachtrupp (1836–1906) war Premier-Leutnant im Rheinischen Train-Bataillon Nr. 8 und Führer der Begleit-Eskadron des VIII. Armeekorps. Auch er wurde mit einem Eisernen Kreuz ausgezeichnet. Er heiratete 1872 in Berlin Cäcilia Theresia Sorg (1848–1913). Das Paar hatte bereits 1867 eine uneheliche Tochter bekommen. Schachtrupp starb als Major a. D. in Hamburg.

In der 1. Kompanie gab es zwei Hammer Wehrmänner mit dem Namen Eduard Schröder. Der ältere („Schröder I.“) starb, der jüngere („Schröder II.“) wurde zunächst vermisst, überlebte aber.

Johann Wilhelm Heinrich Eduard Schröder, evangelisch, wurde 1837 in Breitenstein bei Stolberg im Harz geboren, als Sohn des Schneidermeisters Johann Christian Jacob Schröder und der Johanna Friederike Christiane Kraft. Als Schuhmachermeister kam er nach Hamm und heiratete 1863 Henriette Friederike Viertmann (1835–1917) aus Brackwede. Als Vater von drei Kindern gehörte er am 19. November 1870 zu den Opfern. Den Totenschein stellte Oberstleutnant Lentz aus.

Sein Namensvetter Eduard Schröder wurde 1839 in Nehden bei Brilon geboren und in Thülen katholisch getauft. Dessen Eltern waren der Ackerwirt Michael Schröder und Maria Schmucker. Er kam als Fabrikarbeiter nach Hamm und heiratete 1864 Caroline Blanke, eine Tagelöhnertochter aus Herringen. Schröder wohnte mit seiner Familie zunächst in der Westenfeldmark, später in der Wilhelmstraße und brachte es zum Puddelmeister. Er starb allerdings schon 1882 an der Schwindsucht.

Wilhelm Schürmann, evangelisch, 12. Kompanie des Niederrheinischen Füsilier-Regiments Nr. 39, wurde am 6. August 1870 bei Saarbrücken zunächst vermisst und später den Gefallenen zugerechnet. Als möglicher Kandidat ergibt sich Wilhelm Adolph Moritz Carl Schürmann, der 1840 geborene

Sohn des Schreiners und Pumpenmachers Heinrich Johann Wilhelm Schürmann und dessen Ehefrau Henriette Marianne vom Heede, Tochter eines Drahtziehers aus Altena, die 1831 geheiratet hatten.

Franz Heinrich Steinle, der 1845 in Hamm geborene Sohn des Schneiders Johann Gottlob Steinle und der Catharina Wilhelmine Schaube, gehörte zur 12. Kompanie des 3. Westfälischen Infanterie-Regiments Nr. 16 und starb am 16. August 1870 bei Mars-la-Tour.

Vinzenz Stemplowsky (1781–1839) aus Polen kam als Soldat des 9. Preußischen Infanterie-Regiments nach Hamm und gründete dort 1806 eine Familie mit Elisabeth Hensen. Später betätigte er sich als Arbeitsmann und als Gärtner. Sein Sohn Wilhelm Stemplowsky wurde Schuster und war verheiratet mit Anna Maria Roß, Tochter eines Tuchmachers aus Rheine. Deren 1850 geborener Sohn Ludwig Friedrich Stemplowsky gehörte 1870 zur 1. Eskadron des 1. Westfälischen Husaren-Regiments Nr. 8. Am 26. Dezember geriet die Einheit bei einem Aufklärungsritt in Courson-les-Carrières, etwa 180 km südöstlich von Paris, in einen Hinterhalt, und Stemplowsky wurde durch einen Stich in den Unterleib getötet. Am nächsten Tag fand auf dem örtlichen Friedhof eine Bestattung mit militärischen Ehren statt.

Joseph Arnold Wilhelm Heinrich Suberg, Jahrgang 1844, katholisch, ein Sohn des Korn- und Fruchthändlers Wilhelm Suberg und der Elisabeth Richter, selbst Kaufmann sowie Unteroffizier der 9. Kompanie des 74. Infanterie-Regiments, wurde bei Spichern durch einen Schuss in ein Schienbein schwer verwundet und starb daran am 14. Oktober 1870 in einem Lazarett in Saarbrücken.

Seine Schwester Friederika Wilhelmina Henrietta Theodora Paulina Suberg (1847–1923) heiratete 1869 in Hamm Johann Friedrich Eduard Julius Kunkel (1841–1903) aus Potsdam, evangelisch, Oberfeuerwerker (Feldwebel) im Rheinischen Festungs-Artillerie-Regiment Nr. 8, zu dieser Zeit abkommandiert zur Landestriangulation.[13] Dessen Eltern waren Johann Gottfried Kunkel, Grenadier in der 1. Garde-Invaliden-Kompanie, und Johanna Sophia Lehmann. 1870/71 erlangte Kunkel als Oberfeuerwerker der 3. Artillerie-Munitions-Kolonne im XIV. Armeekorps ein Eisernes Kreuz 2. Klasse. Er brachte es später zum Rechnungsrat und starb in Schöneberg.

Franz Johann Wilhelm Thöne, katholisch, stammte aus Geseke und war der 1845 geborene Sohn des Ackerers Wilhelm Thöne und der Anna Maria Menke. Er wohnte als Fabrikarbeiter in der Westenfeldmark, und im Mai 1870 fand in Hamm die Trauung mit Sophia Hellweg statt, der 1849 ebenfalls in Geseke geboren Tochter des Tagelöhners Anton Hellweg und der Angela Stork. Thöne fiel am 6. August 1870 bei Saarbrücken als Füsilier der 9. Kompanie des 1. Hannoverschen Infanterie-Regiments Nr. 74. Sein am 8. Januar 1871 geborener Sohn Franz lebte nur einen Tag. Am 20. Januar starb die junge Witwe an den Pocken.

Heinrich Christian Carl Gustav Ueberhorst wurde 1845 in Tecklenburg geboren. Sein Vater Johann Heinrich Wilhelm Ueberhorst stammte aus Welper bei Hattingen und war Notar und Justizkommissar in Werne an der Lippe. 1844 fand in Hamm die Trauung mit Johanne Friederike Lux statt, einer Tochter des 1831 verstorbenen Chirurgen Conrad Christian Lux. Ueberhorst junior machte 1865 in Hamm sein Abitur und wurde Referendar. Als Vize-Feldwebel und Offizierdiensttuer der Füsiliere des 1. Hannoverschen Infanterie-Regiments Nr. 74 wurde er am 6. August 1870 bei Spichern durch einen Schuss in den Unterleib schwer verwundet und starb zwei Tage später in einem Lazarett in Saarbrücken.

Christian Wilhelm Heinrich Unckenbold wurde 1842 in Hamm als Sohn des Gastwirts Heinrich Carl Unckenbold und der Johanna Friederike Wilhelmine Biermann, Tochter eines Gutsbesitzers, geboren. Die Trauung der Eltern hatte 1840 in Bönen stattgefunden, wobei es für den 1795 geborenen Vater die zweite Ehe war, denn 1829 hatte er die Hammer Gastwirtstochter Louise Caroline Dieckmann (1805–1839) geheiratet. Wahrscheinlich hatte Heinrich Carl Unckenbold als freiwilliger berittener Jäger an den Befreiungskriegen teilgenommen. Sein Sohn erlangte 1866 als Unteroffizier der 6. Kompanie des 3. Westfälischen Infanterie-Regiments Nr. 16 das Militär-Ehrenzeichen 2. Klasse. 1870 war er Unteroffizier der 4. Kompanie und fiel am 16. August bei Mars-la-Tour. Die Beisetzung fand vor Ort statt, und das von der Familie finanzierte gusseiserne Grabkreuz existiert noch. Ein weiterer Sohn, Edmund Wilhelm Unckenbold, geboren 1846 in Hamm, hatte sich als Kaufmann in Ruhrort niedergelassen. Er war noch Junggeselle, als er im Oktober 1871 „infolge einer unglücklichen Schusswunde" sein Leben verlor.

Friedrich Wilhelm Carl Unckenbold war ein Sohn des Färbers Wilhelm Unckenbold und der Lisette Steinbäcker. Als Musketier der 3. Kompanie des 1. Westfälischen Infanterie-Regiments Nr. 13 wurde er am 14. August 1870 bei Colombey verwundet und zunächst vermisst. Er starb vier Tage später.

Carl Maria Joseph Versen, Vize-Feldwebel der Reserve im 7. Westfälischen Infanterie-Regiment Nr. 56, starb am 16. August 1870 bei Vionville durch einen Kopfschuss. Er war 1841 in Werne an der Lippe geboren und katholisch getauft worden. Bevor er in den Krieg zog, unterrichtete er als Lehrer an der 1860 eröffneten höheren Bürgerschule in Bochum. Sein Vater Carl August Versen (1809–1871) stammte aus Beverungen und hatte 1840 als Gerichtsassessor in Werne Maria Theodora Antonetta Uedinck (Ueding) geehelicht. Sie war die 1815 geborene Tochter des örtlichen Steuereinnehmers. Über Zwischenstationen in Paderborn und Nieheim kam Versen senior 1858 als Appellationsgerichtsrat nach Hamm und hinterließ bei seinem Tod eine Witwe und zehn Kinder.

Heinrich Diedrich Vogel aus dem Dorf Mark gehörte zu den Musketieren der 6. Kompanie des 1. Hannoverschen Infanterie-Regiments Nr. 74, die am 6. August 1870 bei Spichern den Tod fanden. Er wurde 1841 als unehelicher Sohn der Wilhelmine Vogel geboren und katholisch getauft.

Wilhelm Wellie aus Berge wird auch auf dem Kriegerdenkmal in Rhynern und in dem entsprechenden Kapitel genannt.

Diedrich Friedrich Giesbert Christian Buschmann (Bußmann genannt Wiemer) zählte am 19. November 1870 in Châtillon zu den Toten. Er wurde 1836 in Vellinghausen geboren und in Dinker getauft. Dort erfolgte auch ein Kirchenbucheintrag, auf der Basis des am 10. Dezember 1870 ausgestellten Totenscheins. Die Eltern des Wehrmanns, der Landwirt Johann Gerhard Henrich Diederich Bußmann (1797–1847) aus Frielinghausen und Friederika Färber, eine 1797 geborene Gastwirtstochter aus Schmehausen, hatten 1835 geheiratet. Die Mutter war die Witwe des Landwirts Diederich Wiemer (1790–1833), den sie 1826 geheiratet hatte. Sie brachte acht Kinder mit in die zweite Ehe. Bevor Wiemer in den Krieg zog, hatte er in Hamm als Brauer bei Fuhrmann gearbeitet. Der Pastorensohn[14] Carl Gottlieb Gerhard Theodor Fuhrmann (1794–1874) war Bäcker und Schankwirt in der Brüderstraße. 1818 heiratete er Clara Catharina Henrietta Pröpsting (1795–1828) und 1829 deren Schwester Johanne Sophie Wilhelmine Pröpsting (1803–1841), die laut Kirchenbucheintrag in „gemüthskrankem Zustand“ tödlich verunglückte.

Die zweite Fläche des Denkmals ist so stark verwittert, dass vieles nicht mehr lesbar ist. Die Überschrift lautete wohl „An den Folgen des Feldzuges verstorben“. Bei den anschließenden sechzehn Namen konnte allerdings auf schriftliche Aufzeichnungen zurückgegriffen werden: „Brakelmann, Breer, Diening, Disselkemper, Fickermann, Glauner, Hallermann, Lohweg, Lütgebauks, Münstermann, Reinoldt, Richter, Röller, Schulz, Wegerhoff, Wessel“.

Die Reihe beginnt mit Carl Friedrich Brakelmann, 16. Landwehr-Regiment. Er wurde 1841 in Freiske geboren und in Rhynern evangelisch getauft. Seine

Eltern waren der Tagelöhner Carl Friedrich Brakelmann und Wilhelmina Joermann. 1869 fand in Hamm die katholische Trauung des Schneiders Brakelmann mit Gertraud Maria Henrietta Stemann (Stehmann) statt, der 1848 geborenen Tochter eines Tagelöhners.

Theodor Hermann Breer wurde 1839 in Heessen als Sohn des Kötters Johann Heinrich Breer (1815–1879) und der Elisabeth Wessel geboren. Er arbeitete als Schmied im Nordenstift, und 1868 fand in Beckum seine Trauung mit der Färbertochter Anna Maria Goldstein statt. Breer starb am 21. September 1871 im Nordenstift an Typhus. Er hinterließ eine Witwe mit drei kleinen Kindern.

Friedrich Dietrich Diening wurde 1851 in Westerbönen geboren und in Bönen getauft. Seine Eltern waren der Ackerknecht und spätere Müller Wilhelm Diening und Clara Christine Böckmann. Er kam als Handlungsgehilfe nach Hamm und starb am 18. September 1872 an einem Brustleiden. Über seine Regimentszugehörigkeit im Krieg ist nichts bekannt.

Johann Wilhelm Disselkemper, katholisch, war der 1832 geborene Sohn des Tagelöhners Wilhelm Disselkemper (um 1798–1841) und der Anna Maria Elisabetha Lippe. 1857 heiratete er als Fabrikarbeiter Henriette Tiemann, die Witwe des im gleichen Jahr verstorbenen Schreiners Friedrich Kackler. 1870 war Disselkemper Wehrmann im 16. Landwehr-Regiment. Er starb in Hamm am 29. November 1871 an Nervenfieber.

Johann Diedrich Fickermann, Füsilier der 9. Kompanie des 74. Infanterie-Regiments, wurde 1838 in Herringen geboren. Seine Eltern waren der Ackerknecht Johann Fickermann und Maria Biermann genannt Lohmann. 1863 fand in Bönen seine Trauung mit Louise Wilhelmine Henriette Notte statt, Tochter eines Ackerknechtes aus Flierich. Nach einer Verwundung durch einen Granatsplitter am linken Ohr, am 6. August 1870 bei Saarbrücken, kam Fickermann in das Ersatz-Bataillon. Er starb als Fabrikarbeiter in Hamm am 10. März 1872 an Brustfieber. Seine Witwe heiratete noch im gleichen Jahr in Hamm Heinrich Düsberg, Fabrikarbeiter und Sohn eines Büchsenschmiedes aus Soest.

Wilhelm Diedrich Gustav Glauner wurde 1839 geboren. Seine Eltern, der Metzgermeister Johann Hermann Wilhelm Glauner (1805–1855) und Johanna Maria Clara Catharina Römer, hatten 1833 geheiratet. Der Urgroßvater Johann Georg Glauner, ein Metzger aus Freudenstadt im Schwarzwald, hatte 1763 in Hamm Anna Catharina Wiemann, verwitwete Stricker, geheiratet. Der junge Glauner wurde ebenfalls Metzger. 1865 fand die Heirat mit Theodore Anna Elisabeth Sophie Juckenack statt, einer

Tochter des Metzgers Hermann Juckenack und der Caroline Wilhelmine Pröpsting. Glauner gehörte 1870 dem 1. Bataillon (Hamm) des 2. Garde-Grenadier-Landwehr-Regiments an, welches im September an der Belagerung Straßburgs teilnahm und Ende des Jahres bei Evreux im Einsatz war. Glauner überlebte den Krieg, starb aber 1872 in Hamm an „Abzehrung". Seine Witwe ging 1873 eine neue Ehe mit Hermann Banse, Bäcker und Schankwirt, ein.

Glauners Onkel Diedrich Caspar Glauner (1794–1872) machte 1813 bis 1815 die Befreiungskriege als Freiwilliger im Hammer Bataillon des 1. Westfälischen Landwehr-Infanterie-Regiments mit. Er arbeitete zunächst ebenfalls als Metzger, bekam dann aber eine Stelle als Inspektor des Hammer Armenhauses. 1829 heiratete er Helene Theodore Gerhard (1797–1858) aus Unna.

Wilhelm Hallermann starb 25. November 1870 im Alter von rund 30 Jahren in dem französischen Ort Marville, nahe der Grenze zu Luxemburg, an der Krankheit Ruhr. Er war Musketier in der 2. Kompanie des 1. Hannoverschen Infanterie-Regiments Nr. 74. Vordem wohnte er in der Westenfeldmark, war als Fabrikarbeiter tätig und hatte 1866 in Hamm Maria Peiler geheiratet, die als Witwe mit zwei Kindern zurückblieb. Eine 1866 geborene Tochter war bereits 1868 an Stickhusten gestorben, eine 1867 geborene Tochter starb 1871 an den Pocken. Im Januar 1870 kam ein Sohn zur Welt.

Der Wehrmann Carl Heinrich Fürchtegott Lohweg wurde 1835 als uneheliches Kind in Heepen bei Bielefeld geboren. Seine Mutter Hanne Wilhelmine Friederike Lohweg hatte 1831 den Heuerling Johann Heinrich Kulemann geheiratet, lebte aber anscheinend getrennt von ihrem Ehemann. Lohweg arbeitete als Ziegelarbeiter, Tagelöhner und Briefträger und heiratete 1864 in Bönen Christine Wilhelmine Hoppe (1842–1905) aus Herringen, die ebenfalls unehelich geboren worden war. Man verschleppte ihn als Kriegsgefangenen in die Bretagne, und dort starb er am 26. Dezember 1870. Im Sterbeeintrag heißt es „auf dem Transport als Gefangener gestorben im Krankenhaus zu Auray, Arrondissement Lorient". Er hinterließ eine Witwe mit zwei Töchtern und einem Sohn, die 1873 eine neue Ehe mit dem Fabrikarbeiter und späteren Wagenmeister Carl August Hermann Klemm einging.

Bei Carl Lütgebauks, Landwehr-Regiment Nr. 16, dürfte es sich um Johann Christian Carl Lütgebauks gehandelt haben. Er kam 1837 in der Westenfeldmark zur Welt und wurde in Herringen getauft, als Sohn des Tagelöhners Hermann Lütgebauks und der Clara Niggemann, die 1828 geheiratet hatten. 1867 fand in Hamm die Trauung des Fabrikarbeiters mit

Johanna Catharina Friederika Bethlehem (1841–1873) aus Blankenhagen bei Gütersloh statt. Lütgebauks erlag 1872 der Schwindsucht und hinterließ eine Witwe mit einem fünfjährigen Sohn.

Heinrich Bernhard Felix von Münstermann wurde 1850 in Münster geboren und in St. Ludgeri katholisch getauft. Seine Eltern waren der Rechnungsrat Gustav von Münstermann (um 1806–1880) und die Kaufmannstochter Therese Schölvinck. Der Vater war bis 1844 Bürgermeister in Werne und anschließend Rendant des Studienfonds des Provinzial-Schulkollegiums in Münster. Die Mutter war eine Tochter des preußischen Konsuls in Leer in Ostfriesland. Der Sohn war 1862 in die preußische Armee eingetreten und zog 1870 als Sekonde-Leutnant des 1. Westfälischen Infanterie-Regiments Nr. 13 in den Krieg. Er wurde mit dem Eisernen Kreuz 2. Klasse ausgezeichnet, starb jedoch am 21. November im elterlichen Haus in Münster an Typhus.

Erwähnenswert sind auch drei seiner Brüder. Carl Joseph Gustav von Münstermann (1843–1930), geboren in Werne, war 1870 Bauführer und kam als Sekonde-Leutnant zur 5. Leichten Batterie des Westfälischen Feld-Artillerie-Regiments Nr. 7. 1899 heiratete er in Berlin Maria Paulina Elisabeth Dorothea Baerwald, verwitwete Mittler. 1915 bekam von Münstermann als Wirklicher Geheimer Oberbaurat von der Technischen Universität Hannover die Ehrendoktorwürde verliehen. Er starb in Berlin-Wilmersdorf.

Julius Christoph Franz von Münstermann (1845–1893) war 1870 Sekonde-Leutnant bei der 1. Schweren Batterie der westfälischen Feld-Artillerie und bekam ein Eisernes Kreuz. Er heiratete Maria Stratmann (um 1852–1920), Tochter eines Gerichtsrats aus Werden bei Essen, und starb mit 48 Jahren in Darmstadt als Oberstleutnant im Großherzoglich Hessischen Feld-Artillerie-Regiment Nr. 25.

Enno Anton von Münstermann (1847–1902) machte eine Kaufmannslehre bei seinem Großvater in Leer und war 1870 Unteroffizier der 3. Artillerie-Munitionskolonne des X. Armeekorps. 1881 gründete er die Ludwigshütte im oberschlesischen Kattowitz. Daraus ging die „Deutsche Phosphorbronze-Industrie" hervor. Von Münstermann erlag in Kattowitz einem Schlaganfall.

Carl Heinrich Friedrich Reinoldt, ein 18-jähriger Kanonier im Westfälischen Feld-Artillerie-Regiment Nr. 7, starb am 30. Oktober 1870 in einem Lazarett in Trier an Typhus. Er war 1852 in Hamm mit seinem Zwillingsbruder Johann Heinrich Hermann zur Welt gekommen. Die Eltern, der Kaufmann Carl Heinrich Reinoldt (1820–1871), Sohn eines Essigbrauers, und die Gastwirtstochter Henriette Gertrud Johanne Asbeck, hatten 1851 geheiratet. Nach dem Tod der Mutter war der Vater 1862 eine zweite Ehe mit Emilie Gerhardine Wilhelmine Schumann eingegangen, der Tochter eines Tierarztes.

Moritz Eduard Richter, Gefreiter mit dem Status „überzähliger Unteroffizier“, 6. Kompanie des 1. Westfälischen Infanterie-Regiments Nr. 13, starb am 14. Dezember 1870 in einem Hammer Lazarett an Lungenschwindsucht. Er hatte eine Dienstzeit von fünf Jahren und drei Monaten hinter sich. Die Eltern des 1845 Geborenen, der Musikant Eduard Richter und Caroline Heller, lebten in Grimma in Sachsen.

Friedrich Hermann Röller wurde 1849 in Berge als Sohn des Zimmermanns Wilhelm Röller und der Maria Krähling geboren. Er wurde ebenfalls Zimmermann und war 1870 Musketier im 3. Westfälischen Infanterie-Regiment Nr. 17. Am 5. Oktober starb er an Typhus im Lazarett in Mondelange, nördlich von Metz.

Der Unteroffizier Friedrich Wilhelm Schulz starb in einem Feldlazarett an Typhus. Der einzige Kandidat mit diesem Namen, Wilhelm Heinrich Friedrich Schulz, wurde 1845 geboren und katholisch getauft. Dessen Eltern waren Franz Heinrich Schulz, Tagelöhner, und Friederika Schmitz.

Bei Heinrich Wegerhoff, Unteroffizier im Landwehr-Regiment Nr. 16, handelte es sich vermutlich um Johann Heinrich Wegerhoff, Jahrgang 1823. Dessen Vater Johann Wegerhoff, geboren 1790 in Remscheid, war als Unteroffizier der 4. Eskadron des 11. Husaren-Regiments nach Hamm gekommen und hatte 1823 Johanna Wilhelmina Louisa Birnstein geheiratet. Die 1791 geborene Tochter eines Gärtners war zweifache Witwe. 1813 hatte sie den Gastwirt Jobst Henrich Hötte geheiratet. 1816 folgte die zweite Ehe mit dem Gastwirt und Bäcker Johann Heinrich Ferdinand Asbeck, der 1820 im Alter von 32 Jahren verstarb, und dessen Nachfolge Wegerhoff antrat. Später bekam dieser eine Stelle als Chaussee-Aufseher in Heessen. Sein Sohn wurde Kastellan[15] und Ökonom (Kassenverwalter) der Hammer Harmonie-Gesellschaft[16] und heiratete 1862 Wilhelmine Joermann, die Tochter eines Schmiedes aus Haaren. Über die Umstände seines Todes liegen keine Informationen vor.

Wilhelm Carl Friedrich Wessel wurde 1845 als unehelicher Sohn der Tagelöhnertochter Caroline Wessel in Schmehausen geboren und in Uentrop getauft. Die Mutter heiratete 1849 den Weber Heinrich Krabs. Wessel war 1870 Soldat im 74. Infanterie-Regiment und erkrankte während der Belagerung von Metz an einer Lungenentzündung. Er starb am 6. Oktober in einem Lazarett in Hannover.

Die Gedenktafeln in der Pauluskirche

Die größere der beiden Gedenktafeln für die Toten des Krieges 1870/71 trägt zwanzig Namen, die alle auch auf dem Denkmal am Exerzierplatz zu finden sind und daher bereits behandelt wurden.

1870 1871

Für das Vaterland starben
Lieutenant Max Dieterici
Gefreiter Fried. Goormann
Gefreiter F. W. Hasselhorst
Gefreiter Carl Phil. Hörger
Musketier Heinr. Kampmann
Gefreiter C. H. Max Koch
Wehrmann Heinr. Lohweg
Gefreiter Aug. Middendorff
Musketier Alb. Reichenbecher
Ulan Louis Richter
Füsilier Friedr. Rosenbaum
Wehrmann Eduard Schröder
Unteroffizier F. W. Schulz
Füsilier Wilh. Schürmann
Füsilier Franz Steinle
Vice Feldw. Gust Ueberhorst
Unteroffizier Heinr. Unckenbold
Füsilier Heinr. Vogel
Wehrmann Christ. Wiemer

Gedenktafel in der Pauluskirche

Eine separate Betrachtung ist bei August Wilhelm Stephan Middendorf angebracht. Er wurde 1846 geboren und fiel am 6. August bei Spichern als Gefreiter der 10. Kompanie des 1. Hannoverschen Infanterie-Regiments. Seine Eltern, der Schreiner Johann Friedrich Carl Middendorf, Jahrgang 1811, und Elisabeth (Lisette) Sophie Engel Volmer (1812–1869), eine Tagelöhnertochter aus Soest, waren 1844 in den Stand der Ehe getreten. Der Vater ließ es sich nicht nehmen, eine spezielle Gedenktafel für den toten Sohn anzufertigen. Dieses Exemplar zeichnet sich gegenüber der schlichten Gruppentafel durch Verzierungen, einen aufgelegten goldenen Preußenadler und Lorbeerzweige aus.

August Middendorff

Gefreiter der 10. Compagnie

1. Hannoverschen Infanterie

Regiments Nº 74

geb. in Hamm am 3. April 1846

fiel durch Gottes Vorsehung im

Kampfe am Spicheren Berge

für König und Vaterland

am 6. August 1870.

Gedenktafel für August Middendorff in der Pauluskirche

Zusätzlich wurde auf dem Massengrab am Fuß des „Spicherer Kopf" genannten Berges, in dem auch Middendorfs Leiche lag, eine Marmortafel mit dem folgenden Text platziert:

August Middendorf
geboren in Hamm a. d. Lippe am 3. August 1846
starb den Heldentod am 6. August 1870
„Ich hab für diesen Fels bis in den Tod gestritten."

Erwähnenswert ist ferner, dass 1846 als Taufpate und Namensgeber Christian August von Seel fungierte, zu dieser Zeit Sekonde-Leutnant in der 3. Reitenden Kompanie der 7. Artillerie-Brigade in Wesel.

Weitere Opfer

Von Rappard

August von Rappard wurde 1791 in Hamm geboren und reformiert getauft. Sein Vater Berthold Friedrich Wilhelm von Rappard (1748–1833) war zu dieser Zeit Gerichtsrat und Landrichter. 1775 hatte er Anna Elisabeth Wilhelmina Maria Asbeck (1756–1824) geheiratet, eine Tochter des Hammer Bürgermeisters Johann Heinrich Asbeck (1723–1779). 1820 wurde von Rappard erster Präsident des nach Hamm verlegten Oberlandesgerichts.

Siegelmarke des Oberlandesgerichts Hamm

Der Sohn war ab 1813 Sekonde-Leutnant der freiwilligen Jäger zu Fuß und wurde 1815 vor Paris verwundet. Nach seinem Abschied von der Armee bekam er eine Stelle als Oberförster, zunächst in Halle in Westfalen, danach in Dalheim bei Paderborn, dann in Höfen bei Monschau. Er starb 1845 als Forstinspektor (Leiter der Forstinspektion) in Tilsit. 1821 heiratete er in Halle Anna Christina Henriette Battard (1799–1821), die in Hamm geborene Tochter eines Feldwebels. Sie starb im Kindbett. Über von Rappards 1825 geschlossene Ehe mit Henriette Potta (o. ä.) liegen keine weiteren Angaben vor. 1833 erfolgte in Hamm seine dritte Eheschließung mit Ernestine Philippine Helene Louise Bosse, Tochter eines Gastwirts, geboren 1807 in Braunschweig. 1841 kam in Höfen der Sohn Peter Wilhelm Ferdinand von Rappard zur Welt. Er war 1870 Premier-Leutnant im Füsilier-Bataillon des 5. Westfälischen Infanterie-Regiments Nr. 53 und starb am 6. August bei Saarbrücken durch einen Kopfschuss.

Geitner

Carl Friedrich Geitner (1818–1872) wurde in dem Ort Wiesenena in Nordsachsen als unehelicher Sohn der Dorothea Elisabeth Geitner geboren. Als Kurschmied, das heißt Hufschmied und Tierarzt, der 2. Eskadron des 11. Husaren-Regiments kam er nach Hamm und heiratete dort im Juli 1848 Maria Sophia Kalle (1825–1866), die Tochter eines Registraturgehilfen. Im Oktober des gleichen Jahres kam der Sohn Wilhelm August Carl Geitner zur Welt. Die Familie lebte später in Lünen, und Geitner senior arbeitete dort als Tierarzt. Der 53-jährige Witwer heiratete 1870 Caroline Louise Josephine Kraatz, geboren 1825 in der Garnison Münster. Deren Vater Johann Gottfried Kraatz war 1796 in Tilsit als Sohn eines Ackersmanns geboren worden und als Stabstrompeter der 1. Reitenden Kompanie der 4. Artillerie-Brigade nach Westfalen gekommen. 1823 fand in Münster die Trauung mit der Maurertochter Bernardina Antonia Bentle (1802–1868) statt. Nach seiner Militärzeit bekam Kraatz zunächst eine Stelle als berittener Grenz- und Steueraufseher, welche die anwachsende Familie von Münster über Telgte, Brackwede und Wiedenbrück nach Dorsten führte.

Carl Geitner, geboren 1848, war 1870 Obergefreiter bei der 4. Schweren Fuß-Batterie des Westfälischen Feld-Artillerie-Regiments Nr. 7. Am 18. August erlitt er bei Gravelotte eine Schussfraktur im linken Oberarm und starb am 6. November in einem Lazarett in Würzburg. Seinen Namen findet man in Lünen sowohl auf dem Kriegerdenkmal für die Toten von 1870/71 als auch auf der hölzernen Gedenktafel, die in der evangelischen Georgskirche angebracht wurde.

Gedenktafel in der Stadtkirche Sankt Georg in Lünen

Grote

Ernst Friedrich Müller wurde 1842 in Minden geboren. Seine Eltern, der Buchbindermeister Arnold Dietrich Müller, Sohn eines Goldschmiedes, und Henriette Marie Charlotte Mensing (1806–1881), Tochter eines Brennereibesitzers, hatten 1832 geheiratet. Nach dem Schulbesuch kam er nach Hamm, um eine Ausbildung als Buchhändler im Geschäft seines Bruders zu erhalten. Carl Diedrich Müller (1833–1904) hatte dort 1859 Anna Johanna Julie Pröbsting geheiratet, Tochter eines Arztes und Witwe des Buchhändlers Gustav Ferdinand Grote (1829–1856). Müller übernahm die ab 1786 von dem aus Kleve stammenden Heinrich Jacob Grote[17] geleitete Buchhandlung, deren Ursprünge auf das 17. Jahrhundert zurückgehen, und führte ab 1884 den Familiennamen Müller-Grote.

Preußisches Zündnadel-Füsilier-Gewehr Modell 1860, System Dreyse

Ernst Müller trat 1863 als Einjährig-Freiwilliger in die Armee ein und machte 1864 und 1866 die Kriege mit. Als Vize-Feldwebel der 4. Kompanie des 2. Westfälischen Infanterie-Regiments Nr. 15 wurde er am 10. Juli 1866 bei Kissingen durch einen Schuss in die linke Seite schwer verwundet. Er erhielt das Militär-Ehrenzeichen 2. Klasse und stieg zum Sekonde-Leutnant auf. Nach der Genesung leitete er die Geschäftsfiliale seines Bruders in Berlin. 1869 übernahm er die Buchdruckerei des Vaters in Minden und gründete eine Verlagsbuchhandlung in Berlin. Im Januar 1870 fand in Minden die Trauung mit Antoinette Wilhelmine Elise Charlotte Catharine Mathilde Schmieding statt, der 1849 geborenen Tochter eines Rechtsanwalts und Justizkommissars aus Petershagen. Danach zog er erneut in den Krieg, als Sekonde-Leutnant der 7. Kompanie des 15. Regiments. Am 14. August 1870 ging er mit seiner Kompanie gegen eine feindliche Stellung bei Colombey vor und starb dabei durch Schüsse in Kopf und Brust. Er wurde an der Chaussee bei dem Ort La Planchette gemeinsam mit dem ebenfalls gefallenen Premier-Leutnant von Prondzynski[18] beerdigt. Müllers Witwe schloss 1873 in Minden eine neue Ehe mit dem katholischen Fabrikbesitzer Maria Theodor Wilhelm Richrath.

Überlebende Kriegsteilnehmer

„Deutschland's Helden. 1870 : 1895
Zur 25 jährigen Erinnerung", Motivtuch, ca. 60 x 70 cm, Berberich & Cie., Säckingen, 1895

Von Bastineller

Zwei Söhne des späteren Obersten Alexander Christian Georg Ludwig von Bastineller (1783–1850) und dessen Ehefrau Henriette Albertine Caroline Friederike von Hünefeld (1797–1882) nahmen 1870/71 am Krieg teil und wurden mit Eisernen Kreuzen 2. Klasse dekoriert. Alexander Ludwig Rudolph Friedrich von Bastineller (1821–1876), geboren in Münster, heiratete 1859 in Geithain in Sachsen Maria Henriette Melitta Winkler (1840–1908). 1870 war er Hauptmann und Chef der 3. Leichten Batterie des Schleswig-Holsteinischen Feld-Artillerie-Regiments Nr. 8 und wurde bei Gravelotte schwer verwundet. Als Major im 2. Westfälischen Feld-Artillerie-Regiment Nr. 22 nahm er 1874 seinen Abschied und starb zwei Jahre später in Wiesbaden. Carl Friedrich Joseph Oscar Albrecht von Bastineller (1831–1886), geboren in Hamm, heiratete 1869 in Kleve Marie Louise Gertrude

Emilie König (1852–1914) und war 1870 Hauptmann im 5. Westfälischen Infanterie-Regiment Nr. 53. Er starb in Kleve.

Von Bodelschwingh

Carl Justus Ludwig Ferdinand von Bodelschwingh-Velmede (1800–1873), geboren in Hamm, war zunächst Landrat des Kreises Hamm, dann Regierungspräsident in Arnsberg und schließlich von 1851 bis 1858 und von 1862 bis 1866 preußischer Finanzminister. Aus seiner 1827 geschlossenen Ehe mit Elise Wilhelmine Juliane Charlotte Henriette Amalia von Bodelschwingh-Plettenberg (1806–1889) gingen elf Kinder hervor. Als Provinzial-Delegierter der freiwilligen Krankenpflege erhielt von Bodelschwingh das Eiserne Kreuz 2. Klasse für Nichtkombattanten am weißen Band, und seine Gattin wurde mit dem Verdienstkreuz für Frauen und Jungfrauen ausgezeichnet.

Alle vier Söhne machten 1866 den Krieg gegen Österreich mit, und zwei von ihnen kehrten aus der Schlacht bei Königgrätz nicht zurück. Carl Friedrich Ludwig Alexander, geboren 1831, fiel als Rittmeister des 1. Garde-Dragoner-Regiments. Gustav Fritz Carl Otto Georg Wilhelm, geboren 1838, war als Regierungsreferendar nach Erfurt gegangen und als Sekonde-Leutnant in das 3. Thüringische Infanterie-Regiment Nr. 71 eingetreten. Er wurde am 3. Juli 1866 durch einen Schuss in den linken Unterarm schwer verwundet und starb an den Folgen am 31. Juli in Dresden.

Ernst Carl Christian Friedrich Constantin Adolph von Bodelschwingh (1830–1881) trat 1851 in das Westfälische Ulanen-Regiment Nr. 5 ein und heiratete 1857 als Sekonde-Leutnant in Düsseldorf seine Halbtante[19] Maria Louisa Elise Wilhelmine Friederike von Bodelschwingh-Plettenberg (1837–1933). 1864 erhielt er für seine Einsätze im Deutsch-Dänischen Krieg das Düppeler Sturmkreuz und das Alsenkreuz. 1866 war er zum Rittmeister und Eskadron-Chef aufgestiegen. 1867 ernannte man ihn zum Landrat des Kreises Hamm. Er starb 1881 in Hamm an einer Lungenentzündung.

Udo Friedrich Carl Gustav von Bodelschwingh (1840–1921) wurde Berufsoffizier. Als Sekonde-Leutnant des Garde-Füsilier-Regiments erhielt er 1866 den Kronen-Orden 4. Klasse mit Schwertern. 1870/71 bekam er als Premier-Leutnant ein Eisernes Kreuz 2. Klasse verliehen. Als Hauptmann der gleichen Einheit heiratete er 1874 in Den Haag Johanna Catharina Ottolina de Ablaing van Gießenburg (1850–1884). Von Bodelschwingh starb 1921 als Oberst a. D. in Berlin-Charlottenburg.

Eine Schwester der Vorgenannten, Ida Friederike Caroline Louise Wilhelmine von Bodelschwingh (1835–1894), heiratete 1861 den Pfarrer Friedrich Christian Carl von Bodelschwingh (1831–1910), geboren in Tecklenburg. Als

Feldprediger bei der 26. Infanterie-Brigade erhielt er 1873 ein Eisernes Kreuz für Nichtkombattanten. 1872 wurde er Leiter der 1867 gegründeten Heil- und Pflegeanstalt in Bielefeld, aus welcher die „v. Bodelschwinghschen Stiftungen Bethel“ hervorgingen.

Von Bönninghausen

Hermann Joseph Adalbert Lothar von Bönninghausen, katholisch, wurde 1828 in Münster geboren. Sein Vater Clemens August Franz Adolph von Bönninghausen (1793–1871), zu dieser Zeit Katasterkontrolleur, später Steuereinnehmer und Rechnungsrat, hatte 1823 Clara Agnes Henrika Rothmann (1799–1854) geheiratet. Der Großvater Joseph Caspar Anton Alexander von Bönninghausen war Rittmeister der Truppen des Fürstbistums Münster, der Großvater mütterlicherseits war Hauptmann. Der Enkel ging 1851 als Referendar von Münster nach Marienwerder in Westpreußen. 1853 wurde er Assessor, später Staatsanwalt in Conitz (Chojnice) in Pommern und 1865 Staatsanwalt beim Stadt- und beim Kreisgericht in Königsberg. Anfang 1870 kam er als Rat zum Appellationsgericht in Hamm. Nach der Umbenennung des Gerichts wurde er 1879 Oberlandesgerichtsrat.

Das Oberlandesgericht in Hamm, um 1910

In seiner militärische Laufbahn durchlief von Bönninghausen mehrere Einheiten der Landwehr. Während seiner Zeit in Conitz war er Premier-Leutnant im 4. Pommerschen Landwehr-Regiment Nr. 21. In Königsberg gehörte er zunächst zum 1. Ostpreußischen Landwehr-Regiment Nr. 1, dann zum

Reserve-Landwehr-Bataillon Nr. 33. Nach 20 Dienstjahren erhielt er die Landwehr-Dienstauszeichnung 1. Klasse. Bei seinem Umzug nach Hamm wurde er Hauptmann und Kompanieführer im 1. Bataillon des 3. Westfälischen Landwehr-Regiments Nr. 16. Von Bönninghausen starb 1894 als Geheimer Justizrat a. D. und Junggeselle in Münster an einem Unterleibsleiden.

Joseph Caspar Anton Alexander von Bönninghausen (1749–1801) war zweimal verheiratet, zunächst ab 1777 mit Sophia Bernardina Giese, geboren 1752, und ab 1788 mit Carolina Christiana Maria Elisabetha Friederika Franziska von Kaas (1754–1820). Der Sohn Carl Anton von Bönninghausen wurde 1778 in Rheine geboren. 1810 trat er in das Kloster Scheda bei Wickede an der Ruhr ein. Nach der Aufhebung des Klosters im Jahr 1809 lebte er zunächst in wilder Ehe mit Wilhelmina Clara Christina Potthoff, 1794 evangelisch getauft in Dellwig bei Unna, zusammen. 1814 wurde in Fröndenberg ein unehelicher Sohn evangelisch getauft. Anschließend wohnte von Bönninghausen als Rentner in der Hammer Westenfeldmark. 1827 fand in Herringen die evangelische Trauung mit Bernardina Elisabeth Paulus (1800–1877) aus Rünthe statt, nachdem das Paar zuvor bereits mehrere uneheliche Kinder in Nordherringen katholisch hatte taufen lassen. Offensichtlich fand sich aber kein katholischer Pfarrer bereit, den ehemaligen Mönch zu trauen. Laut Eintrag im Kirchenbuch der St.-Agnes-Gemeinde bereute von Bönninghausen angesichts seines nahenden Todes den „Ungehorsam gegen die katholische Kirche" und seine, nach katholischem Recht ohnehin ungültige, Lebensgemeinschaft wurde aufgehoben.[20] Er starb 1845 in Hamm an Wassersucht.

Die 1843 geborene Tochter Wilhelmina Helena Henriette von Bönninghausen heiratete 1866 in Hamm Wilhelm Haarmann, Sergeant der 5. Kompanie des 3. Westfälischen Infanterie-Regiments Nr. 16. Der Sohn des Gerichtsboten Peter Caspar Haarmann und der Margaretha Altmeier wurde 1836 in Hagen geboren und katholisch getauft. Er stieg zum Bezirksfeldwebel auf und bekam nach seiner Militärzeit eine Stelle als Eisenbahnstationsassistent in Hamm. Später lebte die Familie in Elberfeld, Hagen und zuletzt in Kassel. Dort starb der Eisenbahnbetriebssekretär Haarmann 1896.

Von Elverfeldt genannt von Beverförde-Werries

Im 15. Jahrhundert erwarb die aus den Niederlanden stammende Familie von Beverförde das Schloss Oberwerries. Friedrich Christian von Beverförde zu Werries (1702–1768) adoptierte Friedrich Clemens von Elverfeldt (1767–1835). Aus dessen Ehe mit Maria Anna Wilhelmina von und zu Westerholt und Gysenberg (1774–1852) ging der Sohn Friedrich August Anton Maria von Elverfeldt genannt von Beverförde-Werries (1796–1864) hervor. Dieser schloss sich im Dezember 1813 dem 1. Westfälischen Landwehr-Kavallerie-Regiment an und nahm 1815 an sechs Schlachten, Gefechten und Belagerungen teil. Anschließend wechselte er zum 11. Husaren-Regiment, danach zu den Garde-Husaren, deren Kommandeur er 1848 wurde. 1837 fand seine Heirat mit Maria Clementina Fortunata Bianca Maria von Kospoth (1812–1881) statt. 1854 ernannte man ihn zum Kommandeur der 13. Kavallerie-Brigade. Er starb als Generalmajor zur Disposition mit 66 Jahren in Hamm an Lungenlähmung.

Der in Potsdam geborene Sohn Maximilian (Max) Albrecht Carl Clemens Friedrich von Beverförde-Werries (1840–1908) nahm 1866 als Sekonde-Leutnant im 2. Garde-Grenadier-Regiment am Krieg gegen Österreich teil und wurde mit dem Kronen-Orden 4. Klasse mit Schwertern ausgezeichnet. Als Premier-Leutnant der gleichen Einheit und als Adjutant der 20. Infanterie-Division machte er 1870/71 den Krieg mit und wurde mit einem Eisernen Kreuz 2. Klasse ausgezeichnet. 1880 fand die Beförderung zum Major statt. Als solcher gehörte er zum 4. Garde-Grenadier-Regiment und wurde zur Dienstleistung an das Allgemeine Kriegs-Departement im Kriegs-Ministerium in Berlin abkommandiert. Dort heiratete er, katholisch, 1886 Laura Amalie Clara Marie von Pauly-Vogel (1845–1912), evangelisch, aus Stettin, eine Tochter des Geheimen Regierungsrates Hans Seestern-Pauly[21] (1807–1881) und der Franziska Marie Therese Wanda Vogel (um 1817–1883). Diese Ehe wurde 1892 geschieden, und eine weitere mit Helena Rödel aus Aschaffenburg folgte. Nach seiner Rückkehr aus Berlin wurde von Beverförde Kommandeur des 1. Bataillons des 1. Badischen Leib-Grenadier-Regiments Nr. 109 in Karlsruhe. 1888 wurde ihm der Abschied im Rang eines Oberstleutnants bewilligt. Er starb 1908 in der Heil- und Pflegeanstalt (Irrenanstalt) Illenau in Achern in Baden.

Von der Heyde

Friedrich Wilhelm von der Heyde (1798–1864) kam als Major und Kommandeur des 1. Bataillons des 4. Garde-Landwehr-Regiments nach Hamm. Dort starb 1846 seine Ehefrau Ida Pauline Luise von Wedel, geboren 1806, die er 1829 in Berlin geheiratet hatte. Ihr Sohn Paul Heinrich Sigismund August von der Heyde (1836–1910), geboren in Fürstensee in Brandenburg, heiratete 1860 in Gumbinnen, Ostpreußen, als Leutnant im 1. Grenadier-Regiment Bertha Wilhelmine Franziska Diefke (1837–1915), die Tochter des Kreisgerichtsdirektors. 1870 war von der Heyde Hauptmann. Am 14. August erlangte er bei Colombey das Eiserne Kreuz 2. Klasse. Im Oktober übernahm er wegen der Erkrankung des Kommandeurs die

Führung des 2. Bataillons. Nach der Schlacht bei Saint-Quentin kam im Januar 1871 die erste Klasse des Eisernen Kreuzes hinzu. Er starb 1910 als Generalmajor a. D. in Arnsberg.

Von Elern

Carl August von Elern (1825–1871), geboren in Stade, war ein Sohn des hannoverschen Generalmajors und Kommandanten von Lüneburg Adolph Friedrich von Elern (1791–1859) und dessen Ehefrau Agnes Christine Sophie von dem Knesebeck (1802–1888). 1860 fand in Hannover seine Trauung mit Auguste Sophie Elisabeth Albrecht (1837–1861) statt. Von Elern gehörte zu dieser Zeit als Hauptmann 2. Klasse zum 7. Hannoverschen Infanterie-Regiment in Osnabrück. Als Hauptmann und Kompanie-Chef im 1. Westfälischen Infanterie-Regiment Nr. 13 heiratete der Witwer 1865 in Düsseldorf Anna Maria Magdalena von Kleist (1834–1872). 1867 wurde in Hamm der Sohn Carl Rudolph Julius getauft. Von Elern erlangte 1870/71 als aggregierter Major und Kommandeur des Besatzungs-Bataillons Warendorf ein Eisernes Kreuz 2. Klasse. Er erlag jedoch 1871 in Saarlouis im Alter von 45 Jahren einem Herzschlag.

Von Goldbeck

Carl Johann Ludwig von Goldbeck (1771–1855) war Vizepräsident des Appellationsgerichts in Hamm. Sein Sohn Hans Ludwig Heinrich von Goldbeck (1809–1889), geboren in Lingen, wurde Gerichtsassessor und heiratete 1844 Pauline Sophie Dorothea Fellmann (1823–1886), die Tochter eines Gerichtsrats. Zwei ihrer Söhne machten 1870/71 den Krieg mit und wurden mit Eisernen Kreuzen ausgezeichnet. Hans Carl Friedrich Heinrich Maximilian von Goldbeck (1844–1908) war Sekonde-Leutnant in der Reserve des Brandenburgischen Füsilier-Regiments Nr. 35. Am 11. Januar 1871 erlitt er bei Le Mans eine Quetschung am linken Unterschenkel, konnte aber bei der Truppe bleiben. Später wurde er Justizrat und heiratete 1886 in Köln Amalie Franziska Elisabeth Goecke (1862–1933), die Tochter eines Juristen aus Ottweiler im Saarland.

Hans Albert Friedrich Paul von Goldbeck, geboren 1849, trat 1868 in das Westfälische Jäger-Bataillon Nr. 7 ein. 1869 wurde er Sekonde-Leutnant im Lauenburger Jäger-Bataillon Nr. 9. 1877 erfolgte die Beförderung zum Premier-Leutnant, 1882 wurde er Hauptmann im Garde-Füsilier-Regiment, 1891 Major. 1892 fand die Versetzung zum 1. Hanseatischen Infanterie-Regiment Nr. 75 statt. 1897 wurde von Goldbeck Oberstleutnant im Stab des 6. Badischen Infanterie-Regiments Nr. 114. 1899 nahm er seinen

Abschied als Oberst. 1904 lebte er in Rohrsdorf bei Friedeberg am Queis in Pommern.

Von Kleist

Die pommersche Adelsfamilie von Kleist brachte viele hochrangige Offiziere hervor. Generalmajor Friedrich Ludwig von Kleist, geboren 1694, war ab Oktober 1756 Chef des 9. Preußischen Infanterie-Regiments in Hamm. Er fiel im Siebenjährigen Krieg am 22. November 1757 bei Breslau.

Der berühmte Schriftsteller und Dramatiker Bernd Heinrich Wilhelm von Kleist (1777–1811) trat 1792 in die preußische Armee ein, machte Kämpfe gegen französische Revolutionstruppen mit und schied 1799 als Premier-Leutnant aus. 1808 hielt er sich in Hamm auf und bewarb sich vergeblich um die Stelle des Postdirektors in Lünen. 1811 beging er am Kleinen Wannsee bei Berlin Selbstmord durch Erschießen.

Mehrere seiner Neffen wurden Offiziere. Der ranghöchste war Ewald Christian Leopold von Kleist (1824–1910). Als Oberst und Kommandeur des Mecklenburgischen Grenadier-Regiments Nr. 89 wurde er 1870/71 mit beiden Klassen des Eisernen Kreuzes dekoriert und stieg später zum General der Infanterie auf. Noch zwei weitere Mitglieder der Familie von Kleist erhielten das Eiserne Kreuz 1. Klasse und 23 weitere die 2. Klasse.

Von Krane

Anton Christoph Eugen von Krane (1802–1851) wurde in Hamm gemeinsam mit einem Zwillingsbruder katholisch getauft. Seine Eltern waren Christoph Franz Bernhard Ignatz von Krane (1776–1851) und Carolina Antonia von Syberg zu Simmern. Die Familie bewohnte Haus Matena bei Welver. 1839 fand in Hamm die evangelische Trauung mit Maria Christiane Friederike Henriette Wiethaus (1804–1880) statt, einer Tochter des Regierungs- und Landrats Heinrich David Reinhard Wiethaus (1768–1854) und Witwe von Ludwig Heinrich Conrad Giesbert Jobst von der Leithen (1800–1832) aus Uemmingen, Justizkommissar am Land- und Stadtgericht in Bochum, den sie 1830 geheiratet hatte. Ludwig Wilhelm Carl Eugen von Krane, geboren 1841 auf Haus Matena und katholisch getauft in Welver, starb am 14. Juli 1866 als Sekonde-Leutnant des 1. Westfälischen Infanterie-Regiments Nr. 13 in Aschaffenburg durch einen Kopfschuss.

Sein Bruder Ernst Heinrich Julian Christoph von Krane (1840–1898) wurde 1870 als Sekonde-Leutnant im 3. Westfälischen Landwehr-Regiment Nr. 16 abkommandiert zum 6. Reserve-Ulanen-Regiment und erlangte ein Eisernes Kreuz 2. Klasse. 1878 nahm er als Premier-Leutnant im Westfälischen Kürassier-Regiment seinen Abschied. 1892 heiratete er in Düsseldorf Therese Caroline Amalie von Dernbach (1857–1928), geboren in Hersfeld als Tochter eines Regierungsrats. Von Krane starb mit 57 Jahren auf Haus Matena an Gehirnlähmung.

Erwähnenswert ist auch Friedrich Wilhelm Carl Theodor Maria von Krane (1812–1874), geboren in Hamm als Sohn des Rittmeisters Franz Joseph Goswin Xaver von Krane (1780–1820)[22] und dessen Ehefrau Henriette Susanne von Rappard (1776–1817). Er trat 1830 als Portepee-Fähnrich in das 4. Kürassier-Regiment ein, wurde 1831 Sekonde-Leutnant. 1839 heiratete er Ottilie Christine Henriette von Meske (1822–1856). 1843 machte man ihn zum Premier-Leutnant und entsandte ihn zur Dienstleistung an das 1. Bataillon (Görlitz) des 6. Landwehr-Regiments. 1849 kam er als Rittmeister zurück. 1854 führte er eine Musterung des Pferdebestandes im Regierungsbezirk Münster durch. Dabei waren in acht Wochen rund 43.000 Pferde zu erfassen. 1858 ging er eine weitere Ehe mit Sophie Eleonore Schenk von Geyern (1838–1894) ein. 1860 betraute man ihn mit der Aufstellung des 2. Schlesischen Dragoner-Regiments Nr. 8, dessen Kommandeur er wurde. 1865 musste er jedoch aus gesundheitlichen Gründen als Oberst zur Disposition seinen Abschied einreichen. Von Krane veröffentlichte mehrere Fachbücher, darunter 1856 „Dressur des Reitpferdes“ und 1869 „Anleitung zur Ausbildung der Kavallerie-Remonten“.

Sein Sohn Maximilian Egon Adalbert Gustav von Krane (1847–1920) bekam 1870/71 als Sekonde-Leutnant im 3. Posenschen Infanterie-Regiment Nr. 58 ein Eisernes Kreuz verliehen. Er heiratete 1873 Auguste Elisabeth von Poncet (1843–1879) und 1884 Gertrud Kalau vom Hofe (1852–1941). Von Krane starb als Oberstleutnant a. D. im Berliner Invalidenhaus.

Von Loewenfeld

Julius Joseph Adalbert Louis Ulrich Leonhard von Loewenfeld (1838–1916) wurde in Hamm als Sohn von Julius Ludwig Wilhelm Höffer von Loewenfeld (1808–1880) und Carolina Wilhelmina Elisa Schilling von Canstatt (1811–1900) geboren. Sein Vater war zu dieser Zeit als Sekonde-Leutnant Adjutant im 1. Bataillon des 4. Garde-Landwehr-Infanterie-Regiments. 1856 wurde er als Oberstleutnant Flügeladjutant des preußischen Königs. 1866 nahm er als Divisionskommandeur am Preußisch-Österreichischen Krieg teil und erhielt für seine Leistungen den Orden Pour-le-Mérite. Ende Oktober 1870 ernannte man ihn zum Gouverneur von Metz, im Juni erfolgte die Pensionierung als General der Infanterie.

Der Sohn trat 1857 in die Armee ein, nahm 1864 am Krieg gegen Dänemark teil und erhielt 1866 als Premier-Leutnant ebenfalls den Pour-le-Mérite und die Beförderung zum Hauptmann, nachdem er mit seiner Kompanie mehrere österreichische Geschütze erobert hatte. 1870 erwarb er zunächst das Eiserne Kreuz 2. Klasse und wurde dann Adjutant seines Vaters in Metz. 1875 fand in Naumburg an der Saale die Heirat mit Auguste Davida Therese Elisabeth von Witzleben, der 1854 geborenen Tochter eines Majors, statt. 1886 stieg von Loewenfeld zum Oberst und Kommandanten von Torgau auf. 1893 wurde er als Generalmajor mit Pension zur Disposition gestellt. Er starb in Naumburg. Sein in Spandau geborener Bruder Alfred Franz Julius Leonhard von Loewenfeld (1848–1927) wurde General der Infanterie und Generaladjutant von Kaiser Wilhelm II. (1859–1941).

Von Michels

Franz Otto August Gottfried von Michels (1804–1887), Rittergutsbesitzer in Nateln und Geheimer Justizrat, war zunächst Gerichtsdirektor in Werl, dann Kreisgerichtsdirektor in Soest. 1841 heiratete er Carolina Johanna Adolphine von Dücker zu Rödinghausen (1818–1892). Ihr in Hamm geborener Sohn Otto Albert Carl Ernst Berthold von Michels (1849–1934) war 1870 Avantageur (Offiziersanwärter) und Unteroffizier der 9. Kompanie des 6. Westfälischen Infanterie-Regiments und wurde am 14. August bei Metz durch einen Streifschuss leicht am Rücken verwundet. Am 20. September kehrte er aus dem Lazarett zu seiner Einheit zurück. Als Sekonde-Leutnant trat er 1878 in Detmold mit Anna Ottilie Henriette Emilie Wasserfall (1857–1936) vor den Traualtar. Sie war die Tochter eines Obergerichtsrats. Von Michels blieb der Armee treu und wurde mit zahlreichen Orden dekoriert. Unter anderem erhielt er 1896 als Major und Fürstlich Lippischer Flügeladjutant den preußischen Roten Adler-Orden 4. Klasse. Er beendete seine Karriere als Oberst und starb mit 84 Jahren in Detmold.

Von Plettenberg

Udo Carl Friedrich Ludwig Ernst Adolph von Plettenberg (1848–1885) kam auf Haus Mehrum am Niederrhein als Sohn von Carl Ludwig Adolph Clemens Ernst Justus von Plettenberg-Heeren (1801–1857) und Wilhelmina Carolina Eleonora Sophia Louise Johanna von Bodelschwingh-Plettenberg (1809–1900) zur Welt. Die Eltern hatten 1831 geheiratet. Als Sekonde-Leutnant der 4. Eskadron des Westfälischen Kürassier-Regiments Nr. 4 wurde er 1870 zur Kavallerie-Stabswache des Großen Hauptquartiers abkommandiert und erhielt ein Eisernes Kreuz 2. Klasse sowie das Ehrenritterkreuz 2. Klasse des Großherzoglich Oldenburgischen Haus- und

Verdienstordens mit Schwertern. 1871 kam er mit seiner Einheit nach Hamm. In diesem Jahr fand in Verden an der Aller die Trauung mit Charlotte Wilhelmine Caroline von Düring statt, der 1847 geborenen Tochter des hannoverschen Obersten a. D. Christian Heinrich von Düring (1791–1875). Plettenberg wurde Rittmeister und Eskadronschef, starb aber bereits 1885 ohne Nachkommen in Münster. Als Todesursachen notierte man im Garnisonkirchenbuch Blattern und Lungenlähmung. Die Beisetzung erfolgte in Mehrum.

Von Quadt zu Hüchtenbruck

Otto Friedrich Ludwig Franz Carl von Quadt zu Hüchtenbruck wurde 1819 in Hamm geboren. Sein Vater Carl Ludwig Friedrich Constanz Albert Theodor von Quadt zu Hüchtenbruck (1781–1868) war zu dieser Zeit Oberstleutnant und seit 1815 Kommandeur des 2. Garde-Regiments zu Fuß. In diesem Jahr hatte er auch Sophie Henrike Eleonore Gisbertine von Bodelschwingh-Velmede (1791–1855) geheiratet. In den Befreiungskriegen erwarb er beide Klassen des Eisernen Kreuzes. 1846 nahm er seinen Abschied als General der Infanterie. Der Sohn Otto verließ die Armee als Major und starb 1893 als Rittergutsbesitzer auf Haus Bögge, welches seine Mutter geerbt hatte. Er hatte das alte Schloss abbrechen lassen und 1872 ein neues Wohnhaus errichtet. Ab 1859 war er verheiratet mit Agnes Louise Meta von Hülsen (1842–1901).

Sein Bruder Constantin Carl Ludwig August Friedrich von Quadt zu Hüchtenbruck (1825–1881) wurde Jurist und heiratete 1856 Friederike Caroline Wilhelmine Elise Auguste Louise von Bodelschwingh (1833–1905). Er bekleidete von 1856 bis 1865 das Amt des Landrats im Kreis Hamm. Von 1869 bis 1878 führte er die Landdrostei Osnabrück und wurde dann Regierungspräsident in Oppeln. Seine Gattin wurde 1871 für ihren Einsatz in der Pflege der Verwundeten und Kranken mit dem Verdienstkreuz für Frauen und Jungfrauen ausgezeichnet.

Ein Vetter, Constanz Albrecht August von Quadt zu Hüchtenbruck (1841–1915) erlangte 1870/71 als Premier-Leutnant im Pommerschen Füsilier-Regiment Nr. 34 und Adjutant der 26. Infanterie-Brigade ein Eisernes Kreuz 2. Klasse.

Von der Recke

Haus Uentrop wurde im Jahr 1393 erstmalig im Zusammenhang mit der Familie von der Recke genannt. Der Leutnant und Rittergutsbesitzer Wilhelm Christian Friedrich Ludwig Julius von der Recke (1803–1839) heiratete 1829 Amalia Louise Theodore von Sydow (1806–1886), eine

Majorstochter von Haus Westhusen bei Dortmund. Ihr Sohn Ferdinand Friedrich Leonhard Ludwig von der Recke (1830–1886) heiratete 1858 in Hamm Maria Clementina von Elverfeldt genannt von Beverförde-Werries (1838–1904). Zu dieser Zeit war von der Recke Sekonde-Leutnant im Westfälischen Kürassier-Regiment Nr. 4. Über das in Münster stationierte 4. Schwere Landwehr-Reiter-Regiment kam er als Rittmeister zur Kavallerie des 3. Westfälischen Landwehr-Regiments Nr. 16. Nach dem Deutsch-Französischen Krieg nahm er seinen Abschied und starb mit 55 Jahren in Uentrop an einem Blutsturz.

Von Roehl

Ernst Carl Gustav Wilhelm von Roehl (1825–1881) wurde in Breslau geboren. Der Sohn von Johann Ernst Gustav von Roehl (1799–1867), General der Infanterie, und Theresia Helena Carolina Johanna Georgeon (1798–1875), Tochter eines französischen Offiziers[23], trat 1843 als Avantageur in das 3. Westfälische Infanterie-Regiment Nr. 16 ein. 1848 ließ er sich beurlauben, um auf der Seite Schleswig-Holsteins gegen Dänemark zu kämpfen. Bei Hadersleben zog er sich seine erste Verwundung zu, einen Durchschuss in einem Oberarm. Nach der Rückkehr wurde er 1849 als Sekonde-Leutnant und Adjutant des Füsilier-Bataillons mit dem 16. Regiment zur Unterdrückung der Unruhen in Elberfeld eingesetzt. Dabei erhielt er einen Streifschuss am linken Oberschenkel, und durch einen Steinwurf wurde die Hirnschale verletzt. Als Auszeichnung bekam er das Ritterkreuz des Hausordens der Hohenzollern.

1853 fand in Lübbecke die Heirat mit der Kaufmannstochter Charlotte Annette Alwine Stille (1828–1856) statt, die mit 27 Jahren in Düsseldorf an einem Herzkrampf starb. 1860 ging der Witwer in Hannover eine zweite Ehe mit der Kaufmannstochter Anna Maria Böhme, geboren 1835, ein. Im gleichen Jahr kam er als Hauptmann mit dem 2. Bataillon des 16. Regiments nach Hamm. 1869 nahm er seinen Abschied als Major im Ostfriesischen Landwehr-Regiment Nr. 78 und kehrte nach Hamm zurück, um sich auf den Postdienst vorzubereiten. Jedoch trat er 1870 wieder zu den Waffen und wurde zunächst als Etappen-Kommandant in Colligny, Maizières-les-Metz und Châtillon-sur-Seine eingesetzt. In dieser Eigenschaft unterzeichnete er unter anderem den Totenschein von Johann Bernard Magh, geboren 1844 in der Lippborger Bauerschaft Polmer, der am 16. Dezember in einem Lazarett in Châtillon an Typhus starb.

Im Mai 1871 setzte man von Roehl in Metz als Platzmajor ein. Für sein erfolgreiches Einschreiten gegen französische Freischärler wurde er mit dem Eisernen Kreuz 2. Klasse ausgezeichnet. Da sich von Roehl auch um die Beaufsichtigung der Kriegsgräber kümmerte, kamen Orden aus Bayern, Hessen und Sachsen hinzu.

Von Roehl machte sich auch abseits des Militärs einen Namen als Paläobotaniker und legte eine Sammlung pflanzlicher Steinkohlefossilien an. Hierdurch erlangte er 1869 eine oldenburgische Medaille für Wissenschaft und Kunst. Er starb 1881 in Bonn.

Von Seel

Christian August von Seel wurde 1814 in Hamm als Sohn des Oberstleutnants a. D. Reinhold Leonhard Johannes von Seel (1746–1818) geboren, welcher 1791 Maria Theresia von Krane und als Witwer 1812 Clara Maria Catharina Hoppe, eine Gastwirtstochter aus Haaren, geheiratet hatte. Der Protestant von Seel heiratete 1842 die Katholikin Helena Catharina de Haas (1817–1884), eine Kaufmannstochter aus Wesel. 1863 zum Major befördert wurde von Seel 1864 Abteilungskommandeur im 6. Feldartillerie-Regiment. 1866 nahm er am Preußisch-Österreichischen Krieg teil und stieg zum Oberstleutnant auf. 1870 war er Chef des 8. Festungs-Artillerie-Regiments und zuletzt Kommandeur der Festung Ehrenbreitstein. 1872 wurde er mit Pension zur Disposition gestellt und 1874 als Generalmajor verabschiedet. Von Seel erlag 1883 in Pfaffendorf bei Koblenz einem Gehirnschlag.

Seine in Wesel geborenen Söhne wurden ebenfalls Offiziere und drei von ihnen 1870/71 mit Eisernen Kreuzen 2. Klasse ausgezeichnet. Julius Heinrich Johann Bernhard von Seel (1843–1909) war Sekonde-Leutnant im 2. Bataillon (Deutz) des 6. Rheinischen Landwehr-Regiments Nr. 68. Er starb in Grenzhausen im Westerwald.

Otto Maria von Seel, geboren 1844, war Sekonde-Leutnant im Schleswigschen Infanterie-Regiment Nr. 84. Er wanderte nach dem Krieg nach Australien aus und starb 1916 in Sydney.

Adolf Gerhard Maria von Seel (1848–1911) war Sekonde-Leutnant im 5. Westfälischen Infanterie-Regiment Nr. 53. Er starb als Major a. D. in Krefeld.

Ein vierter Sohn, August Friedrich von Seel, geboren 1846, wurde Standesbeamter und im Ersten Weltkrieg als Hauptmann Bataillonsführer beim Landsturm des 6. Infanterie-Ersatz-Bataillons. Er starb 1915 in Hagen.

Von Weiler

Friedrich Heinrich Ernst Robert von Weiler (1790–1864) wurde in Emmerich als Sohn eines Juristen geboren und brachte es zum Senatspräsidenten am Appellationsgericht in Köln. 1815 fand in Wesel seine Heirat mit Louise

Charlotte Haesbart (1793–1824) statt. 1840 war er Geheimer Justiz- und Appellationsgerichtsrat und ging nach dreimaliger Proklamation in Hamm in Hamminkeln eine zweite Ehe mit Caroline Henriette Friederike Bernhardine von Westhoven (1812–1856) ein. Sie stammte aus Bayreuth und war eine Tochter des 1829 in Hamm mit 69 Jahren verstorbenen Majors Ferdinand Gottfried von Westhoven. Außerdem war sie die Witwe des Notars Friedrich Ludwig Carl von Weiler (um 1803–1837), den sie 1832 in Hamm geheiratet hatte. Der in Köln geborene Sohn Carl Ernst von Weiler (1846–1928) erhielt 1870 als Sekonde-Leutnant der Reserve im 2. Westfälischen Husaren-Regiment Nr. 11 ein Eisernes Kreuz 2. Klasse. 1876 heiratete er in Düsseldorf Clara Catharina Achenbach (1852–1938), eine Tochter des Malers Wilhelm Oswald Gustav Achenbach (1827–1905).

Von Wolffersdorff

Carl Friedrich von Wolffersdorff (1716–1781) wurde in Zelle bei Schneeberg in Sachsen geboren. 1733 trat er in die sächsische Armee ein. 1754 stieg er zum Oberstleutnant auf. Zwei Jahre später kam er zur preußischen Armee. Von 1763 bis zu seinem Tod war er Inhaber des 9. Preußischen Infanterie-Regiments am Standort Hamm.[24] 1768 schenkte ihm der preußische König Haus Ostholz. 1776 erfolgte die Beförderung zum Generalleutnant. Im folgenden Jahr fand die Trauung mit Louise Eleonore Wolffgang statt, die 1820 in Hamm verstarb. Das Paar hatte zuvor drei uneheliche Kinder bekommen. Wahrscheinlich handelte es sich um Ernestina Eleonora Louisa, die 1749 in Brandenburg geborene Tochter des Sergeanten Adam Andreas Wolffgang, der 1746 Sophia Christina Sabina Schwieger geheiratet hatte.

Notgeld 1921 mit General Carl Friedrich von Wolffersdorff

Die Tochter Carolina Friederika Louisa Augustina von Wolffersdorff (1770–1844) war in kinderloser Ehe verheiratet mit einem Offizier polnischer Herkunft namens Carol von Bronikowski.[25]

Carl Friedrich von Wolffersdorff (1776–1857) war 1802 Sekonde-Leutnant in dem in Unna stationierten Grenadier-Bataillon des 9. Infanterie-Regiments, als in Hörde seine Trauung mit Henrietta Carolina Sophia Theodora Alouisia von Gugomos stattfand. Sie wurde 1780 in Soest geboren und war eine Tochter des vormaligen Hauptmanns Gottlieb Franz von Gugomos. Von Wolffersdorff wurde anschließend als Premier-Leutnant Kreis-Offizier der Gendarmerie zwischen Weser und Rhein am Standort Iserlohn. Später kam er als Hauptmann zur 7. Land-Gendarmerie-Brigade in Meschede. 1838 erfolgte die Beförderung zum Major. Der Standort der Gendarmerie wurde nach Arnsberg verlegt. 1850 fand dort die Pensionierung im Rang eines Oberstleutnants statt. Von Wolffersdorff starb mit 81 Jahren in Arnsberg an Entkräftung und hinterließ keine Nachkommen.

Sein Bruder Carl August Wilhelm von Wolffersdorff (1777–1850) wurde zunächst ebenfalls Sekonde-Leutnant im ehemaligen Regiment des Vaters und später Rittmeister bei den Großherzoglich Bergischen Lanzenreitern. Als Bataillonskommandeur im 28. (2. Rheinischen) Infanterie-Regiment erhielt er 1815 nach der Schlacht bei Ligny ein Eisernes Kreuz 2. Klasse. 1816 kam er als Major zum 7. (2. Westpreußischen) Infanterie-Regiment. 1817, noch während des Aufenthalts bei der Besatzungsarmee in Frankreich, heiratete er in Thionville Charlotte Emilie Henriette Sophie Friederike von Raschau genannt von Lossau (1795–1830), geschiedene von Natzmer, eine Stieftochter des Generals Johann Friedrich Constantin von Lossau (1767–1848). Von Wolffersdorff wurde Bataillonskommandeur im 7. Infanterie-Regiment und anschließend als Oberstleutnant Führer des 2. Aufgebots des 3. Bataillons des 10. Landwehr-Regiments. Er starb als Pensionär in Schweidnitz. Der dort 1821 geborene Sohn Carl Emil Friedrich Constantin von Wolffersdorff wurde 1843 Portepee-Fähnrich im 4. Infanterie-Regiment. Im 19. Infanterie-Regiment fand 1859 die Beförderung zum Hauptmann statt. Er starb im September 1864, nachdem im Juli die Pensionierung erfolgt war.

Baring

Eduard Baring (1843–1896), katholisch, stammte aus Neumark im Landkreis Querfurt in Sachsen-Anhalt. Seine Eltern waren der Tischlermeister Carl Eduard Baring und Friederika Jähnichen. Er wurde zunächst Sergeant im 4. Garde-Grenadier-Regiment und kam mit dem gleichen Dienstgrad zum Stamm des 1. Bataillons des 2. Garde-Grenadier-Landwehr-Regiments nach

Hamm. Dort fand im Januar 1869 die katholische Trauung mit Anna Maria Möhn statt, 1845 geboren als Tochter eines Bauern in Oberweyer bei Limburg an der Lahn. Im April 1869 erblickte eine Tochter das Licht der Welt. Baring starb als Garnison-Verwaltungs-Inspektor a. D. in Magdeburg.

Biermann

Johannes Friedrich Biermann, katholisch, wurde 1794 in Hamm geboren. Seine Eltern waren der Fassbinder Joseph Biermann (um 1757–1835) und Maria Catharina Voß (um 1755–1815), die 1785 geheiratet hatten. 1813 trat er als Sekonde-Leutnant in das 1. Westfälische Landwehr-Infanterie-Regiment ein. Für seine Leistungen am 15. und 16. Juni 1815 bei Gossellies und bei Ligny erhielt er das Erbrecht für ein Eisernes Kreuz. Anschließend wurde Biermann Premier-Leutnant im 16. Landwehr-Regiment und Buchhalter bei der Regierungshauptkasse in Arnsberg. 1820 fand dort seine Heirat mit Johanna Conradina Sara Duden (1798–1883), evangelisch, statt. Deren Vater, der Regierungsrat Conrad Duden (1756–1824), hatte von 1792 bis 1807 das Amt des Bürgermeisters in Wesel inne und 1794 Johanna Christina Hannes (1768–1804) geheiratet. 1831 erhielt Hauptmann Biermann sein Eisernes Kreuz. 1843 bekam er den Charakter eines Majors „beigelegt“. Im gleichen Jahr veröffentlichte er ein Tabellenwerk zur Ermittlung der Zinswerte für Staatsschuldscheine. 1847 verlieh man ihm als Hauptkassen-Kassierer in Arnsberg den Titel Rechnungsrat. 1860 bekam er als Oberbuchhalter den Roten Adler-Orden 4. Klasse verliehen. Anschließend stieg er zum Königlichen Land-Rentmeister bei der Regierung in Arnsberg auf. 1864 wurde ihm anlässlich des 50. Dienstjubiläums der Rote Adler-Orden 3. Klasse verliehen. Biermann starb 1870 in Arnsberg.

Carl Theodor Heinrich Biermann[26] (1805–1843), ein Sohn des Pelkumer Bäckers, Gastwirts und Grundbesitzers Johann Heinrich Biermann und der Carolina Elisabeth Andree, studierte in Bonn Jura und heiratete 1833 als Referendar am Hammer Oberlandesgericht Anna Josepha Juliana (Julie) Brefeld (1805–1881), eine Arzttochter aus Telgte. Deren Bruder Franz Arnold Heinrich Brefeld (1796–1866) hatte als Kompanie-Chirurg die Befreiungskriege mitgemacht und war von 1826 bis 1851 Kreisarzt in Hamm. 1836 wählte die Hammer Stadtverordnetenversammlung Heinrich Biermann zum Bürgermeister. Er erlag mit 38 Jahren der Schwindsucht. Seine Tochter Benedikta Friederike Rosalie (Rosa) Biermann (1839–1886) heiratete 1864 Hugo Wilhelm von Dewall (1833–1877). Der ehemalige Leutnant wurde 1864 Amtmann in Hörde und übernahm 1874 die Verwaltung des neu gebildeten Amtes Brackel. Dessen Bruder Otto von Dewall (1835–1908) erlangte 1870/71 als Hauptmann im 2. Westfälischen

Infanterie-Regiment Nr. 15 ein Eisernes Kreuz 2. Klasse und beendete seine Laufbahn als Oberstleutnant.

Böhden

Friedrich Gustav Arthur Böhden (1846–1903) kam in Hamm als Sohn des Ober-Steuerkontrolleurs und späteren Ober-Steuerinspektors Gustav Bernhard Leopold Böhden (um 1790–1863) und dessen Ehefrau Henriette von Ludwig (um 1806–1873) zur Welt und wurde evangelisch getauft. Der Vater war zuvor Rittmeister der Garde-Kavallerie und hatte seine zivile Laufbahn als Grenzbeamter in Brandenburg begonnen. Bei seinem Tod blieb die Mutter mit acht Kindern, darunter drei minderjährige, zurück. Der Sohn Gustav war 1870 Sergeant im Hohenzollernschen Füsilier-Regiment Nr. 40, 12. Kompanie, und erlangte das Eiserne Kreuz 2. Klasse für seinen Einsatz in der Schlacht bei Saint-Quentin am 19. Januar 1871. Nach dem Krieg wurde er Eisenbahn-Büro-Assistent in Saarbrücken. 1877 fand dort im Mai die Heirat mit der Katholikin Rosalie Rogg, Tochter eines Bauern aus Röthenbach, statt, nachdem bereits im Februar eine Tochter geboren worden war. Böhden starb mit 57 Jahren in Sankt Johann als Stationsassistent außer Dienst.

Cosack

Caspar Joseph Cosack (1801–1879) aus Neheim betätigte sich zunächst als Gewerke (Anteilseigner an einem Bergwerk) im Sauerländer Erzbergbau und errichtete 1839 mit den Dortmunder Partnern Friedrich Wilhelm Brökelmann (1799–1890) und Wilhelm Overbeck (1798–1882) ein Eisenwerk in Hüsten. 1853 gründeten Cosack, Brökelmann und zwei Kaufleute in Hamm ein weiteres Unternehmen, in dem alle Produktionsschritte zur Drahterzeugung vereint waren. 1865 wurde Cosack Alleininhaber, 1873 veräußerte er das Werk, welches Teil der Aktiengesellschaft Westfälische Union wurde. Anschließend erwarb Cosack Landbesitz in großem Umfang. Als Katholik ließ er 1864 im Hammer Westen eine Kapelle (Gemeinde St. Josef) errichten, da durch sein Unternehmen viele Arbeiter aus dem katholischen Sauerland nach Hamm kamen.

Cosack war zunächst ab 1830 mit Maria Franziska Ferdinandina Schelle (1800–1833) verheiratet, Tochter eines Bäckers und Witwe des Arnsberger Kaufmanns Engelbert Franz Schlüchter (1774–1824), und ab 1846 mit der Arzttochter Elisabeth (Lisette) Johanna Weißkirch (1816–1888). Der Sohn Friedrich Wilhelm Joseph Carl Cosack (1848–1903) übernahm das 1871 von seinem Vater erworbene Gut Mentzelsfelde[27] bei Lippstadt. Dort hatte der preußische Staat 1844 ein Gestüt für Kavalleriepferde errichtet.

Wahrscheinlich war der junge Cosack 1870 Sekonde-Leutnant im Westfälischen Train-Bataillon Nr. 7. 1875 fand die Heirat mit Anna Theodora Franziska Regina Grote (1852–1913) statt. Deren Großvater Johann Friedrich Wilhelm Grote (1788–1833) stammte aus Hamm und gründete 1820 eine Druckerei in Arnsberg.

Maria Charlotte Clementine Bernhardine Cosack (1849–1873) heiratete 1870 in Hamm Wilhelm Anton Gabriel (1839–1910) aus Eslohe, Sohn eines Gewerken und selbst Gewerke und Gutsbesitzer. Er oder einer seiner Brüder dürfte 1870 Sekonde-Leutnant im 1. Westfälischen Husaren-Regiment gewesen sein.

Antonette Theodora Wilhelmina Christina Franziska Cosack (1852–1917) heiratete 1873 in Arnsberg Joseph Maria Bruno Ritgen (1843–1928) aus Dorsten, einen Sohn des Steuereinnehmers Carl Christian Ritgen (1795–1861), der als freiwilliger Jäger an den Befreiungskriegen teilgenommen hatte. Der Sohn war 1870 Premier-Leutnant und Kompanieführer im 1. Westfälischen Infanterie-Regiment Nr. 13, stieg 1898 zum Oberstleutnant auf und wurde Gutsbesitzer in Wormeln bei Warburg.

Ein älterer Bruder, Hermann Ludwig Alois Ritgen, geboren 1834, war 1870 Hauptmann im 1. Westfälischen Infanterie-Regiment und starb am 14. August bei Colombey durch Schüsse in den rechten Arm, die Brust und den Kopf.

Dembinsky

Carl Dembinsky war 1870 Gefreiter der 9. Kompanie des 1. Garde-Grenadier-Regiments und wurde am 18. August bei Sainte-Marie-aux-Chênes schwer an einem Knie verwundet. Erst am 5. November konnte er zum Regiment zurückkehren. Er war katholisch und der 1842 in Hamm geborene Sohn des Schiffers Thomas Franz Dembinsky (1811–1881) und der Maria Catharina Tigges, die 1835 geheiratet hatten. Der Großvater Casimir (genannt Carl) Dembinsky (um 1770–1848) war als Musketier nach Hamm gekommen und hatte Elisabeth Düffert (verstorben 1849) geheiratet. Später ernährte er seine Familie als Tagelöhner und Gärtner. Die Mutter des Garde-Grenadiers war eine uneheliche Tochter von Maria Franziska Elisabetha (Elise) Tigges (1780–1841), einer in Hamm geborenen Soldatentochter, die 1815 den Nachtwächter Jacob Pinter (um 1772–1838) ehelichte. Pinter stammte aus Friaul in Italien, und es hatte ihn ebenfalls als preußischen Soldaten nach Hamm verschlagen. 1804 fand dort seine erste Heirat mit Maria Magdalena Vallendorn aus Warstein statt. Der ehemalige Garde-Grenadier Dembinsky lebte später in Berlin und war verheiratet mit

Anna Deubrich. Er arbeitete zunächst als Komptoirdiener, später als Markthelfer und starb im Jahr 1900 in der Charité.

Dobbelstein

Johann Adolph Dobbelstein (1768–1836) wurde in Kettwig geboren und war zunächst Privatsekretär, dann Postschreiber und schließlich Postsekretär in Duisburg. 1806 kam er in dieser Funktion nach Hamm. 1815 fand die Beförderung zum Postmeister statt. Sein Sohn Friedrich Wilhelm Dobbelstein (1798–1852) kam als Jurist zum Oberlandesgericht in Hamm, wurde Justiz-Kommissar am Land- und Stadtgericht und später Justizrat. 1826 gründete er eine Familie mit Caroline Antoinette Klostermann (1799–1886), deren Vater Rentmeister auf Schloss Heessen war. Ihr Sohn Adolph Ferdinand August Wilhelm Otto Dobbelstein (1829–1897) trat in das in Berlin stationierte berittene Feldjägerkorps ein und brachte es zum Oberjäger und Sekonde-Leutnant. 1860 heiratete er Louise Mathilde Pauline Keller (1832–1917), eine Tochter des Hammer Rechtsanwalts Friedrich Wilhelm Keller (1773–1854). 1865 trat Dobbelstein eine Stelle als Oberförster in Münster an und wurde in die beurlaubten Offiziere des 2. Aufgebots des 1. Bataillons des 1. Westfälischen Landwehr-Regiments Nr. 13 eingereiht. Dobbelstein starb 1896 als Regierungs- und Forstrat in Minden.

Ein weiterer Bruder war Julius Otto Giesbert Friedrich Carl Dobbelstein (1837–1900). Als Kreis-Boniteur[28] in Hamm heiratete er 1867 in Paderborn Christiane Maria Auguste Theresia Rintelen (1835–1868), eine Tochter des Oberförsters Joseph Wilhelm Anton Rintelen und der Maria Louisa Josepha Grundhoff. Als Witwer ging er 1869 in Paderborn eine zweite Ehe mit seiner Schwägerin Mathilde Henriette Louise Josephine Rintelen (1844–1910) ein. Er starb im Jahr 1900 als Landesökonomierat in Mülheim am Rhein.

Die ältere Schwester Pauline Adolphine Margarethe Elisabeth Dobbelstein (1827–1898) heiratete 1848 in Hamm Heinrich Sillies (um 1819–1886), Sohn eines Holzhändlers aus Menden. Sillies war zunächst Maschinenmeister und wurde 1861 in Paderborn zum Königlichen Eisenbahn-Baumeister ernannt. Er war maßgeblich an der technischen Entwicklung einiger Eisenbahnkomponenten, zum Beispiel Tragfedern, Achsbüchsen und Türfenster, beteiligt. Seine Ehefrau wurde nach dem Krieg 1870/71 für ihren Einsatz in der Pflege der Kranken und Verwundeten mit dem Verdienstkreuz für Frauen und Jungfrauen ausgezeichnet. Sie starb mit 70 Jahren in Groß-Lichterfelde bei Berlin.

Dziobek

Eduard Ludwig Dziobek (1797–1855) stammte aus Bialla in Ostpreußen und kam als Ingenieur-Hauptmann a. D. und Telegrafen-Inspektor der Köln-Mindener Eisenbahn nach Hamm. Er war verheiratet mit der Kaufmannstochter Louise Caroline Frommann (1808–1884) aus Odenkirchen bei Mönchengladbach. In Hamm kam 1849 der jüngste Sohn Otto Carl Wilhelm zur Welt. Er war 1870 Sekonde-Leutnant im 1. Bataillon des 3. Posenschen Infanterie-Regiments Nr. 58. Am 4. August wurde er beim Häuserkampf in Weißenburg durch einen Schuss in die Brust schwer verwundet und kam in ein Lazarett. Er überlebte und kehrte mit einem Eisernen Kreuz 2. Klasse zurück. 1872 nahm er seinen Abschied als Premier-Leutnant mit der Aussicht auf eine Anstellung im Zivildienst. Er wurde Lehrer an der königlichen Haupt-Kadettenanstalt in Berlin und heiratete Mathilde (Maja) Henriette Hirschfeld (1847–1915), die Tochter eines Gutsbesitzers. Der Oberlehrer Dziobek starb bereits 1880 in Groß-Lichterfelde.

Sein in Mainz geborener Bruder Heinrich Carl Wilhelm Wolf Dziobek (1842–1888) nahm als Premier-Leutnant im 3. Westfälischen Infanterie-Regiment Nr. 16 am Krieg teil und wurde ebenfalls mit einem Eisernen Kreuz ausgezeichnet. Er heiratete 1872 als Hauptmann in Köln Julie Louise Auguste Joentzen (1849–1934) und starb mit 45 Jahren in Berlin als Major und Chef der 8. Kompanie des königlichen Invalidenhauses.

Ein weiterer Bruder, Gustav Carl Julius Leopold Dziobek (1839–1890), geboren in Köln, heiratete 1868 als Premier-Leutnant in Wiesbaden Gabrielle Adeline Louise Maximiliane Lancelle (1848–1925), eine in Emmerich am Rhein geborene Tochter des Justizrats Friedrich Laurenz Peter Lancelle (1802–1893).[29] Dziobek war 1870/71 Hauptmann im Westfälischen Feld-Artillerie-Regiment Nr. 7. Anschließend wechselte er zum Rheinischen Fuß-Artillerie-Regiment Nr. 8 und wurde als „Artillerie-Offizier vom Platz“ nach Saarlouis abkommandiert. Er starb in Karlsbad in Böhmen.

Ebel

Der Schreiner Heinrich Bernhard Carl Ludwig (Louis) Ebel wurde 1846 als Sohn des Schuhmachers Franz Ebel und der Louise Schumann geboren und katholisch getauft. Als Füsilier der 9. Kompanie des 1. Garde-Regiments zu Fuß wurde er am 18. August 1870 bei Saint-Privat durch einen Schuss in einen Fuß schwer verwundet. Er kehrte zurück, und 1873 fand in Rheda die evangelische Trauung mit Franziska Elise Bentlage statt, der 1848 geborenen Zwillingstochter eines Tagelöhners. Ebel starb jedoch schon 1874 in Hamm an der Schwindsucht.

Frigge

Eduard Frigge, Füsilier der 11. Kompanie des 1. Hannoverschen Infanterie-Regiments Nr. 74, trug am 18. August 1870 bei Gravelotte eine Schusswunde an der rechten Hand davon und kam zur Privatpflege in die Heimat zurück. Es handelte sich um Wilhelm Eberhard (Eduard) Frigge, den 1845 geborenen und katholisch getauften Sohn von Johann Diedrich Wilhelm Frigge und Anna Christina Knittel, die 1831 geheiratet hatten. Der Vater arbeitete zunächst als Metzger, danach als Weichensteller. Der Sohn wurde ebenfalls Bahnarbeiter und heiratete im Januar 1870 Elisabetha Twittenhoff (um 1845–1888), die Tochter eines Ackerers aus Meyerich bei Welver. Im März kam ein Sohn zur Welt, der jedoch nicht lebensfähig war. Nach dem Krieg wurde Frigge Wiegemeister in Hamm und später Maschinenmeister, Zechenarbeiter und Bohrer in Duisburg-Homberg. Dort ging er als Witwer eine weitere Ehe mit Maria Niederstein (um 1865–1899), Tochter eines Weichenstellers, ein und starb 1901.

Fuhrmann

Ernst August Fuhrmann wurde 1847 als Sohn des Kaufmanns und Dampfölmühlenbesitzers Johann Carl Diedrich Fuhrmann (Jahrgang 1811) und der Friederike Wilhelmine Brüggemann (Jahrgang 1814) geboren, deren Trauung 1838 in Vlotho stattgefunden hatte. Der Vater war Teilhaber der Firma „Cosack & Co.“, die in Hamm ab 1853 ein Puddel- und Walzwerk mit angeschlossener Drahtzieherei und Eisengießerei errichtete. Die Mutter war die Tochter eines Weserschiffers. Der Sohn war 1870 Vize-Feldwebel der 3. Kompanie des 1. Kombinierten Pommerschen Landwehr-Regiments. Am 8. Dezember wurde er bei der Besetzung des Dorfes Andelnans (Andelnach), südlich von Belfort, von Schüssen im rechten Arm und in der Brust getroffen und musste zurückgelassen werden. Er überlebte, erhielt ein Eisernes Kreuz 2. Klasse und wurde zum Sekonde-Leutnant befördert. Nach dem Krieg kam er zum 3. Pommerschen Landwehr-Regiment Nr. 14. Fuhrmann wurde Gutsbesitzer in Briesen bei Langoslin, Provinz Posen, und heiratete 1873 auf Gut Deesberg bei Rehme (Oeynhausen) Luise Henriette Charlotte Hentzen, die 1853 geborene Tochter des Guts- und Ziegeleibesitzers Carl Theodor Hentzen.

Gastreich

Franz Anton Gastreich (1842–1891), katholisch, stammte aus Olpe. Sein Vater Johann Albert Gastreich (1798–1857) war dort Schreiber und Kreisgerichtskopist, die Mutter hieß Maria Josepha Albus. Gastreich kam als Sergeant der 5. Kompanie des 1. Westfälischen Infanterie-Regiments Nr. 13 nach Hamm und schwängerte Johanne Sophie Franziska Bisplinghoff, die

1849 geborene Tochter des aus Waltrop stammenden Sergeanten im 11. Husaren-Regiment und späteren Parkmeisters Franz Joseph Bisplinghoff. Als das Kind[30] im November 1870 zur Welt kam, war der Vater im Feld. Die Heirat konnte erst im August 1871 stattfinden. Nach seiner Militärzeit bekam Gastreich eine Stelle als Gerichtvollzieher in Mülheim an der Ruhr und lebte dort mit seiner Familie. 1891 beging er in Jutphaas bei der niederländischen Stadt Utrecht Selbstmord durch Erhängen. Er war dort unbekannt, und seine Identität konnte erst später geklärt werden.

Hartog

Friedrich Christian Rudolph Hartog (1766–1850) war zunächst Feldprediger und ab 1802 Pfarrer in Bielefeld. Sein Sohn, der spätere Geheime Justiz- und Oberlandesgerichtsrat Gottreich Ehrenhold Florenz Hartog (1804–1879), heiratete als Assessor 1833 in Enger die Kaufmannstochter Auguste Christiane Schwarze. 1837 folgte in Arnsberg eine weitere Ehe des Witwers mit der Pastorentochter Auguste Caroline Keßler aus Werdohl. Hartog wurde nun Gerichtsdirigent in Salzkotten. 1842 ging er in Soest eine weitere Ehe mit Carolina Wilhelmina Juliana Henrietta Ludowika von Khaynach (1814–1844) von Haus Dellwig bei Dortmund ein, die nach der Geburt des zweiten Kindes starb. Der erneut verwitwete Vater heiratete 1846 in Berlin Henriette Marie Conrad, die Tochter eines Berliner Stadtältesten.[31] 1876 erhielt er den Königlichen Kronenorden 2. Klasse mit dem Abzeichen für eine fünfzigjährige Dienstzeit.

Carl Ernst Giesbert Wilhelm Emil Hartog, geboren 1843 in Hamm, trat 1860 in das Niederrheinische Füsilier-Regiment Nr. 39 ein. 1862 wurde er Sekonde-Leutnant. 1866 kam er zunächst als Erzieher zum Kadettenhaus in Kulm in Westpreußen, dann 1869 für einen Monat zum Kadettenhaus in Berlin und schließlich nach Bensberg im Rheinland. Noch im gleichen Jahr wurde er Premier-Leutnant und 1872 in Bensberg Hauptmann und Kompanieführer. 1873 fand in Hamm die Trauung mit Sophie Christine Charlotte Sipmann (1850–1898) statt, der in Hamm geborenen Tochter eines Appellationsgerichtsrats. 1879 versetzte man Hartog als Kompanie-Chef zum 1. Brandenburgischen Leib-Grenadier-Regiment Nr. 8. 1884 wurde er Major, 1887 Bataillonskommandeur im 4. Lothringischen Infanterie-Regiment Nr. 136. 1889 stieg er zum Kommandeur des Kadettenhauses in Potsdam auf, im folgenden Jahr schloss sich die Beförderung zum Oberstleutnant an. 1893 wurde er als Oberst Kommandeur des 3. Magdeburgischen Infanterie-Regiments Nr. 66. Von 1897 bis 1899 war er als Generalmajor Kommandeur der 76. Infanterie-Brigade in Erfurt. Als Generalleutnant zur Disposition und Witwer ging Hartog 1900 in

Hamm eine neue Ehe mit Clara Maria Christiane Franziska Möllenhoff, geboren 1855, ein, deren Vater ebenfalls Appellationsgerichtsrat war. Hartog starb 1910 in Naumburg an der Saale.

Sein 1851 in Hamm geborener Bruder Dr. med. Friedrich Ernst Julius Wilhelm Hartog promovierte 1875 und wurde 1877 Assistenzarzt im Regiment Gardes du Corps. 1883 fand in Berlin seine Heirat mit Agathe Constanze Luise Elsbeth Neumann, Tochter eines Sanitätsrats, statt. Hartog stieg auf zum Oberstabsarzt 1. Klasse und Regimentsarzt des Feldartillerie-Regiments Nr. 55 und schied 1909 als Generaloberarzt aus dem aktiven Dienst aus.

Hassel

Friedrich Julius Hassel (1833–1890) kam in Hamm als Sohn des aus Kroppenstedt in Sachsen-Anhalt stammenden Oberlandesgerichtsrats Heinrich Wilhelm Hassel (1792–1864) und dessen Ehefrau Marianne Friederike von Rappard (1800–1875) zur Welt. 1853 trat er in das 2. Westfälische Infanterie-Regiment Nr. 15 ein, wurde zwei Jahre später Sekonde-Leutnant und 1863 Premier-Leutnant. Am 17. April 1864 ruderte Hassel als Teil einer sechzehnköpfigen Kommandoeinheit zur Insel Alsen, machte zwei dänische Geschütze durch Vernageln der Zündlöcher unbrauchbar und kehrte unbehelligt zurück. Als Auszeichnung wurde ihm der Rote Adler-Orden mit Schwertern zuteil. 1866 fand in Rendsburg die Trauung mit der Kaufmannstochter Elise Helene Christiane Thormann (1846–1896) statt. Im Preußisch-Österreichischen Krieg erhielt Hassel den Kronen-Orden 4. Klasse mit Schwertern und wurde zum Hauptmann befördert. 1870 nahm er an mehreren Schlachten teil, stieg zum Major auf und erhielt beide Klassen des Eisernen Kreuzes. Später gehörte er dem Generalstab an und war Lehrer an der Kriegsakademie. 1885 machte man Hassel zum Chef des Generalstabs des IV. Armeekorps. 1886 wurde er Generalmajor und 1887 in den preußischen Adelsstand erhoben. 1890 fand die Pensionierung im Rang eines Generalleutnants unter Verleihung des Kronen-Ordens 1. Klasse statt. Friedrich von Hassel starb in Ilsenburg am Harz.

Heymons

Johann Adolph Hermann Albert Heymons[32] aus Wesel war bis 1849 Direktor des Land- und Stadtgerichts in Hamm. 1821 fand in Werden an der Ruhr seine Heirat mit Caroline Adolphine Christine Henriette Albertine Gisbertine Dorothea von Plettenberg-Schwarzenberg (1796–1862) statt. Deren Eltern, Carl Christoph Adolph Johann von Plettenberg und Christine Josine Sophie Wilhelmine Philippine Gisbertine von Torck, hatten 1792 in Plettenberg reformiert geheiratet. Nachdem die Mutter 1804 in Hamm verstorben war, ging der Vater 1808 eine neue Ehe mit Alexandrina Wilhelmine Philippine Friederike Luise von Syberg ein. Wilhelm Ferdinand Adolph Ludwig Leonhard Heymons (1838–1899) war 1866 Sekonde-Leutnant der 2. Kompanie des 6. Westfälischen Infanterie-Regiments Nr. 55 und wurde am 10. Juli bei Kissingen beim Kampf gegen bayerische Truppen durch einen Streifschuss leicht an der rechten Schläfe verletzt. Er konnte aber bei der Truppe bleiben. 1870 erhielt er als Premier-Leutnant ein Eisernes Kreuz 2. Klasse. Bereits am 7. August zeichnete er sich bei der Einnahme von Forbach aus und sieben Tage später in der Schlacht bei Colombey-Nouilly. 1872 gehörte Heymons zu den Vertretern des 55. Regiments, die zur Einweihung des Denkmals nach Colombey reisten. 1873 heiratete er als Hauptmann in Brenkhausen bei Höxter Sophie Fanny Amalie Henriette Emilie Menshausen, geboren 1852 in Köthen in Sachsen-Anhalt. Heymons war zuletzt Bataillonskommandeur im 3. Posenschen Infanterie-Regiment Nr. 58. Er starb 1899 als Major a. D. in Erfurt.

Holle

Heinrich Joseph Holle, katholisch, geboren 1843, stammte aus Menden. Seine Eltern, der Schneider Bernard Heinrich Holle und Maria Antonette Elisabeth Wiegenstein, Tochter eines Ackersmanns aus Grevenstein, hatten 1842 geheiratet. Als Füsilier der 9. Kompanie des 74. Regiments trug Holle bei Gravelotte Schusswunden an der linken Wade und der linken Halsseite davon. Möglicherweise wurde er in der im benachbarten Rezonville eingerichteten Verbandstation behandelt.

Verbandstation in Rezonville am 18. August 1870
(Illustrirte Kriegs-Chronik 1870-71)

1871 heiratete er in Hamm Maria Clara Schlief (1851–1925), die in Oelde geborene Tochter des Chirurgen Johann Heinrich Christopher (Christoph) Schlief (1797–1855). Dieser hatte 1827 in erster Ehe Elisabeth Mentrup (1802–1848), Tochter eines Glasers aus Beckum, geheiratet und war 1829 als Landwehrmann wegen unerlaubten „Kurierens" zu einer dreimonatigen Gefängnisstrafe verurteilt worden. Als Witwer ging er 1849 eine weitere Ehe mit Maria Clara Bernardina Westhues aus Sankt Vit ein. Die Umstände, unter denen Schlief starb, sind außergewöhnlich. Laut Kirchenbucheintrag ist er erfroren, obwohl „Belebungsversuche" angewandt wurden.

Holle nannte man 1873 bei der Taufe von Zwillingen in Hamm als Puddelmeister. Später kam er als Wiegemeister nach Duisburg, und er starb 1911 als Lademeister a. D. in Essen.

Holsträter

Friedrich Holsträter und seine Ehefrau Sophie

Caspar Friedrich Holsträter (1840–1917) war ein Sohn des Wegeaufsehers und späteren Briefträgers Friedrich Willebrand genannt Holsträter (1794–1872), geboren in Süddinker, dessen evangelische Trauung mit der Bauerntochter Anna Maria Pepersack 1821 in Rhynern stattgefunden hatte. Er gehörte 1870/71 einer nicht bekannten Einheit an. 1876 fand die Heirat mit Johanne Wilhelmine Sophie Kälber statt, der 1853 geborenen Tochter eines Zimmermeisters. Anschließend bekam Holsträter zunächst eine Stelle als Schutzmann, dann als Kassenbote. Der Magistratsbote a. D. Holsträter starb mit 77 Jahren in seiner Wohnung in der Römerstraße.

Jöckemeyer

Friedrich Wilhelm Jöckemeier (Joeckemeyer) wurde 1851 in Hamm geboren und katholisch getauft. Sein Vater Gustav Theodor Friedrich Wilhelm Hermann Jöckemeyer (1799–1880), Sohn eines Gastwirts aus Minden und Hauptmann der Artillerie a. D., war als Bahnhofsinspektor nach Hamm gekommen. 1830 hatte er in Koblenz als Leutnant der 8. Artillerie-Brigade Susanna Becker (um 1814–1878), die Tochter eines Weinhändlers, geheiratet. 1846 wurde ihm der Charakter eines Hauptmanns „beigelegt". Jöckemeier junior wurde im Oktober 1870 im 6. Rheinischen Infanterie-Regiment Nr. 68 als Portepee-Fähnrich in der 10. Kompanie zum Sekonde-Leutnant befördert. 1871 erhielt er für seinen Einsatz in der Schlacht bei Saint Quentin am 19. Januar ein Eisernes Kreuz 2. Klasse. 1876 wurde er letztmalig in der Rang- und Quartiersliste genannt. Wahrscheinlich wanderte er danach nach Belgien aus und ließ sich in Antwerpen nieder.

Kaiser

Ein Soldat der 7. Kompanie des 1. Westfälischen Infanterie-Regiments Nr. 13 namens Heinrich Kaiser aus Hamm wurde am 23. Januar 1871 bei Chouzelot schwer verwundet. Es lag ein Durchschuss des rechten Oberschenkels vor. Vermutlich handelte es sich um Heinrich Kaiser (um 1840–1880), einen Fabrikarbeiter aus Zellerfeld, verheiratet mit Mathilde Küch.

Kayser

Der jüdische Kaufmann Ludwig Kayser (um 1843–1896) stammte aus Mülheim an der Ruhr. Sein Vater Joseph Kayser war dort Pferdehändler, die Mutter hieß Elise Pfahl. Kayser kam nach Hamm und nahm 1870/71 als Soldat des 3. Westfälischen Infanterie-Regiments Nr. 16 am Krieg teil. Er war verheiratet mit Rosalie Jacobi und starb mit 53 Jahren in Gelsenkirchen. Seine Schwester Amalie Kayser (um 1834–1907) war verheiratet mit dem Hammer Kaufmann Siegfried Marcus. Der 1871 in Hamm geborene Sohn Leo Kayser wurde Arzt. 1891 heiratete er in Hanau Marie Gailer, katholisch, Tochter eines Frankfurter Hoteliers.

Kemper

Wilhelm Kemper war Gefreiter in der 4. Kompanie des 74. Regiments und wurde bei Saarbrücken durch einen Granatsplitter an der rechten Hand verletzt. Vermutlich handelte es sich um Friedrich Franz Wilhelm Bernhard Kemper, katholisch, den 1845 geborenen Sohn des Schusters Wilhelm Kemper (um 1809–1877) und der Wilhelmine Düchting. Er ging eine Ehe mit Anna Maria Catharina Lücke (um 1848–1907) aus Münster ein und starb 1906 als Invalide in seiner Wohnung am Ostenwall.

Lengsfeld

Adolph Lengsfeld (um 1805–1874), ein jüdischer Kaufmann für Manufaktur- und Modewaren, übernahm 1851 in Hamm die Agentur der Leipziger Feuer-Versicherungs-Gesellschaft. Allerdings wurde er 1865 steckbrieflich gesucht, da man ihm betrügerischen Bankrott und vielfache Wechselfälschung vorwarf. Lengsfeld setzte sich in die USA ab und starb in Detroit. Seine Ehefrau Auguste Rothschild (1827–1872) blieb in Hamm und ebenso der Sohn Julius Lengsfeld (1848–1875), welcher 1870/71 zum 1. Westfälischen Infanterie-Regiment Nr. 13 gehörte. Sein Grab befindet sich auf dem Ostenfriedhof in Hamm.

Lent

Johann Heinrich Wilhelm Lent (1792–1868), ein Sohn des Soester Gerichtsdirektors, nahm von 1813 bis 1815 als Leutnant im Hammer Bataillon des 1. Westfälischen Landwehr-Infanterie-Regiments an den Befreiungskriegen teil. 1816 wurde er Assessor am Oberlandesgericht. Über Stationen als Gerichtsdirektor in Emmerich, Dortmund und Wesel kam er 1840 als Präsident des Oberlandesgerichts zurück nach Hamm und hatte dieses Amt bis zu seinem Tod inne. 1866 verlieh man ihm ehrenhalber einen Doktortitel.

Aus seiner 1823 geschlossenen Ehe mit der Pastorentochter Bertha Adelheid Natorp (1803–1863) ging der Sohn Alfred Gustav Carl Lent (1836–1915) hervor. Als Baumeister und Sekonde-Leutnant im 2. Rheinischen Landwehr-Regiment Nr. 28 heiratete er 1864 in Berlin die Kaufmannstochter Clara Luise Freytag (1838–1866). 1869 ging der Königliche Baumeister in Berlin eine zweite Ehe mit Anna Auguste Bertha Gergonne (1849–1891) ein, der Tochter eines Gutsbesitzers aus Dalldorf im Kreis Niederbarnim in Brandenburg. 1870 war Lent Baumeister bei der Feldeisenbahn-Abteilung Nr. 2 und wurde mit einem Eisernen Kreuz am weißen Band für Nichtkämpfer ausgezeichnet.[33]

Eine dritte Ehe des Königlichen Baurats folgte 1893 in Berlin mit Auguste Minna Henriette Martha Gertrud Ende, der 1863 geborenen Tochter eines Geheimen Regierungs- und Baurats sowie Witwe des Architekten Paul Hermann Moritz Stegmüller (1850–1891), den sie 1884 geheiratet hatte. Lent starb 1915 als Geheimer Baurat in Berlin.

Leo

1862 starb in Hamm Major a. D. Eduard Friedrich Eugen Wilhelm Leo im Alter von 70 Jahren an einem Rückenmarksleiden. Er hinterließ als Witwe Clara Theresia Stosch (1808–1886), eine Arzttochter, die er 1828 in Berlin geheiratet hatte, und drei erwachsene Kinder. Der 1834 geborene Sohn Wilhelm Otto Eugen Leo war 1870 Hauptmann und Batterie-Chef im Magdeburgischen Festungs-Artillerie-Regiment Nr. 4 und erlangte ein Eisernes Kreuz 2. Klasse. 1871 fand in Hamm die Trauung mit seiner Cousine Therese Alexandrine Leo statt, der 1836 geborenen Tochter von Carl Otto Julius Bogislav Leo (1793–1865), welcher als Generalleutnant a. D. ebenfalls in Hamm verstarb. Wilhelm Otto Eugen Leo heiratete 1898 als Witwer und Major a. D. in Dresden Luise Auguste Wilhelmine Kutz, die 1844 geborene Tochter eines Kreischirurgen und Witwe des Ingenieurs und Fabrikbesitzers Colmar Schreck (1839–1895), den sie 1865 geheiratet hatte.[34]

Otto Eduard Friedrich Leo (1829–1898), ein weiterer Sohn der genannten Familie, war 1870 Major und Kommandeur der Kolonnen-Abteilung des Pommerschen Feld-Artillerie-Regiments Nr. 2 und bekam ebenfalls ein Eisernes Kreuz. 1858 heiratete er in Erfurt Bertha Wilhelmine Selma Lydia (Liddy) Adams (1835–1893), Tochter eines Oberstleutnants. Leo starb als Oberst zur Disposition in Erfurt.

Carl Wilhelm Eugen Leo, ein 1833 in Mainz geborener Sohn des erwähnten Generalleutnants, trat 1851 als Offiziersanwärter in die Armee ein. 1864 heiratete er als Premier-Leutnant des Rheinischen Feld-Artillerie-Regiments Nr. 8 in Bonn Sidonie Felicia Wenborne[35], geboren 1843. Im Feldzug 1866 führte er als Hauptmann eine Munitionskolonne, 1870 eine Batterie bei der Divisions-Artillerie der 15. Division. Nach der Teilnahme an mehreren Schlachten und Belagerungen wurde er mit dem Eisernen Kreuz beider Klassen dekoriert. Im Oktober 1870 erhielt der drei Monate alte Sohn Wilhelm in Hamm die Taufe. Den Vater beförderte man 1875 zum Major, 1877 übernahm er eine Abteilung im 2. Brandenburgischen Feld-Artillerie-Regiment Nr. 18. 1881 wurde er Oberstleutnant, 1886 Oberst und nahm im gleichen Jahr seinen Abschied. Er lebte danach zunächst in Bonn, dann in Bergedorf bei Hamburg und schließlich in Gernrode am Harz.

Loeb

Jacob Loeb (1810–1891), Sohn eines jüdischen Kaufmanns aus Mülheim an der Ruhr, war Forstmeister und heiratete 1840 in Münster Sophie Haindorf (1816–1894), einziges Kind des jüdischen Privatdozenten Dr. med. Alexander Haindorf[36] (1784–1862) und der Sophie Marks (1791–1816). Deren Vater, der Hammer Kaufmann Elias Marks (1765–1854), hatte 1820 das Rittergut Haus Caldenhof bei Hamm erworben. Robert Loeb (1853–1925), geboren auf Caldenhof, ließ sich am 23. September 1870 evangelisch taufen und trat im Oktober als Avantageur in die 1. Eskadron des Rheinischen Ulanen-Regiments Nr. 7 ein. Nach einem Überfall am 8. Januar

1871 bei Monchy-au-Bois, südwestlich von Arras, zählte er zu den Vermissten. Die Franzosen hatten ihn und einige Kameraden gefangen genommen, und die Freilassung erfolgte erst im Februar. Anschließend kam er als Sekonde-Leutnant zum Rheinischen Ulanen-Regiment Nr. 7 und wurde Adjutant. 1888 erfolgte die Beförderung zum Rittmeister. 1894 fand die Versetzung zum Magdeburgischen Dragoner-Regiment Nr. 6 statt. 1901 übernahm er die Führung dieser Einheit, 1903 ernannte man ihn offiziell zum Kommandeur, mit anschließender Beförderung zum Oberstleutnant. 1906 wurde er Oberst, 1908 erhielt er das Kommando über die 8. Kavallerie-Brigade in Halle an der Saale, 1910 wurde er Generalmajor. 1912 stellte man ihn als Generalleutnant zur Disposition. Nach dem Ausbruch des Ersten Weltkriegs wurde Loeb im Oktober 1914 mit dem Kommando über die 13. Landwehr-Brigade betraut. 1915 übernahm er die 14. Reserve-Division. Für seine Verdienste an der Westfront erhielt er 1918 unter anderem den Orden Pour le Mérite und die Beförderung zum General der Kavallerie. Er blieb ledig und starb mit 72 Jahren auf Gut Caldenhof.

<u>Richard</u> Alexander Loeb (1843–1906) und <u>Helene</u> Henriette Clara Loeb (1845–1869), zwei Geschwister des Vorgenannten, ließen sich 1863 in Bochum evangelisch taufen. Richard Loeb wurde ebenfalls Kavallerieoffizier. Er trat 1862 als Einjährig-Freiwilliger in das 2. Westfälische Husaren-Regiment Nr. 11 ein, wurde 1863 Unteroffizier und Vize-Wachtmeister und 1864 Sekonde-Leutnant im 8. Landwehr-Husaren-Regiment. 1866 kam er zum 1. Hannoverschen Dragoner-Regiment Nr. 9. 1870 erlangte er ein Eisernes Kreuz 2. Klasse. Von 1872 bis 1874 war er zum Militär-Reit-Institut kommandiert. 1873 fand die Beförderung zum Premier-Leutnant statt. Als solcher wurde er 1878 zum 2. Rheinischen Husaren-Regiment Nr. 9 versetzt. 1879 wurde er dort Rittmeister und 1889 Major. 1890 nahm er seinen Abschied und heiratete im gleichen Jahr in London <u>Meta</u> Rebecca Wedeking (1852–1927) aus Bremen. Richard Loeb erbte Gut Caldenhof, welches 1961 dem evangelischen Kirchenkreis Hamm gestiftet wurde.

Helene Loeb heiratete 1864 den in Hamm geborenen Justizrat Julius Heintzmann (1816–1891), einen Urenkel des Bergmeisters Johann Friedrich Heintzmann (1716–1764), der im Auftrag des preußischen Königs Friedrich des Großen (1712–1786) den Ruhrbergbau reformierte. Sie starb 1869 in Hamm bei der Geburt einer Tochter.

Agnes Loeb, geboren 1851 und 1869 in Hamm evangelisch getauft, heiratete 1872 Dr. phil. <u>Max</u> Ferdinand Graßhoff (1847–1905), einen Sohn des Gerichtsrats Wilhelm Ludwig Ferdinand Graßhoff (1803–1857) und der Amalia Constantia Schmidt (1812–1874). Graßhoff senior hatte 1849 das

Amt des Ersten Oberstaatsanwaltes bei dem Appellationsgericht in Hamm angetreten. Der Sohn studierte zunächst in Göttingen Philosophie und Geschichte, promovierte 1867 in Bonn und wurde 1868 als Lehrer zugelassen. Als Unteroffizier im 3. Westfälischen Infanterie-Regiment Nr. 16 erlangte er 1870/71 ein Eisernes Kreuz 2. Klasse. Er wurde Gymnasiallehrer in Soest, Oberlehrer in Attendorn, 1883 Direktor des Wilhelms-Gymnasiums in Emden und 1891 Gymnasialdirektor in Linden bei Hannover. 1905 trat er in den Ruhestand und starb im gleichen Jahr an einem Nierenleiden.

Marks

Andreas Friedrich Wilhelm Andreas Marks wurde 1840 geboren und katholisch getauft. Seine Eltern waren der Tagelöhner Wilhelm Marks und Anna Maria Hannesmann. Als Füsilier der 12. Kompanie des 74. Regiments erhielt er am 3. März 1871 ein Eisernes Kreuz. Möglicherweise wanderte er später nach Amerika aus und lebte mit seiner Familie im US-Bundesstaat Pennsylvania.

Mayer

Johann Andreas Eduard Mayer (1795–1875) stammte aus Berlin. Sein Vater Johann Christoph Andreas Mayer (1747–1801) war Professor für Anatomie und Leibarzt des preußischen Königs Friedrich Wilhelms II. (1744–1797). Mayer schloss sich 1813 als freiwilliger Jäger dem Füsilier-Bataillon des 1. Pommerschen Infanterie-Regiments an und wurde am 3. Oktober bei Wartenburg an der Elbe im Kampf gegen die napoleonischen Truppen verwundet. 1814 und 1815 kam er mit der preußischen Armee nach Frankreich. Anschließend wurde er als Hauptmann Adjutant und Rechnungsführer im besoldeten Stamm des 1. Bataillons (Soest) des 16. Landwehr-Regiments. 1824 musste er aus gesundheitlichen Gründen seinen Abschied einreichen und wurde Domänenrentmeister in Hamm. Im gleichen Jahr fand in Soest die Trauung mit Lisette Schlieper (1805–1878) statt, der Tochter eines Kaufmanns aus Cronenberg bei Wuppertal. 1826 wurde durch Mayers Initiative der Hammer Bürgerschützenverein gegründet.[37] 1829 ernannte man ihn zum Domänenrat. 1856 kam er nach Dortmund. 1865 erfolgte die Erhebung in den Adelsstand. Von Mayer starb 1875 in Dortmund. Unter seinen elf Kindern waren drei in Hamm geborene Söhne, die ebenfalls Offiziere wurden.

Johann Christoph Andreas Ludwig Carl Friedrich Hermann von Mayer, Jahrgang 1829, begann seine Laufbahn im 1. Westfälischen Infanterie-Regiment Nr. 13. 1860 war er Premier-Leutnant und als Direktionsassistent zur Gewehrfabrik in Saarn bei Mülheim an der Ruhr abkommandiert. Nach seiner Rückkehr erfolgte die Beförderung zum Hauptmann. Als solcher führte er 1866 die 8. Kompanie des 13. Regiments und erlitt am 4. Juli bei Wiesenthal in der Rhön eine Quetschung an einem Oberschenkel, konnte aber beim Truppenteil bleiben. Als im September 1866 das Holsteinische Infanterie-Regiment Nr. 85 mit Mannschaftsabgaben westfälischer Regimenter gegründet wurde, machte man von Mayer zum Führer der 3. Kompanie. 1868 wurde er als Major verabschiedet. 1869 heiratete er in Lübeck Auguste Margarethe Charlotte Caroline Seeler, geboren 1837 als Tochter eines Pächters in Neugüster im Herzogtum Lauenburg.

Johann Christoph Andreas Robert Victor Otto von Mayer (1837–1883) erhielt 1870/71 als Hauptmann im 2. Westfälischen Infanterie-Regiment Nr. 15 ein Eisernes Kreuz 2. Klasse. Im Dezember 1871 fand in Unna die Heirat mit Clara Henriette Kipp statt, der 1850 geborenen Tochter des Arztes Dr. Friedrich Cornelius Franz Johann Kipp (1813–1869). Von Mayer starb als Major a. D. in Heidelberg.

Johann Christoph Andreas Maximilian (Max) von Mayer (1840–1899) war 1866 Premier-Leutnant und Regimentsadjutant des 1. Westfälischen Infanterie-Regiments Nr. 13. Am 8. Juli trug er bei dem Ort Waldfenster in Unterfranken im Kampf gegen bayerische Einheiten durch einen Schuss Verletzungen an vier Zehen des linken Fußes davon und musste im örtlichen Lazarett versorgt werden. 1870/71 zeichnete man ihn als Adjutanten bei der 39. Infanterie-Brigade mit einem Eisernen Kreuz 2. Klasse aus. 1873 war er in Mannheim als Hauptmann des 2. Badischen Grenadier-Regiments Nr. 110 stationiert und heiratete in Unna Anna Kipp, geboren 1853, eine weitere Tochter des bereits erwähnten Arztes. Von Mayer stieg später als Oberst zum Kommandeur des 3. Hessischen Infanterie-Regiments Nr. 83 auf. 1898 erfolgte die Beförderung zum Generalleutnant. Er starb jedoch schon im folgenden Jahr mit 59 Jahren in Wiesbaden.

Mergel

Carl August Christian Wilhelm Mergel (1843–1907) war ein Sohn des Schreiners Johann Carl Wilhelm Mergel und der Johanne Wilhelmine Friederike Durhammer. Er wurde ebenfalls Schreiner und heiratete 1868 in Soest Maria Elisabeth Margarethe Catharina Trelle (1843–1919), die Tochter eines Webers. Als Musketier der 4. Kompanie des 74. Infanterie-Regiments wurde Mergel am 6. August 1870 bei Saarbrücken schwer verwundet. Nach der amtlichen Verlustliste traf ihn ein Schuss in einer Schulter, nach der Regimentsgeschichte war es der Hals. Nach seiner Genesung wurde er an das Ersatz-Bataillon überwiesen. Der Schreinermeister Mergel starb mit 64 Jahren im städtischen Krankenhaus in Hamm.

Ohly

Carl Georg Ferdinand Ohly (1795–1852), geboren in Hohnhorst bei Hannover als Sohn des Pfarrers Georg Conrad Ohly (1749–1819), nahm 1814 und 1815 als freiwilliger Jäger des 2. Westfälischen Landwehr-Infanterie-Regiments an den Befreiungskriegen teil, kam 1816 als Sekonde-Leutnant nach Hamm und wurde Adjutant und Rechnungsführer des Hammschen Grenadier-Landwehr-Bataillons, später 1. Bataillon des 4. Garde-Landwehr-Regiments. Danach ging Ohly nach Münster und wurde als Premier-Leutnant Rechnungsführer im 2. Westfälischen Husaren-Regiment Nr. 11. 1832 heiratete er die Hammer Kaufmannstochter Louisa Charlotta Henrietta Hölken (1804–1836). 1838 schloss der Witwer eine zweite Ehe mit Wilhelmine Therese Albertine Wegener (1810–1889), Tochter eines Gendarmerie-Hauptmanns. 1848 erfolgte Ohlys Beförderung zum Hauptmann. Vier Jahre später erlag er als Garnison-Verwaltungsinspektor in Glogau in Schlesien einem Schlaganfall.

Sein 1839 in Münster geborener Sohn Ferdinand Ohly war 1864 Premier-Leutnant des 3. Westfälischen Infanterie-Regiments Nr. 16 und wurde als Lehrer und Inspektionsoffizier abkommandiert zur Kriegsschule in Erfurt. 1867 erhielt er das Ritterkreuz 2. Klasse des Herzoglich Sachsen-Ernestinischen Hausordens. Als Hauptmann und Kompanieführer erlangte er 1870 beide Klassen des Eisernen Kreuzes. Er starb 1877 als Junggeselle in Schwelm, laut Kirchenbucheintrag an den Folgen der Strapazen des Feldzuges 1870/71 und einem Gehirnleiden, hervorgerufen durch einen Stoß in den Nacken während der Schlacht bei Beaune-la-Rolande am 28. November 1870.

Ein weiterer in Münster geborener Sohn, Adolph Ferdinand Albert Ohly (1842–1891) kam 1860 vom Kadettenkorps als Sekonde-Leutnant zum 1. Westfälischen Infanterie-Regiment Nr. 13. Er machte 1864 den Krieg gegen Dänemark mit, wurde aber im Juni 1866 nach einem ehrengerichtlichen Verfahren aus dem Dienst entlassen. Er machte anschließend als gemeiner Soldat im 7. Westfälischen Infanterie-Regiment den Feldzug gegen Österreich mit. Später war er als Redakteur in Schwelm, Hagen und Duisburg tätig und ab 1874 verheiratet mit Catharina Anna Maria à Brassard (1847–1912) aus Aachen.

Dr. Adolph Eduard Ferdinand Ohly (1862–1940), Oberlehrer und Leutnant der Reserve im 6. Westfälischen Infanterie-Regiment Nr. 55, war ein Cousin zweiten Grades der Vorgenannten. Er wurde in Rietberg geboren und evangelisch getauft.[38] Sein Vater Georg Dietrich Wilhelm Ferdinand Ohly (1828–1904) war zunächst Kreissekretär in Ellerburg, dann Steuerempfänger und später Rentmeister in Bielefeld. 1854 hatte er in Oberkirchen Clara Auguste Louise Pape, eine Apothekertochter, geheiratet. Der Sohn heiratete 1888 in Kassel die Lehrertochter Paulina Emma Elisabeth Lange (1866–1945). Zu dieser Zeit war er Lehrer in Lemgo, 1893 berief man ihn an das Gymnasium in Minden, schon kurz darauf kam er nach Hamm und wurde Vorsitzender des Verbandes der Kriegervereine. Unter mehreren Veröffentlichungen Ohlys gab es den Druck der Rede, die er am Sedantag 1896 in Hamm hielt. Er war auch Vorsitzender des Vereins, der 1895 die Gründung der Hammer Volksbibliothek (heute Stadtbücherei) veranlasste. 1900 wurde er Direktor des Hansa-Gymnasiums in Bergedorf bei Hamburg. Ohly starb in Kassel.

Raab

Friedrich Ferdinand Gustav Raab (um 1815–1873), Sohn eines Schuhmachermeisters aus Potsdam und Unteroffizier im 1. Westfälischen Infanterie-Regiment Nr. 13, heiratete 1843 in der evangelischen Gemeinde in Münster Wilhelmine Amalie Feldhaus, die Tochter eines Uhrmachers aus Altena. Wenige Jahre später kam er als königlicher Chaussee-Wärter nach Hamm und wurde anschließend Steuerdiener, letztlich Gerichtsvollzieher. Er starb mit 58 Jahren an Wassersucht. Eduard Gustav Albert Raab wurde 1843 noch in Münster geboren. 1866 machte er den Feldzug gegen Österreich im 1. Garde-Regiment zu Fuß mit. 1869 trat er in das 13. Infanterie-Regiment ein. 1870 war er Unteroffizier der 5. Kompanie. Am 26. Januar 1871 führte er in Busy bei Besançon einen Halbzug[39] und besetzte befehlsgemäß eine Stellung mit großer Umsicht. Jeder seiner Männer war durch einen Felsblock oder einen Busch geschützt. Er selbst gab das Zeichen zum Feuern, indem er einen Franzosen durch einen wohlgezielten Schuss niederstreckte, als sich der Feind bis auf 50 Meter angenähert hatte. Dieser Angriff konnte abgewehrt werden, aber als eine feindliche Übermacht nahte, musste die Stellung aufgegeben werden. Dabei war Raab der letzte, der seinen Posten räumte. Ein Eisernes Kreuz 2. Klasse war der Lohn dafür. Als Feldwebel heiratete er 1873 in Hamm Margaretha Michaelis, die Witwe von Heinrich Köster, der bei Beaune-la-Rolande gefallen war. Raab bekam später eine Stelle als Gendarm in Gelsenkirchen und heiratete 1880 als Witwer in Schwerte Lina Schlüter, Tochter eines Wiesenbauers.

Schlickau

Johann Heinrich August Schlickau, Sohn eines Gefängniswärters, stammte aus Diesdorf bei Salzwedel und kam zum 11. Husaren-Regiment in Hamm. Als Gefreiter heiratete er 1836 Marie Catharine Sophie Elisabeth Trelle, die 1812 geborene Tochter eines Ackerknechtes aus Soest. Nach seiner Militärzeit wurde der ehemalige Unteroffizier Schlickau zunächst

Postschirrmeister und anschließend Gefangenenwärter in Hamm. Am ersten Weihnachtstag 1849 kam der Sohn Franz Friedrich Heinrich Schlickau zur Welt. Seine Mutter starb im November 1850, und der Vater ging 1851 in Soest eine neue Ehe mit Elisabeth (Lisette) Maria Bartholomäus ein. Schlickau junior war 1870 Unteroffizier der 7. Kompanie des 1. Westfälischen Infanterie-Regiments Nr. 13 und wurde am 14. August bei Metz von einer Kugel am linken Fuß getroffen. Am 22. Oktober konnte er geheilt zu seiner Kompanie zurückkehren. Schlickau wanderte wahrscheinlich später in die USA aus.

Schröder

Johann Diedrich Friedrich Schröder aus Schwerte war Unteroffizier im 1. Bataillon des 4. Garde-Landwehr-Regiments, stationiert in Hamm. 1834 heiratete er Johanna Clara Christina Hötte, die 1806 geborene Tochter eines Metzgermeisters. Nach seiner Militärzeit bekam Schröder eine Stelle als Kriminal-Hilfs-Aktuars, später wurde er Gerichtssekretär und schließlich Kanzleirat. Der Sohn Hermann Ludwig Schröder, geboren 1843, wurde Goldarbeiter und heiratete 1868 in Schwerte Luise Wilhelmine Caroline Schröder, Tochter eines Landwirts aus Villigst. 1870 wurde er Unteroffizier der 4. Kompanie des 1. Hannoverschen Infanterie-Regiments Nr. 74 und erhielt am 19. Mai 1871 ein Eisernes Kreuz 2. Klasse, da er am 6. August 1870 bei Saarbrücken eine Schusswunde am linken Bein erlitten hatte und in einem Lazarett in Kaiserslautern behandelt werden musste. Später arbeitete er zunächst als Juwelier, dann als Zahntechniker in Hamm. Schröder starb 1899 in seiner Wohnung in der Bahnhofstraße.

Simonson

Der jüdische Kaufmann David Simonson (1838–1914), ein Sohn von Caspar Simonson und Emma Isaac, stammte aus Wriezen in Brandenburg und ließ sich in Hamm nieder. 1870/71 wurde er offizierdiensttuender Feldwebel im 3. Westfälischen Infanterie-Regiment Nr. 16. Er war verheiratet mit Agnes Troplowitz (1842–1927) aus Gleiwitz. Simonson lebte später mit seiner Familie in Stettin und schließlich in Berlin und starb mit 75 Jahren in Schöneberg. Die in Hamm geborenen Kinder Emma, Eugen und Paula wurden Opfer der Judenverfolgung im Dritten Reich.

Staab

Adalbert Staab (1813–1888), evangelisch, wurde in Langenberg bei Velbert als Sohn des Musiklehrers und Organisten Leopold Staab (um 1765–1829) geboren. Sein Großvater, der Geiger Kaspar Staab (1723–1798) war ab 1753 zweiter und ab 1760 erster fürstbischöflicher Hofkonzertmeister in Fulda.

Der Enkel heiratete 1838 als Musiklehrer in Unna Sophia Henrietta Mathilda Bielefeld, Tochter eines Gerichtsassessors. 1841 wurde in Unna Adalbert Matthias Wilhelm Adolph Johannes Staab geboren. 1851 kam die Familie nach Hamm. Der Senior betrieb eine Pianofortehandlung in der Brüderstraße, wurde Dirigent in mehreren Hammer Chören und später Musikdirektor. Er komponierte auch und war Leiter des 1846 gegründeten Märkisch-Westphälischen Sängerbundes. Der Junior war 1870 Feldwebel im 2. Garde-Grenadier-Landwehr-Regiment und erlangte ein Eisernes Kreuz 2. Klasse. Nach dem Krieg bekam er eine Stelle als Kalkulator bei der Finanzverwaltung in Linden bei Hannover. 1872 fand in Hamm die Trauung mit Anna Luise Wilhelmine Christiane Gosebruch (1843–1917) statt, Tochter des Pfarrers Heinrich Gosebruch und Witwe des aus Utrecht stammenden Musiklehrers Friedrich Bruno Luer (1839–1869), den sie 1868 geheiratet hatte. Staab starb 1899 als Rechnungsrat in Hildesheim.

Steinau

Franz Theodor Steinau kam als Lehrer zur katholischen Elementarschule in Hamm und war verheiratet mit Maria Rosa Mey. Ihr Sohn Heinrich Theodor Carl Wilhelm Steinau (1793–1835) wurde ebenfalls Lehrer. Sein Bruder Johann Carl Heinrich Christian Steinau (1799–1859) wurde Hauptmann und Kompanieführer im 13. Infanterie-Regiment und heiratete 1842 in Münster Aloysia Antonetta Christina Fuisting (1813–1881). Deren Vater Wilhelm Fuisting war Kriminalrat und Justitiar des Vikariats in Münster. 1849 erfolgte Steinaus Beförderung zum Major, und er übernahm in Paderborn die Führung des 2. Aufgebots des 2. Bataillons des 15. Landwehr-Regiments. Er starb dort zehn Jahre später an Schwindsucht und Auszehrung.

Sein 1843 geborener Sohn Wilhelm Eduard Carl Maria Steinau lebte als Kaufmann in Köln und starb dort 1910. Er war verheiratet mit Maria Frings (1850–1926). Vermutlich war er identisch mit dem gleichnamigen Sekonde-Leutnant im Reserve-Landwehr-Bataillon (Köln) Nr. 40, welchen man der 2. Artillerie-Brigade zuteilte. Anschließend kam er zur Artillerie des 1. Bataillons des 4. Rheinischen Landwehr-Regiments Nr. 30 in Sankt Wendel. 1882 wurde er als Premier-Leutnant zum Reserve-Landwehr-Bataillon Nr. 80 in Frankfurt am Main versetzt. 1885 wurde ihm dort der Abschied im Rang eines Hauptmanns bewilligt.

Stern

Dr. phil. Reinhard August Stern (1804–1863), ein Sohn des Pastors und Superintendenten Johann Friedrich Stern aus Eckartsberga in Sachsen-Anhalt, kam 1834 nach Hamm und wurde Oberlehrer und Professor am

Gymnasium Hammonense. Seine erste Ehefrau Sophia Charlotte Sylvia Wiedmann stammte aus Ansbach und starb 1836 in Hamm im Alter von 33 Jahren nach einer Todgeburt. Der Witwer ging 1838 in Droyßig in Sachsen-Anhalt eine neue Ehe mit Amalie Döring ein, der Tochter eines Kreisdeputierten.

Der 1844 in Hamm geborene Sohn Paul Carl Reinhard Stern trat 1863 als Einjährig-Freiwilliger in das Westfälische Pionier-Bataillon Nr. 7 ein. 1864 nahm er am Sturm auf die Düppeler Schanzen teil. 1865 kam er als Sekonde-Leutnant zur 3. Ingenieur-Inspektion in Koblenz. 1866 nahm er auch am Krieg teil. 1868 zum Ingenieur-Offizier ernannt machte er 1870/71 als Ordonnanz-Offizier mehrere Schlachten und Belagerungen mit. Während der Schlacht bei Gravelotte übernahm er das Kommando über eine führerlos gewordene Einheit des 3. Westfälischen Infanterie-Regiments und erhielt dafür das Eiserne Kreuz 2. Klasse. Nach dem Krieg ließ er sich zum Holsteinischen Infanterie-Regiment Nr. 85 versetzen, wurde Premier-Leutnant und heiratete 1873 in Oldesloe Helene Wilhelmine Auguste Scheibel (1852–1935), Tochter eines Brauereibesitzers und Konsuls in Kiel. 1878 wurde Stern Hauptmann, 1889 Major, 1895 kam er als Oberstleutnant zum 2. Oberschlesischen Infanterie-Regiment Nr. 23. 1897 übernahm er als Oberst das 3. Westfälische Infanterie-Regiment Nr. 16. Mit dem Charakter eines Generalmajors erhielt er 1901 seinen Abschied. 1912 erlag Stern in Lübeck einem Schlaganfall.

Stute

Florenz Arnold Friedrich Stute (1788–1839) war Justizkommissar und Notar, zunächst in Iserlohn, danach in Soest. Aus seiner 1813 geschlossenen Ehe mit Christina Sophia Catharina Louisa Lent (1790–1871) ging 1829 in Iserlohn Friedrich Hermann August Stute hervor. 1850 wurde er als Auskultator am Hammer Appellationsgericht zugelassen. Als Gerichtsassessor in Duisburg heiratete er 1858 in der reformierten Soester Gemeinde die Katholikin Emilie Holle, Tochter eines Justizrats und Notars. 1863 wurde Stute Kreisrichter in Unna. 1866 übertrug man ihm das bis dahin interimistisch verwaltete Amt des Staatsanwaltes am Hammer Kreisgericht. 1870 war Stute Rittmeister und Führer der 2. Eskadron des 6. Reserve-Ulanen-Regiments.

Am 18. Januar 1871 trug er in einem Gefecht bei Roches durch einen Schuss eine Prellung an der linken Brustseite davon, konnte aber bei seiner Einheit bleiben. Für seinen Einsatz erhielt er ein Eisernes Kreuz 2. Klasse. Anschließend fungierte er als Garnisonsrepräsentant in Belfort. Nach dem Krieg wurde er der Kavallerie des 2. Bataillons (Unna) des 3. Westfälischen Landwehr-Regiments Nr. 16 zugeteilt. 1873 übernahm Stute die Stelle des Oberstaatsanwalts in Posen und kam entsprechend zur Kavallerie des 1. Posenschen Landwehr-Regiments Nr. 18. Stute starb 1878.

Vormann

Constantin Hermann Johann Wilhelm Vormann (1844–1887), katholisch, ein Sohn des Buchbinders Heinrich Vormann und der Wilhelmina Frackmann (um 1800–1882), war Füsilier der 10. Kompanie des 1. Hannoverschen Infanterie-Regiments Nr. 74 und trug bei Gravelotte einen Streifschuss an der linken Schulter davon. Er arbeitete als Anstreicher und heiratete 1871 die Witwe Sophie Brune, Tochter eines Zimmermanns, geboren in Horn bei Erwitte. Vormann erlag mit 42 Jahren einem Schlaganfall.

Wolfshohl

Johann Heinrich August Wolfshohl (1847–1879) kam in Hamm als Sohn des Kupferschmiedes Franz Diedrich Wolfshohl zur Welt, der 1832 Maria Catharina Middendorf geheiratet hatte. 1868 machte er sein Abitur, 1870 wurde er als Sekonde-Leutnant der Reserve des 3. Westfälischen Landwehr-Regiments Nr. 16 dem 1. Hannoverschen Infanterie-Regiment Nr. 74 zugeteilt. Er starb im Alter von 32 Jahren unverheiratet in Hamm.

Wüstefeld

Der Klempnermeister Nikolaus Wüstefeld (1814–1880) kam aus Mingerode bei Duderstadt nach Hamm. Er war verheiratet mit Theresia Derksen (1825–1867) aus Kleve. Ihr Sohn Gerhard Wilhelm Heinrich Wüstefeld (1849–1905), katholisch, gehörte 1870 zum 3. Westfälischen Infanterie-Regiment und wurde bei Mars-la-Tour vermisst. Nach seiner Rückkehr betätigte er sich als Klempner, später als Kaufmann, und heiratete 1879 Bernardine (Dina) Holtrup, Tochter eines Zimmermanns, geboren 1856 in Nordick und getauft in Herbern. Wüstefeld starb mit 56 Jahren im katholischen Krankenhaus in Hamm, seine Witwe 1933 in Schapdetten.

Kriegsgräber auf dem Ostenfriedhof

Der Friedhof an der Ostenallee wurde im Jahr 1800 als Gemeinschaftsfriedhof der katholischen, evangelisch lutherischen und reformierten sowie der jüdischen Gemeinde eröffnet. Er lag außerhalb der Stadtmauer, vor dem Berliner Tor. Die erste Bestattung betraf den zehn Jahren alten, am 18. Juni 1800 an Faulfieber verstorbenen Sohn von Franz Christoph Giesbert Johann Friedrich Wilhelm von Bodelschwingh zu Velmede (1754–1827), welcher 1785 in Methler Friederika Charlotta Sophia Wilhelmina Henrietta von Plettenberg (1768–1850) von Haus Heyde geheiratet hatte. Sie gehörten der reformierten Gemeinde an. Der erste beerdigte Lutheraner war am 2. Juli Johann Conrad Reinemer, an Auszehrung verstorben, mit 62 Jahren als Kompanie-Chirurg im Ruhestand. Er hatte 1767 in Hamm Augustina Wilhelmina Richter geheiratet, die 1741 geborene Tochter eines Sergeanten. Auf katholischer Seite wurde die erste Grabstelle auf dem neuen Friedhof für Maria Franziska Rackmann aus Geseke angelegt, verstorben mit circa 35 Jahren in Hamm, ebenfalls an Faulfieber.

Eine Besonderheit auf dem Ostenfriedhof liegt darin, dass im Deutsch-Französischen Krieg sowohl im evangelischen als auch im katholischen Teil verstorbene deutsche und französische Soldaten nebeneinander bestattet wurden. Bis auf wenige Ausnahmen starben sie in den Notlazaretten, die in der Schützenhalle des Bürgerschützenhofes[40], im Waisenhaus an der Brüderstraße sowie in den Gebäuden des Gutes Vorsterhausen eingerichtet worden waren.

Bei den Recherchen bezüglich der Einzelschicksale wurden mehrere Quellen ausgewertet und abgeglichen. Dabei handelt es sich um Kirchenbücher beider Konfessionen, militärische Verlustlisten, Regimentsgeschichten sowie französische Zivilstandsakten. Ferner sind die Listen der verwundeten Franzosen zu nennen, die als Kriegsgefangene nach Deutschland gebracht wurden, monatlich angelegt von Oktober 1870 bis Februar 1871 vom Internationalen Komitee des Roten Kreuzes in Genf.

Bei den französischen Opfern wurde generell versucht, in den Hammer Kirchenbüchern möglichst genaue Angaben zur Herkunft zu machen, das heißt, neben dem vermeintlichen Geburtsort (Kommune) wurden auch der Kanton, bisweilen das Arrondissement und schließlich das Departement angegeben. Dabei traten jedoch oftmals Fehler auf. Zum Beispiel wurde aus dem Namen Laurenceau „Lorenzot“ und aus dem Ort Saint-Jean-Lespinasse das Fantasiewort „Lespinatti“.

Die in Frankreich vorhandenen Archive auf Departement-Ebene verfügen über die seit 1792 geführten Zivilstandsakten mit Angaben zu Geburten, Heiraten und Sterbefällen. Zum Teil kamen jedoch Nachrichten über den Tod eines Soldaten in Deutschland gar nicht oder erst mit erheblicher zeitlicher Verzögerung im Heimatort an.

In Paris fielen sowohl die Zivilstandsakten als auch die Kirchenbücher aus der Zeit vor 1860 im Mai 1871 einem Brand zum Opfer, so dass dort Geburten beziehungsweise Taufen nur auf Umwegen gefunden werden können.

Die evangelischen Opfer

Die Liste der Sterbefälle des Jahres 1870 im evangelischen Garnisonskirchenbuch beginnt mit dem 21-jährigen Christian Link, der am ersten März tot aufgefunden wurde, nachdem ihn ein Eisenbahnzug überfahren hatte. Als Bestattungstermin wurde wohl fälschlich der 4. Februar eingetragen, denn es dürfte der 4. März gewesen sein. Link war Musketier im 2. Bataillon des 1. Westfälischen Infanterie-Regiments Nr. 13. Er stammte aus Giersdorf bei Neuwied und hinterließ seine verwitwete Mutter.

Carl Friedrich Hermann Ehrke wurde um 1836 geboren. Als Unteroffizier der 1. Eskadron des Litauischen Ulanen-Regiments Nr. 12 heiratete er 1863 in Friedland in Ostpreußen Henriette Behrendt, die Tochter eines Losmanns[41] und Stieftochter eines Ackersmanns. Damit wurde ein 1862 unehelich in Insterburg geborener Sohn des Paares legitimiert. 1863 und 1865 folgten in Friedland weitere Geburten. Nach der Annexion Hannovers durch Preußen 1866 und der Übernahme der hannoverschen Armee in die preußische, kam Ehrke mit dem 2. Hannoverschen Ulanen-Regiment als Sergeant der 4. Eskadron nach Hamm. Dort wurde 1868 ein weiterer Sohn geboren. Der Vater starb am 5. März 1870 an einer Lungenentzündung in Verbindung mit gastritischem Fieber. Seine Witwe blieb mit vier minderjährigen Kindern zurück. Sie lebte später in Danzig und ging eine neue Ehe mit einem Tischlermeister namens Murawski ein.

Die erste Grabstelle wurde zur Bestattung Gerhard Friedrich Heinrich Ludwig Eßmanns verwendet. Der 1844 Geborene stammte aus Hüde[42] am Dümmer-See, bei Diepholz, und wurde im benachbarten Burlage getauft. Seine Eltern waren der Leibdiener und Hauswirt[43] Johann Heinrich Ludwig Eßmann und Sophie Margarethe Fette. Sie hatten 1840 geheiratet. Der Junggeselle Eßmann gehörte 1870 zur 5. Kompanie des Hannoverschen Füsilier-Regiments Nr. 73. Am 14. August wurde er durch einen Schuss an einem Unterarm verletzt. Zunächst stufte man die Verwundung als leicht ein, Eßmann starb jedoch an den Folgen am 2. September. Die Königliche

Garnison-Lazarett-Kommission in Hamm stellte einen Totenschein aus, anhand dessen auch im Burlager Kirchenbuch am 2. November 1870 ein entsprechender Sterbeeintrag angelegt werden konnte.

Unter den evangelischen Opfern fällt ein Franzose auf, im Garnisonskirchenbuch zunächst eingetragen als „Heinrich Däffler", wobei der Vorname in „Jacob" abgeändert wurde. Jacques Daeffler wurde 1844 in Hoerdt im Unter-Elsass, wenige Kilometer nördlich von Straßburg, geboren und evangelisch getauft. Der Ort gehörte bis zur französischen Revolution zur Grafschaft Hanau-Lichtenberg und hatte sich 1570 der lutherischen Konfession angeschlossen.[44] Die Eltern des Toten, der Tagelöhner Jean Georges Daeffler (1812–1901) und Anne Geissler (1804–1868), hatten 1836 geheiratet. Er selbst arbeitete in der Landwirtschaft. 1867 wurde er Vater einer unehelichen Tochter, die den Namen Catherine erhielt. Die Mutter, Madeleine Schultz, geboren 1845, blieb unverheiratet. Bei der Trauung der Tochter im Jahr 1885 mit dem Witwer Philippe Jung (1855–1941) in Hoerdt wurde im Standesamtsregister notiert, dass der Vater der Braut verschollen sei. Bis zum heutigen Tage war es nicht bekannt, dass sich sein Grab in Hamm befindet. Daeffler war Soldat im 2. Bataillon des 1. Französischen Infanterie-Regiments und starb am 6. September 1870 an einer Blutvergiftung. Das Regiment, dessen Wurzeln auf das Jahr 1479 zurückgehen, geriet nach der Kapitulation von Metz am 27. Oktober 1870 in Kriegsgefangenschaft.

Carl Wilhelm Ludwig Wellner, Füsilier der 3. Kompanie des Magdeburger Füsilier-Regiments Nr. 36, starb am 9. September im Reserve-Lazarett an den Folgen einer Schusswunde. Im Garnisons-Kirchenbuch ist irrtümlich vom linken Oberschenkel die Rede, im Sterbebuch der 18. Infanterie-Division wird ein Schuss durch die linke Ferse in Verbindung mit „Eiterfieber" als Todesursache genannt. Einen dritten Eintrag gibt es im Kirchenbuch der Gemeinde Niedergörne. Darin steht als Todesursache „Am Eiterfieber nach der am 18. August 1870 bei Gravelotte erhaltenen Wunde am Unterschenkel". Wellner wurde 1844 in Niedergörne in Sachsen-Anhalt, Regierungsbezirk Magdeburg, geboren, als Sohn des Tagelöhners Johann Friedrich Carl Wellner und seiner Ehefrau Marie Sidonia Karstedt.

Gottfried Fromm wurde 1846 in Wolfsdorf (Wierciny) in der Niederung geboren und in Neuheide (Jegłownik) im Landkreis Elbing (Elbląg) in Westpreußen getauft. Seine Eltern hießen Gottfried Fromm und Regina Müller. Er war 1870 Musketier im 8. Ostpreußischen Infanterie-Regiment Nr. 45, 1. Kompanie, und erlitt am 31. August in einem Gefecht bei Colombey, östlich von Metz, eine Schusswunde am linken Bein. Zunächst kam er in das

Lazarett, welches die Preußen ca. 6 km südöstlich im Bahnhof des Ortes Courcelles-sur-Nied eingerichtet hatten. Von dort transportierte man Fromm nach Hamm, wo er am 13. September an den Folgen der Verwundung in Verbindung mit einer Unterleibsentzündung starb. Außer dem Sterbeeintrag im Hammer Garnisonskirchenbuch existiert auch ein solcher im Sterberegister des Regiments, vorgenommen von dem Divisionspfarrer Saran.[45]

Heinrich Schultz, 25 Jahre alt, war Füsilier in der 10. Kompanie des 2. Garde-Grenadier-Regiments.[46] Er starb am 15. September an den Folgen einer Schusswunde am rechten Unterschenkel, die er am 18. August bei Saint-Privat erlitten hatte, und wurde am folgenden Tag bestattet. Nach den Angaben in der amtlichen Verlustliste kam er aus „Jäckerich“ im Kreis Königsberg in der Neumark (Brandenburg). Möglicherweise war damit Jädickendorf (heute Godków in Polen) gemeint.

Johann Christian Gottfried Lodig kam aus Hohenbocka in Brandenburg. Er wurde 1839 geboren, als Sohn des Halbhüfners[47] Matthes Lodig. 1867 heiratete er im benachbarten Großräschen Johanne Marie Auguste Fiedler, die Tochter eines Ziegelmeisters. Als Gefreiter der 6. Kompanie des 1. Westpreußischen Landwehr-Regiments Nr. 6 starb er am 17. September in Hamm an Typhus. Seine Witwe ging 1872 in Großräschen eine neue Ehe ein mit dem ebenfalls verwitweten Johann Gottlieb Zimmermann genannt Matschke, einem Häusler aus Dobristroh.

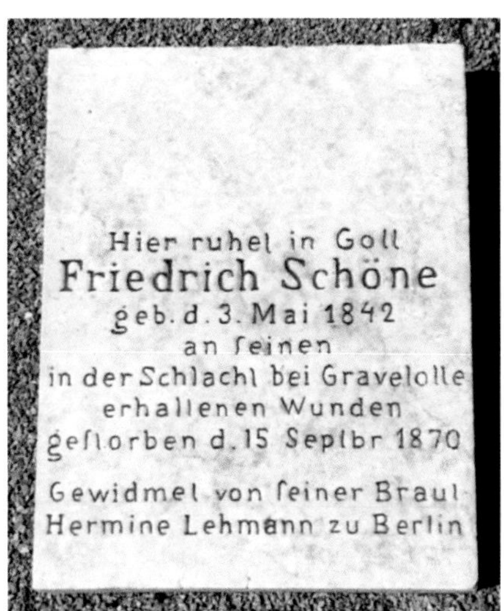

Hier ruhet in Gott
Friedrich Schöne
geb. d. 3. Mai 1842
an seinen
in der Schlacht bei Gravelotte
erhaltenen Wunden
gestorben d. 15 Septbr. 1870.
Gewidmet von seiner Braut
Hermine Lehmann zu Berlin.

Grabstein Schöne

Friedrich Gottfried Schöne, Jahrgang 1842, stammte aus Triestewitz bei Torgau in Nordsachsen. Seine Eltern hießen Carl August und Marie Schöne. Er war 1870 Gefreiter der 1. Kompanie des 2. Garde-Grenadier-Regiments und wurde am 18. August bei Gravelotte durch einen Schuss in das linke Knie schwer verwundet. Schöne starb am 15. September in Hamm. Seine Braut, die ihm einen Grabstein widmete, lässt sich nicht eindeutig identifizieren, da es im fraglichen Zeitraum in Berlin mehrere Kandidatinnen mit dem Namen Hermine Lehmann gab. Vielleicht handelte es sich um die Kaufmannstochter, die 1916 im Alter von 70 Jahren, ledig, in der Irrenanstalt in Buch bei Pankow verstarb.

Am 29. September starb in Hamm ein Füsilier des 6. Pommerschen Infanterie-Regiments Nr. 49 an einer „Eitervergiftung“. Er wurde am 1. Oktober begraben. Als Namen notierte man im Militärkirchenbuch Ludwig „Koppischky“ und als Herkunftsort „Kramhaus“ im Regierungsbezirk „Coeslin“. Das Alter wurde mit 21 Jahren, 7 Monaten und 28 Tagen sehr präzise angegeben. Auf dem zugehörigen Grabstein findet man noch heute die Inschrift „Kopssischky“. Der richtige Name lautete allerdings Ludwig Kopischke. Er gehörte zur 9. Kompanie des 49. Regiments und wurde am 18. August bei Gravelotte durch einen Schuss am rechten Fuß verwundet. Laut amtlicher Verlustliste wurde er zunächst vom Sanitäts-Detachement der 4. Infanterie-Division aufgenommen und anschließend in das Reserve-Lazarett in Hamm verlegt. Er kam aus Gramhaus (Chwalice), einem Vorwerk der Gemeinde Klein Volz, im Landkreis Rummelsburg (Miastko), Regierungsbezirk Köslin (Koszalin), in Hinterpommern.

Grabstein Kopischke, fehlerhaft beschriftet

Carl Gottfried Thielmann[48] kam 1844 in Weddinghofen bei Bergkamen zur Welt und wurde im benachbarten Methler getauft. Seine Eltern waren der aus Brackel stammende Tagelöhner und Brinksitzer[49] Johann Heinrich

Thielmann (um 1799 – 1853), katholisch, und die Webertochter Johanna Sophia Knäpper, evangelisch. Deren evangelische Trauung hatte 1825 in Kamen stattgefunden. Die Mutter ging 1855 als Witwe mit neun Kindern eine weitere Ehe mit dem ebenfalls verwitweten Tagelöhner Johann Diedrich Wilhelm Stoltefuß ein. Der junge Thielmann wurde Hüttenarbeiter und 1870 Musketier in der 3. Kompanie des 3. Westfälischen Infanterie-Regiments Nr. 16. In der Schlacht bei Mars-la-Tour am 16. August wurde er schwer an einem Oberschenkel verwundet, und das Bein musste amputiert werden. Während des Lazarettaufenthaltes in Hamm kam Typhus hinzu, und sein Leben endete am 30. September. Thielmann wird mit einem weiteren Opfer des Krieges 1870/71 auf dem 1926 errichteten Kriegerdenkmal in Weddinghofen genannt.

Friedrich Wilhelm Ernstmeier wurde 1845 in Hohenhausen im Kreis Lemgo geboren und reformiert getauft. Seine Eltern, der Bauer Hermann Konrad Ernstmeier genannt Deppe und Sofia Florentina Lenjer (1812 – 1896) aus Lehmkuhle, hatten 1836 geheiratet. Er selbst wurde Ziegelarbeiter und heiratete am 10. April 1870 Karoline Wilhelmine Rumbke (1845 – 1906), die Tochter eines Straßenkötters.[50] Sie hatte 1867 einen unehelichen Sohn bekommen, welcher die Nottaufe erhielt und nach wenigen Tagen starb. Der Vater blieb unbekannt. Ernstmeier wurde Füsilier in der 12. Kompanie des 6. Westfälischen Infanterie-Regiments Nr. 55. Am 2. Oktober 1870 erlag er in Hamm der Durchfallkrankheit Ruhr. Seine Witwe ging 1874 eine weitere Ehe mit dem Ziegler Heinrich Adolph Fasse aus Bösingfeld ein.

Carl August Fröhmer, Dragoner der 3. Eskadron des 1. Hannoverschen Dragoner-Regiments Nr. 9, starb am 12. Oktober 1870 an Typhus. Für ihn wurde auch im Todes- und Begräbnisbuch der 37. Infanterie-Brigade ein Sterbeeintrag angelegt. Daraus geht hervor, dass Pastor Richter in Hamm die Bestattung durchführte. Fröhmer stammte aus Mahnau (Maniów) im Kreis Glogau (Głogów) in Niederschlesien. Sein Vater war der Jäger Fröhmer.

Adam Zeber stammte aus Jossa bei Schlüchtern in Hessen. Die Eltern des 1846 Geborenen und evangelisch Getauften waren Johann Peter Zeber und Anna Maria Zeller. Als Musketier der 9. Kompanie des 2. Thüringischen Infanterie-Regiments Nr. 32 wurde Zeber am 1. September 1870 bei Sedan schwer verwundet. Nach der amtlichen Verlustliste traf ihn ein Schuss in einer Seite, nach dem Sterbeeintrag im linken Oberschenkel. Anschließend kam er nach Hamm und starb dort am 15. November 1870 im katholischen Waisenhaus. In Jossa überbrachte zunächst ein Kamerad Zebers, der

Musketier Gustav „Dinnendall“[51], die Todesnachricht. Später folgte eine offizielle Mitteilung seitens der Hammer Lazarettkommission.

Diedrich August Flachmann kam 1847 in Milse zur Welt und wurde in Heepen bei Bielefeld getauft. Seine Eltern, der Heuerling Heinrich Christoph Flachmann und Hanne Friederike Heitbrink, hatten 1842 geheiratet. Als Füsilier der 12. Kompanie des Niederrheinischen Füsilier-Regiments Nr. 39 wurde er am 6. August 1870 durch einen Schuss in die linke Schulter schwer verwundet und in ein Lazarett in Saarbrücken eingeliefert. Am 8. Oktober kehrte er geheilt zum Regiment zurück. Kurze Zeit später erkrankte er an der Ruhr und kam mit einem Krankenzug nach Hamm. Dort starb er bei der Ankunft am Abend des 22. Oktober noch auf dem Bahnhof.

Grabstein Rothenburg

Friedrich <u>Carl</u> Rothenburg wurde am 3. März 1840 „Unter den Linden“ in Berlin geboren, als Sohn des Tapezierers Friedrich <u>Wilhelm</u> Rothenburg und der Louise <u>Caroline</u> Graffunder, die 1827 geheiratet hatten. Der Großvater Friedrich Rothenburg war Kaserneninspektor in Anklam in Vorpommern, der Enkel Unteroffizier der 3. Kompanie des 19. Landwehr-Regiments. Er starb am 19. November 1870 in Hamm an gastritischem Fieber. Seine Braut und seine Angehörigen widmeten ihm einen besonderen Grabstein, auf dem allerdings seit einer Restaurierung Fehler in den Daten vorliegen.

Heinrich <u>Ludwig</u> Hermstrüwer wurde 1848 in Blankenhagen geboren und in Gütersloh getauft. Seine Eltern, der Heuerling Heinrich Ludwig Hermstrüwer (1811–1891) und Maria Catharina Drewel (1819–1880), hatten 1841 geheiratet. Er war 1870 Artillerist im Westfälischen Feldartillerie-Regiment Nr. 7 und starb am 19. November in Hamm an einer Unterleibsentzündung.

Grabstein Hermstrüwer, fehlerhaft beschriftet

Sein 1844 geborener Bruder Heinrich Ludwig Hermstrüwer war Unteroffizier der 10. Kompanie des 2. Westfälischen Infanterie-Regiments Nr. 15. Er wurde bei Sedan verwundet und starb am 20. März 1871 in einem Krankenhaus in Rostock.

Christian Gottschall stammte aus dem Dorf Bärwalde im Kirchspiel Wargen bei Königsberg in Ostpreußen und war Kanonier in der 3. Festungskompanie der 3. Artillerie-Brigade. Er starb am frühen Morgen des 24. Dezember 1870 an Typhus. Das Alter wurde mit 31 Jahren notiert.

Carl Brammer, der am 3. März 1871 an Gehirnentzündung starb, gehörte zur 5. Eskadron des 2. Garde-Dragoner-Regiments. Dieses Regiment war im Mai 1860 gestiftet worden und gehörte zum Garde-Korps in Berlin. 1866 nahm es am Krieg gegen Österreich teil. Brammer wurde 1845 in Ehlersdorf bei Rendsburg geboren und in Bovenau getauft, als Sohn des Tagelöhners Christian Friedrich Siegfried Brammer (um 1812–1891) und der Elisabeth (Elise) Catharina Margarethe Fahl (um 1814–1881). Auf einer Gedenktafel für die Opfer des Krieges 1870/71 in der Kirche in Bovenau wird Carl Brammer Kluvensiek zugeordnet, da Ehlersdorf zu diesem Gutshof gehörte. Die besagte Tafel trägt auch die Namen von fünf weiteren Toten, die aus den Orten Osterrade, Kronsburg und Rolfshörn in Schleswig-Holstein stammten.

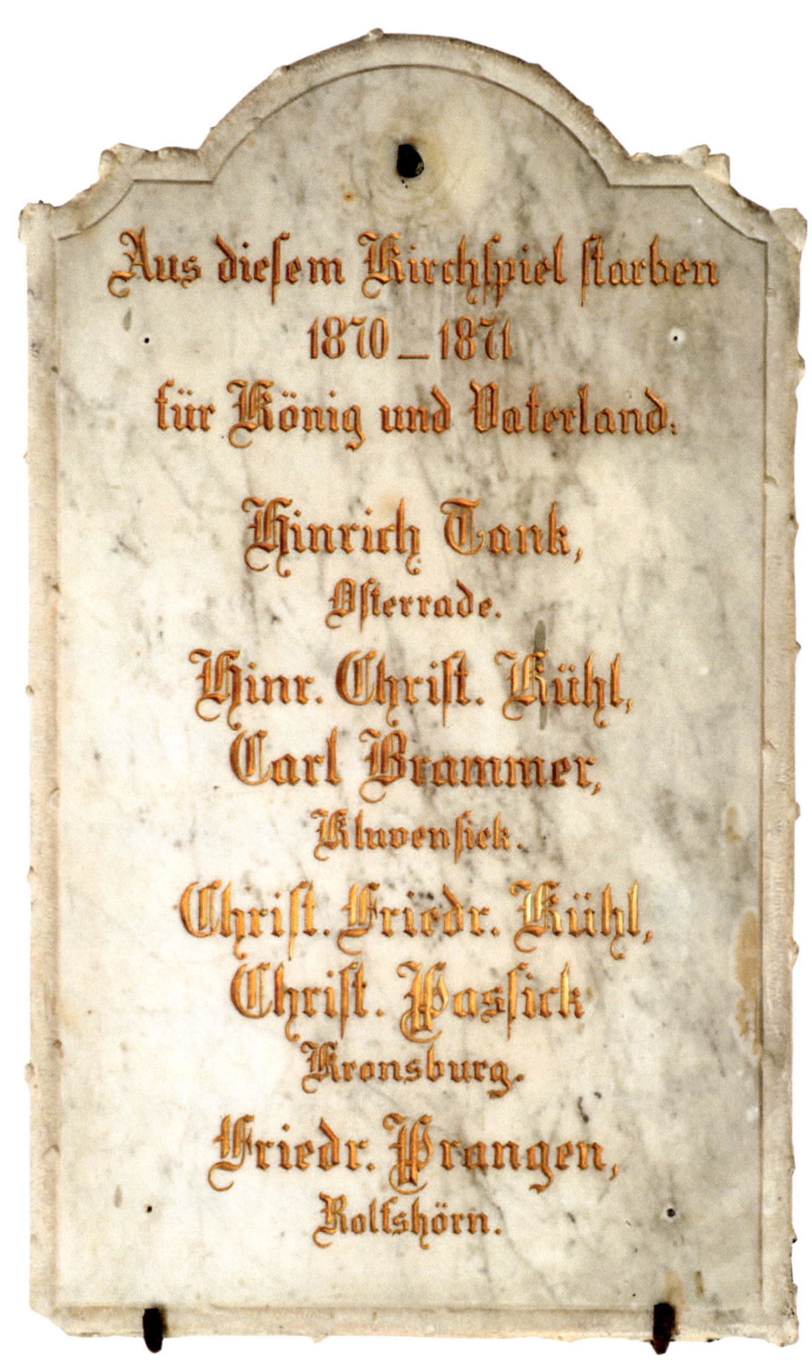

Gedenktafel in der Kirche in Bovenau

Christian Heinrich Windisch, Musketier in der 6. Kompanie des 7. Thüringischen Infanterie-Regiments Nr. 96, starb am 12. März 1871 an einer Unterleibsentzündung. Dieses Regiment war 1867 entstanden, als das Fürstentum Schwarzburg-Rudolstadt dem Norddeutschen Bund beitrat und dessen Soldaten unter preußischen Oberbefehl gestellt wurden. 1870/71 gehörte die Einheit zur 16. Infanterie-Brigade. Nach dem Eintrag im Hammer Garnisonskirchenbuch stammte Windisch aus „Feuereuth" im Landkreis Greiz. Gemeint war Fraureuth, ehemals zu Thüringen gehörig, seit 1952 zu Sachsen. Dort kam Windisch 1844 als Sohn des Fleischhauermeisters Christian Heinrich Windisch und dessen Ehefrau Christiane Friederike Schubert zur Welt. Er war das fünfte Kind und der dritte Sohn des Paares. Im Sterbebuch der Gemeinde Fraureuth wurde 1871 auch ein entsprechender Eintrag vorgenommen. Der Grabstein in Hamm wurde irrtümlich mit „Windeisch" beschriftet.

Grabstein Windisch, fehlerhaft beschriftet

Conrad Wilhelm Otto Hellmund (Hellmundt) wurde 1844 in Soldin (Myślibórz) in Westpommern geboren. Sein Vater, der Tischler Andreas Hellmund, Jahrgang 1819, stammte aus Eisenach. Die Mutter hieß Caroline Frick. Der Sohn wurde 1864 als Militärpflichtiger eingezogen. 1870/71 gehörte er zur Handwerkerabteilung[52] des Braunschweigischen Infanterie-Regiments Nr. 92. Um 1868 heiratete er Emilie Kommeda, und in Berlin wurde ein Sohn geboren. Hellmundt starb am 23. März 1871 in Hamm an Typhus. Seine Witwe lebte in Berlin und bekam dort 1875 einen weiteren außerehelichen Sohn.

Christian Brodersen stammte aus Almdorf bei Husum in Nordfriesland. Geboren wurde er am 24. Oktober 1847, getauft am folgenden Tag im benachbarten Breklum. Er war ein Sohn von Broder Peter Brodersen und Anna Maria Feddersen. 1868 trat er in die 1. Kompanie des Schleswigschen

Festungs-Artillerie-Regiments Nr. 9 ein und starb am 6. April 1871 in Hamm an Pyämie, einer speziellen Form der Blutvergiftung. 1872 wurde auch im Kirchenbuch der Gemeinde Breklum ein entsprechender Eintrag vorgenommen. Daraus geht hervor, dass Brodersen auf Gut Vorsterhausen verstarb. Dementsprechend trägt sein Grabstein die folgende Inschrift:

HIER RUHT
Christian Brodersen.
Kan: 1te Comp: Schlesw. Fest: Art:
geb: in Almdorf Kreis Husum
d: 25te Octb: 1847.
gest: im Lazareth zu Vorsterhausen
d: 6te Apr: 1871.
PS: 16 V. 6. BAR: 4. V. 11.

Grabstein Brodersen

Die letzte Zeile verweist im ersten Teil auf Psalm 16, Vers 6, welcher lautet: „Das Los ist mir gefallen auf liebliches Land; mir ist ein schönes Erbteil geworden.“ Der zweite Teil steht für das Buch Baruch 4, Vers 11: „Ich habe sie mit Freuden großgezogen; mit Weinen aber und Herzeleid musste ich sie fortschicken.“

Daniel Gottlieb Draheim wurde 1847 in Sakollnow[53] bei Flatow im Regierungsbezirk Marienwerder in Westpreußen geboren und in Tarnowke (Tarnówka) getauft. Seine Eltern, Michael Draheim (1817–1863) und Anna Rosine Riek (um 1813–1866), hatten 1841 geheiratet, wobei die Mutter zuvor ab 1834 mit Martin Kriesel (um 1806–1840) verheiratet gewesen war. Draheim hatte als Knecht gearbeitet, ehe er 1869 als Füsilier in die 10. Kompanie des 4. Pommerschen Infanterie-Regiments Nr. 21 eintrat. Er starb am 12. April 1871 im Reservelazarett in Hamm an Lungenschwindsucht.[54] Er hinterließ nur seinen 1841 geborenen Bruder Carl Christoph Draheim als Häusler und Arbeitsmann in Sakollnow.

Martin „Schröder", Grenadier der 2. Kompanie des 7. Ostpreußischen Landwehr-Regiments Nr. 44, starb am 12. Juni 1871 an Wassersucht und wurde am folgenden Tag bestattet. Laut Sterberegistereintrag war er am 12. Oktober 1831 geboren worden und hinterließ seine Ehefrau Pauline in Freystadt (Kisielice) im Kreis Rosenberg im westpreußischen Regierungsbezirk Marienwerder (Kwidzyn). Es handelte sich um den in Heinrichau (Jędrychowo) geborenen und in Langenau (Łęgowo) evangelisch getauften Sohn von Johann Schröter (Schrödter) und Caroline Knipke. Als Zimmergeselle hatte er 1861 Pauline Riemer, verwitwete Kollwer, geheiratet. Der Vater des Bräutigams, ein Kutscher, war in Gulbien (Gulb) verstorben.

Zumindest ein auswärtiger Soldat, der in Hamm starb, wurde nachweislich in seinem Heimatort bestattet. Wilhelm Goßmann genannt Bauerfrohn kam 1849 in Fröndenberg zur Welt. Seine Eltern waren der Kötter Diedrich Goßmann genannt Bauerfrohn und Wilhelmine Veuhoff. Als Füsilier der 10. Kompanie des 3. Westfälischen Infanterie-Regiments Nr. 16 wurde er am 16. August 1870 bei Mars-la-Tour verwundet und mit dem Eisernen Kreuz 2. Klasse ausgezeichnet. An den Folgen der Verwundung starb er am 2. September im Militärlazarett zu Hamm und wurde am 4. September in Fröndenberg beerdigt.

Heinrich Strickroth stammte aus dem Ort Freiheit bei Osterode am Harz. Er war Krankenwärter im VII. Armeekorps. Nach einer Dienstzeit von 2 ¾ Jahren erlitt er am Vormittag des 1. August 1871 in Hamm tödliche Verletzungen, als er von einem Eisenbahnwaggon überfahren wurde. Nach den Angaben im Garnisonskirchenbuch wurde er in Hamm begraben, eine Grabstelle auf dem Ostenfriedhof ist allerdings nicht bekannt.

Im Garnisonskirchenbuch werden einige weitere Verstorbene genannt, die zwar nicht in Hamm bestattet wurden, aber der Vollständigkeit halber dennoch behandelt werden sollen.

Friedrich Wilhelm Martin Härighausen wurde 1843 in Wolfenbüttel geboren. Sein Vater war der Maurergeselle Johann Heinrich Martin Härighausen, die Mutter hieß Friederike Charlotte Möhle. Er wurde Zeugschmied[55] und war 1870 Reservist, da er bereits sechs Jahre beim Militär gedient hatte. Man zog ihn als Musketier zur 2. Kompanie des Braunschweigischen Infanterie-Regiments Nr. 92 ein. Er starb am 22. März 1871 im Hammer Reserve-Lazarett an Typhus. Der Leichnam wurde nach Wolfenbüttel gebracht und dort am 26. März mit militärischen Ehrenbezeugungen auf dem Kirchhof vor dem Herzogtor beigesetzt.[56] Härighausens Namen findet man neben vielen anderen auf dem Kriegerdenkmal vor dem alten Zeughaus in Wolfenbüttel.

Carl Theodor Richter kam 1850 in Wesel zur Welt, als sein Vater, Franz Heinrich Theodor Richter, dort noch Sergeant im 13. Infanterie-Regiment war. Die Mutter hieß Maria Louisa Friederika Basenau. Später zog die Familie nach Hamm, da der Vater dort eine Stelle als Chaussee-Aufseher bekam. Der Sohn war 1870 Ulan im 2. Hannoverschen Ulanen-Regiment, dessen 4. Eskadron in Hamm stationiert war. Er starb während eines Aufklärungsgefechts am 24. November bei Mezières durch einen Kopfschuss.

Ein weiteres Todesopfer wird im Hammer Garnisonkirchenbuch nicht genannt, und auch auf den Grabsteinen fehlt sein Name. Es gibt jedoch einen – wahrscheinlich fehlerhaften – Eintrag in der Feld-Toten-Liste der 13. Infanterie-Division. Demnach starb Heinrich Friedrich Hermann Fiene am 25. März 1871 in Hamm an gastritischem Fieber. Als Füsilier der 11. Kompanie des 6. Westfälischen Infanterie-Regiments Nr. 55 hatte er am 14. August bei Metz Verletzungen durch Granatsplitter am Kopf und in der rechten Schulter erhalten, konnte aber bei seiner Kompanie bleiben. Als Herkunftsort nannte man Eschenbruch bei Blomberg im Kreis Detmold. Dementsprechend findet man Fiene auch unter den sechs Opfern des Krieges 1870/71, die auf dem Kriegerdenkmal in Blomberg genannt werden, und für die im Kirchenbuch der dortigen reformierten Gemeinde Sterbeeinträge vorgenommen wurden. Bei Fiene handelte es sich um das 1847 geborene, vierte Kind von Hermann Heinrich Georg Ulm genannt Fiene und Amalia Dorothee Eichmann, die 1841 geheiratet hatten. In den Angaben zu den Todesumständen heißt es, er wäre am 20. November im Duisburger Reserve-Lazarett an Typhus gestorben.

Die katholischen Opfer

In einem der separat geführten Sterbebücher der Sankt-Agnes-Gemeinde findet man Einträge für zwei Gemeine der 4. Eskadron des 4. Kürassier-Regiments, die Anfang Oktober 1866 in Hamm an der Cholera starben. Theodor Brücker, geboren 1843, stammte aus Appeldorn bei Kalkar am Niederrhein. Seine Eltern hießen Gerhard Brücker und Dorothea Röös. Hermenegild Reich kam aus Empfingen bei Horb am Neckar. Er wurde 1841 als Sohn von Mathias Reich und Barbara Bäcker geboren.

Ansichtskarte der Sankt-Agnes-Kirche, um 1910

1870 gab es bereits vor dem Kriegsausbruch Todesfälle. Johann Wilhelm Hölscher, geboren 1846 in Enniger, Musketier in der 7. Kompanie des 1. Westfälischen Infanterie-Regiments Nr. 13, starb am 5. April an einer Lungenentzündung. Seine Eltern waren der Glaser Carl Hölscher und Catharina Wellendorf.

Bernard Heinrich Greiteneverd (Greitenevert) wurde 1846 in Wennig bei Ochtrup im Münsterland geboren, als Sohn des Leibzüchters[57] Bernard Greiteneverd und der Gertrud Kaiser, die seit 1838 ein Ehepaar waren. Er wurde Musketier der 8. Kompanie des 1. Westfälischen Infanterie-Regiments Nr. 13 und starb am 7. April 1870 an Nervenfieber (Typhus).

Die Sterbeeinträge aus der Kriegszeit beginnen mit einem Opfer, das nicht in Hamm beigesetzt wurde. Friedrich Wilhelm Althoff wird auf dem Germania-Denkmal genannt und daher in dem zugehörigen Kapitel behandelt. Es folgen weitere Verstorbene in der Reihenfolge der Kirchenbucheinträge.

Franz Wilhelm Hagen stammte aus Fürstenberg in Westfalen. Er wurde 1844 als Sohn des Tagelöhners Johann Joseph Hagen (Jahrgang 1803) geboren, welcher 1833 Maria Anna Klinke (1810–1868) geheiratet hatte. Er hatte selbst auch als Tagelöhner gearbeitet und war Gefreiter der 6. Kompanie des 6. Westfälischen Infanterie-Regiments Nr. 55. Am 14. August 1860 trug er bei Metz Schusswunden am Kopf sowie an Ober- und Unterschenkel davon. Hagen starb daran am 22. August in Hamm und wurde zwei Tage später bestattet.

Die katholischen Kriegsgräber auf dem Ostenfriedhof

Die Gesamtzahl der französischen Kriegsgefangenen wird auf rund 384.000 geschätzt. Etwa 18.000 von ihnen starben. Es wurden rund 250 Gefangenenlager angelegt, zum großen Teil in deutschen beziehungsweise preußischen Orten, die mehr oder minder weit von der Front entfernt waren. Zum Beispiel beträgt die Entfernung von Metz bis Danzig etwa 1.300 km. Der Transport erfolgte im Wesentlichen mit der Eisenbahn. In Westfalen betraf dies außer Hamm auch Minden. In Rheinpreußen sind Bingerbrück, Bonn, Deutz, Düsseldorf, Koblenz, Köln, Neuwied und Wesel zu nennen. Die Dauer der Gefangenschaft lag zwischen zwei und zehn Monaten, nur Freischärler wurden erst 1872 begnadigt. Die Mehrheit der Franzosen gehörte der katholischen Konfession an.

Aus den Angaben zu Etienne Garny geht hervor, dass er 24 Jahre alt war und aus einer Kommune namens Cronce im Departement Haute-Loire stammte. Weiter heißt es, er wäre Soldat im 93. Infanterie-Regiment gewesen.[58] Er starb in Hamm am Nachmittag des 25. August an einem Starrkrampf infolge einer erlittenen Verwundung. Die Beisetzung fand drei Tage später statt. Am 26. Dezember 1872 nahm der Bürgermeister von Cronce einen Eintrag im Zivilregister vor, anhand einer Mitteilung des französischen Kriegsministeriums, angefertigt in Versailles am 23. Dezember. Demnach war ein Soldat des 93. Infanterie-Regiments namens Garny, gebürtig aus dem „Departement Epinal"[59], am 25. August 1870 im „katholischen Hospiz" in Hamm an Wundbrand verstorben. „Aufgrund des Zustandes seiner Zunge"[60] konnte er vor seinem Tod keine weiteren Angaben zu seiner Person machen. Er besaß nichts außer seiner Militärbekleidung. Der Verstorbene war fünf Fuß und fünf Zoll groß, hatte schwarze Haare und einen Schnurrbart und war zwischen 22 und 25 Jahre alt. Als besondere Merkmale beschrieb man seine Tätowierungen, auf dem rechten Arm eine männliche Figur, auf dem linken eine weibliche, mit Vögeln, vermutlich Tauben, darüber, das Ganze in blauer Farbe.

Der älteste in Hamm verstorbene Franzose war mit 34 Jahren Antoine Adolphe Gédéon Grosgogeat, Junggeselle und Soldat in der 5. Kompanie des 57. Infanterie-Regiments. Er erlag am 31. August den zuvor erlittenen Wunden. Geboren wurde er 1836 in dem Ort Lancrans, im Kanton Collonges im Departement Ain. Seine Eltern waren der Bauer Antoine Marie Grosgogeat und Marie Rendu. Im Oktober 1871 nahm der Bürgermeister von Lancrans einen entsprechenden Sterbeeintrag im Zivilregister vor, nachdem im Monat zuvor in Bordeaux ein ministerieller Totenschein erstellt worden war. Irrtümlich nannte man darin Hannover als Sterbeort. Interessant ist auch, dass der Verstorbene als „Soldat 2. Klasse" registriert war. Die erste Klasse hätte er als Gefreiter erreicht.

Jean Badoin (Baduin) stammte nach seinem Sterbeeintrag ebenfalls aus Lancrans. Er gehörte zur 1. Kompanie des 2. Bataillons des 23. Infanterie-Regiments und starb am 8. September an den zuvor erhaltenen Wunden. Sein Alter wurde mit 30 Jahren angegeben. Mit diesen Angaben ließ sich jedoch in Lancrans kein passender Kandidat finden. Dies gilt sowohl für die vorliegende Dokumentation als auch die amtlichen Stellen in Frankreich, denn noch 1903 wurde Baduin unter denen genannt, für die keine Erben ausfindig gemacht werden konnten.

Jean Couty stammte aus dem Ort Saint-Branchs bei Tours im Departement Indre-et-Loire. Als Soldat der 3. Kompanie des 45. Infanterie-Regiments geriet er in Gefangenschaft und starb am 17. September 1870 in Hamm an den erhaltenen Wunden und einer Lungenentzündung. Sein Alter notierte man irrtümlich mit 33 Jahren. Stattdessen war er erst 23 Jahre alt, denn er war im Juli 1847 als Sohn des Bauern Jean Couty (um 1815–1892) und dessen Ehefrau Marie Anne Ansault (um 1807–1877) geboren worden.

Joseph Carl Hüttner wurde am 14. September 1843 in Schedewitz geboren und in Zwickau katholisch getauft. Dort hatte auch 1841 die Trauung der Eltern stattgefunden. Der Vater Friedrich August Hüttner war Tischlermeister und Protestant und kam aus Schönheide in Sachsen. Die Mutter Marie Josepha Haselsberger, katholisch, stammte aus Rosenheim in Bayern und war die Tochter eines Schuhmachers. Hüttner junior, Feldwebel der 8. Kompanie des 2. Königlich Sächsischen Grenadier-Regiments Nr. 101[61], starb am 1. September 1870 im Hammer Reserve-Lazarett „auf dem Schützenplatz“ an den Folgen der Wunden, die er bei Gravelotte erlitten hatte. Für ihn wurde ein besonders Grabmal angefertigt. Im Kirchenbuch ist sein Alter korrekt mit 26 Jahren, 11 Monaten und 15 Tagen angegeben, wohingegen es auf dem Grabmal irrtümlich 28 Jahre sind.

Hier ruht
JOSEPH
Hüttner
Feldwebel im Königl.
Sächsischen 2. Grena=
dierregiment.
28 Jahre alt. Verwundet in der
Schlacht bei Gravelotte sei=
nen Wunden erlegen am 1ten
Sept: 1870. in Hamm.
Tief betrauert von seinen Eltern
und 6 Geschwistern.
Die Erde sei ihm leicht!

Grabmal Hüttner, Vorderseite

In dem großen Kampf der
deutschen Heere
Gegen Frankreichs Ueber=
muth und Neid
Starbs auch Du als Held
für Deutschlands Ehre
und für seine Unabhängigkeit
Ruhe sanft in fremder küh=
ler Erde
Dein Bild bleibt vor unsern
Geiste stehen
Bis wir einst uns wiedersehn
Wo die Friedenspalmen ewig
wehen

Grabmal Hüttner, Rückseite

Pierre Joulie kam aus Naussac in dem südfranzösischen Departement Aveyron. Die Eltern des 1844 Geborenen waren der Bauer Jean-Baptiste Joulie (um 1798–1882) und seine Ehefrau Cathérine Chabbert. Als Soldat der 5. Kompanie des 52. Linien-Regiments wurde er 1870 verwundet und starb an den Folgen am 25. September in Hamm.

Am 11. September starb im katholischen Krankenhaus Johann Kimmeskamp, Grenadier der 5. Kompanie des 2. Garde-Grenadier-Regiments. Todesursachen waren die Folgen einer Schusswunde in der rechten Schulter, die er am 18. August bei Saint-Privat erlitten hatte, sowie eine doppelseitige Lungenentzündung. Er war 1846 in Heidhausen bei Essen geboren worden. Die Taufe fand in Werden in der Propsteikirche Sankt Ludgerus statt. Der aus Fischlaken an der Ruhr stammende Vater Ludger Kimmeskamp war Tagelöhner, die Mutter Gertrud Fegeler kam aus Rellinghausen.

Christian Kaffanke starb am 12. September an den Wunden, die er am 18. August bei der Erstürmung des Dorfes Sainte-Marie-aux-Chênes erhalten hatte. Er gehörte zur 2. Kompanie des 2. Garde-Infanterie-Regiments. Kaffanke, Jahrgang 1848, stammte aus Schönwald (Bojków) bei Gleiwitz (Gliwice) in Oberschlesien. Seine Eltern waren Simon Kaffanke (um 1820–1880) und Marianna Goldmann (1821–1881). Nach den Einträgen in den Hammer und Schönwalder Kirchenbüchern sowie in der amtlichen Verlustliste hatte Kaffanke den Rang eines Gefreiten, in der

Regimentsgeschichte wird er jedoch nur als Grenadier genannt. Für ihn existiert kein Grabstein, aber seinen Namen findet man gemeinsam mit sechs weiteren Toten des Deutsch-Französischen Krieges und neun Opfern der Befreiungskriege auf einer Gedenktafel, die in der Schönwalder Kirche aufgehängt wurde.

Gedenktafel in Schönwald (Foto: Marta Kaffanke-Fuchs)

Hierzu sei noch Konstantin Grodon erwähnt, der als Pionier der 1. Festungs-Pionier-Kompanie (Neisse) des VI. Armeekorps starb und auch auf der Schönwalder Tafel genannt wird. Er wurde 1846 in Sohrau (Żory) geboren, war Händler und heiratete im März 1870 in Schönwald Cäcilia Bielke (1848–1924). Seine Einheit wurde in der Nacht vom 25. zum 26. September vor Straßburg beim „Couronniren eines gedeckten Weges vor Ravelin 11/12“[62] beschossen, und Grodon selbst von einer Kugel im Rücken getroffen. Die Beerdigung fand am 26. September durch den Pfarrer aus Bischheim, nördlich von Straßburg, statt. Die Datumsangabe auf der Tafel ist insofern nicht korrekt. Grodons im April 1871 geborene Tochter starb im Oktober 1872 an den Masern. Die verwitwete Mutter ging danach noch drei weitere Ehen ein.

Charles Victor Lenoir, 4. Infanterie-Regiment, starb am 8. Oktober an erhaltenen Wunden. Man notierte ein Alter von 26 Jahren und Vineuil als Herkunftsort. Der Ort Vineuil-Saint-Firmin liegt wenige Kilometer westlich von Senlis, und dort wurde der Verstorbene am 13. Juli 1844 in das Geburtenregister eingetragen. Seine Eltern waren der Tagelöhner Claude Joseph Lenoir und Marie Anne Pascaline Lange.

Für die beiden nachfolgenden Verstorbenen sind keine Grabsteine vorhanden. Am 21. Oktober erlag Valentin Matuschewsky einer Blutvergiftung. Er war der 1847 geborene Sohn eines Gastwirts aus Perzyce (Pierschütz) im Kreis Krotoschin, Regierungsbezirk Posen, und Gefreiter der 12. Kompanie des 2. Garde-Grenadier-Regiments. Am 18. August hatte er bei Saint-Privat durch einen Schuss nur eine leichte Verwundung an einer Hand erlitten.

Wilhelm Rosen aus Reusrath bei Langenfeld im Rheinland, Jahrgang 1846, Unteroffizier der 1. Kompanie des 8. Westfälischen Infanterie-Regiments Nr. 57, wurde nach einer Dienstzeit von zwei Jahren und elf Monaten am 14. Oktober 1870 in das Hammer Garnisonlazarett aufgenommen. Er starb am 31. Oktober an der Ruhr und wurde am 2. November bestattet. Seine Eltern waren der Fuhrmann Heinrich Rosen und Anna Gertrud Stiehl. Anhand des in Hamm von der Königlichen Reserve-Lazarett-Kommission ausgestellten Totenscheins (Nr. 329 des Hauptkrankenbuches) erfolgte im Januar 1871 in der Bürgermeisterei Richrath, zu der Reusrath gehörte, ein Eintrag in das Sterberegister.

Pierre Auguste <u>Alexandre</u> Tirel, geboren 1848, stammte aus dem Ort Cristot im damaligen Kanton Tilly-sur-Seulles in der Normandie. Seine Eltern waren der Steinmetz Pierre Paul Tirel und Rose Victoire Bonet, eine Spitzenklöpplerin. Als Soldat der 4. Kompanie des 94. Infanterie-Regiments geriet er 1870 in Gefangenschaft und starb am 5. November an „brandiger Rachenbräune“ (Rachendiphterie). Der Sterbeeintrag beim Standesamt in Cristot erfolgte am 20. Dezember 1871 anhand einer Mitteilung durch das 94. Regiment aus Cherbourg.

Joseph Constant Diou wurde 1849 in Altroff, nordöstlich von Metz, geboren. Seine Eltern, Jean Laurent Diou (1797–1872) und Catharine Ritier (1815–1889), hatten 1834 in Bettelainville (Bettsdorf) geheiratet. Er wurde Soldat im 44. Infanterie-Regiment, starb am 12. November 1870 an den Pocken und wurde noch am selben Tag beerdigt. Seine Familie ließ ein besonderes Grabmal anfertigen.

A la Mémoire de
Constant Joseph
Diou
soldat au 44er de ligne
français.
Décédé à Hamm
le 12 nbre 1870.

Grabmal Diou, Vorderseite

Regrétte de toute
sa famille Qu'il
repose en Paix
P.P.Z.

Grabmal Diou, Rückseite

Die Inschrift auf der Vorderseite lautet übersetzt „Zum Gedenken an Constant Joseph Diou, Soldat im 44. Französischen Linien-Regiment. Gestorben in Hamm den 12. November 1870.“ Auf der Rückseite befindet sich die französische Entsprechung zu „Bedauert von seiner ganzen Familie. Möge er in Frieden ruhen.“ Die Abkürzung „P. P. Z.“ dürfte für „Priez Pour Lui“ (Betet für ihn) stehen, wobei dem Hammer Steinmetz bei dem letzten Buchstaben ein Fehler unterlief.

Diou war vermutlich das erste Opfer einer Pockenepidemie, die sich in Hamm ab November 1870 ausbreitete, wahrscheinlich eingeschleppt durch die französischen Kriegsgefangenen. Von 290 nachweislich infizierten deutschen Soldaten starben 19. Bis Januar 1871 wurden in der Zivilbevölkerung 35 Erkrankte registriert. Die Gesamtzahl der Opfer ist nicht bekannt. Im Sterbebuch der evangelischen Gemeinde Hamm wurden von Dezember 1870 bis August 1871 insgesamt 50 Todesfälle durch Pocken eingetragen. In der katholischen Gemeinde waren es weitere 55.

Eine besondere Geschichte ist mit Louis Auguste Désiré Melzassard verbunden. Er wurde 1843 in Villemoutiers, Kanton Bellegarde, im Departement Loiret[63] geboren. Seine Eltern, der Bauer Louis Melzassard und Anne Victoire Coffre, hatten 1842 geheiratet. 1870 war er Soldat in der 4. Kompanie des 70. Infanterie-Regiments, welches nach der Kapitulation von Metz am 27. Oktober 1870 zu den rund 142.000 Franzosen gehörte, die in Gefangenschaft gerieten. Nach dem Sterbeeintrag erlag Melzassard am 14. November 1840 in Hamm der Durchfallkrankheit Ruhr und wurde zwei Tage später bestattet. Eine Randnotiz weist jedoch darauf hin, dass die Todesanzeige irrtümlich erfolgte. Das zugehörige Grab dürfte demnach leer sein. Melzassard kehrte in seine Heimat zurück, arbeitete bei der Eisenbahn und heiratete 1879 in dem Ort Gy-les-Nonains Louise Eugénie Blain, geboren 1858. Der Totgesagte starb 1902 in Amilly, und seine Witwe ging 1904 eine neue Ehe mit dem ebenfalls verwitweten Antoine Lioret (Loiret) ein.

Pierre Lavery, Soldat der 4. Kompanie des 41. Linien-Regiments[64], starb am 10. November 1870 an der Ruhr. Nach dem Kirchenbucheintrag war er 27 Jahre alt und stammte aus dem Departement Landes an der südfranzösischen Atlantikküste. Möglicherweise war Labeyrie der korrekte Familienname. Die weiteren Angaben zum Herkunftsort sind zweifelhaft.

Bei dem Sterbeeintrag für Vincent „Le Puenne“, 26 Jahre, besteht der begründete Verdacht, dass ein Schreibfehler vorliegt, und Vincent Le Guennec gemeint war. Dieser wurde 1843 in Pluneret im Kanton Auray, Departement Morbihan, geboren. Seine Eltern waren der Arbeiter Michel Le Guennec und Anne Gomert. Der Besagte war Soldat in der 8. Kompanie des 33. Linien-Regiments und starb am 14. November 1870 an der Ruhr.

Léon Guérin aus Paris war 23 Jahre alt und Korporal in der 1. Kompanie des 43. Infanterie-Regiments. Er starb am 19. November 1870 an der Krankheit Ruhr. Weitere Angaben zu seiner Herkunft ließen sich nicht ermitteln. Eventuell handelte es sich um Arthur Léon Philippe Guérin, der im April 1846 in Paris geboren wurde.

Am 15. November starb Johann Joseph Meyer, Soldat des 8. Westfälischen Infanterie-Regiments Nr. 57. Nach den Eintragungen im Kirchenbuch gehörte er zur 10. Kompanie und starb an der Ruhr. Laut Regimentsgeschichte war es die 12. Kompanie und Typhus die Todesursache. Jedenfalls wurde Meyer 1843 in Nierendorf im Kreis Ahrweiler als Sohn von Mathias Meyer und Catharina Odenkirchen geboren.

François Poncet kam aus Guéreins, einem Ort im damaligen Kanton Thoissey im Departement Ain, am Fluss Saône. Als Soldat des 27. Infanterie-Regiments[65] starb er am 22. November 1870 an der Ruhr. Er war 1843 zur Welt gekommen, als Sohn des Winzers François Poncet und der Anne Verger. Am 31. Dezember 1871 legte der Bürgermeister im Zivilregister einen außergewöhnlichen, ganzseitigen Sterbeeintrag an, basierend auf einem Auszug der Sterbeakten des Kriegsarchivs, angefertigt am 14. Oktober 1871. Darin standen als Todesursachen Pneumonie (Lungenentzündung) und Dysenterie (Durchfallerkrankung, Ruhr).

Bei Pierre Jarny kam es offensichtlich zu einer Verwechselung. Nach dem Eintrag im Kirchenbuch stammte er aus Aizenay im Departement Vendée und war 27 Jahre alt. Weiterhin heißt es, er wäre Soldat des 44. Infanterie-Regiments gewesen, am 26. November 1870 an der Ruhr gestorben und zwei Tage später in Hamm bestattet worden. Diese Angaben decken sich mit einer Eintragung in den Genfer Aufzeichnungen. Im Zivilregister von Aizenay findet man jedoch andere Angaben für den 1843 geborenen Sohn des Arbeiters Jean Jarny (um 1787–1871) und der Maria Anne Bouron. Im Mai 1873 wurde notiert, dass der Besagte am 20. Dezember 1870 in einem Hospital in Berlin an Typhus gestorben wäre. Er gehörte zum 25. Regiment und hatte die Matrikelnummer 3953.

Jean Michel François Philippe, Jahrgang 1844, stammte aus dem Ort Le Plessis-Lastelle[66] in der Normandie, Departement Manche. Seine Eltern waren der Tagelöhner Michel Siméon Philippe (1817–1867) und Catherine Françoise Jouninet. Als kriegsgefangener Soldat der 3. Kompanie des 10. Linien-Regiments kam er nach Hamm und starb am 29. November 1870 an der Ruhr. Im Standesamtsregister seines Heimatortes wurde anhand einer Mitteilung durch das 10. Regiment erst im September 1872 ein entsprechender Sterbeeintrag vorgenommen.

Wilhelm Rugge aus Beelen bei Warendorf war Füsilier in der 11. Kompanie des 1. Westfälischen Infanterie-Regiments Nr. 13. Er starb am 3. Dezember 1870 in Hamm und wurde zwei Tage später bestattet. Im Kirchenbuch notierte man Typhus als Todesursache, in der Regimentsgeschichte steht stattdessen Brustkatarrh. Auch bei dem angegebenen Alter von 26 Jahren kommen Zweifel auf, denn sehr wahrscheinlich handelte es sich um Wilhelm, den 1841 geborenen und in Beelen getauften Sohn von Joseph Hombrinck genannt Rugge und Catharina Wesselmann. Sie lebten in der Bauerschaft Hemfeld. Ihre Heirat hatte 1840 stattgefunden. Der Kötter Hombrinck stammte aus Lette bei Oelde. Sein Sohn wurde ebenfalls Kötter und ging 1866 eine Ehe mit der Köttertochter Maria Elisabeth Patmöller, geboren 1836, aus der Bauerschaft Hemfeld ein. Eine 1867 geborene Tochter starb nach wenigen Monaten und ebenso ein im Oktober 1870 geborener Sohn. Die Witwe Rugge ging 1872 eine neue Ehe mit Johannes Hahnewinkel ein, einem Kötter aus Westkirchen.

Jean Durand wurde 1849 in Saint-Jean-Lespinasse im Departement Lot in Okzitanien geboren. Seine Eltern hießen Guillaume Durand (um 1800–1874) und Françoise Herbouse und waren Bauern. Als Soldat der 1. Kompanie des 2. Bataillons der mobilen Nationalgarde[67] geriet er in Gefangenschaft und starb am 31. Januar 1871 in Hamm an Lungenschwindsucht. Im Zivilregister seines Heimatortes wurde kein Sterbeeintrag angelegt.

Bei Pierre Marcheron können die im Kirchenbuch notierten Angaben zum Herkunftsort nur eine grobe Richtung aufzeigen. Mit der Altersangabe und dem Verweis auf das Departement Dordogne gelangt man allerdings zu einem Probanden, der 1847 in dem Ort Saint-Capraise-d'Eymet zur Welt kam. Dessen Eltern waren die Bauersleute Jean Marcheron (um 1802–1877) und Marguerite Rambeau (Rembeau). Er gelangte als Soldat der 13. Kompanie des 22. Infanterie-Regiments nach Hamm und erlag am 29. Januar 1871 der Schwindsucht.

Jean Pierre Teulières gehörte zur 5. Kompanie des 70. Infanterie-Regiments, welches Teil der Mobilgarde war. Er starb am 5. Februar 1871 an Brustfieber. Als Herkunftsort des 24-Jährigen notierte man „Chucheide, Canton Font Guire, Département du Lot“. Mit diesen Angaben lässt sich jedoch keine Lokalisierung durchführen.

Pierre Linard stammte aus Coursac im Kanton Saint-Astier in der Dordogne und gehörte zum 1. Dragoner-Regiment. Er wurde 1848 als Sohn von Elie Linard (1809–1875) und dessen Ehefrau Marie Rouzier (1820–1888) geboren. Sie hatten 1843 geheiratet. Er starb am 24. Februar 1871 an der Schwindsucht.

„Lorenzot", auf dem Grabstein „Lorenzet" geschrieben, war der Name eines Soldaten der 9. Kompanie des 95. Linien-Regiments, der am 14. Juni 1871 im Alter von 28 Jahren an der Schwindsucht starb. Ein Vorname ist nicht überliefert. Aus der verballhornten Niederschrift des Herkunftsortes im Kirchenbuch kann man darauf schließen, dass der Besagte aus dem Ort La Chaize-le-Vicomte in der Vendée stammte. In der Tat wurde dort 1843 Pierre François Laurenceau geboren, ein Sohn des Tagelöhners Pierre Laurenceau (1802–1873) und der Marie Jaulin (1797–1862), die 1831 geheiratet hatten. Der Vater ging 1866 als Witwer eine weitere Ehe mit Lucie Chaillou ein. Das 95. Regiment war zunächst das 20. Regiment der leichten Infanterie, bis 1854 diese Unterscheidung zwischen den Infanterie-Einheiten entfiel.

Johann Schüller warf lange Zeit Fragen auf, denn für ihn existiert zwar ein beschrifteter Grabstein, aber keinerlei Erwähnung in den üblicherweise betrachteten deutschen Aufzeichnungen. Des Rätsels Lösung könnte sein, dass ein Franzose namens Jean Schuller gemeint war. Dieser Name ist speziell im Elsass recht häufig zu finden. Ein möglicher Kandidat wurde 1845 in Sundhoffen geboren, als Sohn von Jaques Schuller und Anne Marie Woelflin, die 1832 geheiratet hatten. Er selbst heiratete im März 1870 Marie Fuchs, und im Mai kam ein Sohn zur Welt. Danach verliert sich seine Spur.

Hermann Hubert Große-Beckmann starb am 25. Dezember 1871 an Typhus. Er war Kürassier im 4. Kürassier-Regiment. Geboren wurde er 1849 in Everswinkel als Zwillingssohn des Landwirts Theodor Hermann Große-Holling genannt Große-Beckmann und der Anna Maria Gertrud Schulte Kelling. Die Neugeborenen erhielten eine Nottaufe, da die Zwillingsgeburt offensichtlich nicht problemlos verlief, wie es in früheren Zeiten oft der Fall war. Der Bruder des Kürassiers, Theodor August Große-Beckmann ging als Seidenweber nach Schöppingen und heiratete dort 1875 Anna Gertrud Rampelmann, die Tochter eines Schneiders aus Everswinkel. Große-Beckmann starb 1926 in der Bauerschaft Tinge bei Schöppingen.

Einer der Grabsteine im katholischen Bereich erhielt eine ovale Platte aus weißer Keramik, von der leider nur noch Bruchstücke vorhanden sind. Es ist zu erkennen, dass der Bestattete dem 1. Westfälischen Infanterie-Regiment

Nr. 13 angehörte. Ferner lässt die Lage des Grabes vermuten, dass es 1871 angelegt wurde.

Außer den im Kirchenbuch erfassten Toten findet man in den Listen des Roten Kreuzes weitere Namen vermeintlich in Hamm verstorbener Franzosen.

„G. Magy“ aus Epinal, 97. Linien-Regiment, soll am 25. August 1870 verstorben sein. Das erste 97. Regiment ging auf ein Schweizer Söldner-Regiment zurück, das sich 1752 in den Dienst des französischen Königs gestellt hatte. 1854 wurde die Nummer im Rahmen einer Heeresreform neu vergeben.

Ein Soldat des 46. Linien-Regiments namens Laplace von der Loire starb angeblich am 16. September in Hamm. Zur gleichen Einheit gehörte Joseph Laplace, der in das 3. Reserve-Lazarett in Hannover eingeliefert wurde. Hier scheint demnach eine Verwechselung zwischen Hamm und Hannover vorzuliegen.

S.-E. Lavinier aus Paris, bei dem der 8. Oktober 1870 als Sterbedatum notiert wurde, gehörte dem 20. Jäger-Bataillon an. Die Aufstellung des 20. Bataillons der Jäger zu Fuß wurde 1853 beschlossen. Es nahm zwischen dem 14. August 1870 und dem 19. Januar 1871 an zahlreichen Kämpfen teil.

Bei „Henri Laport“ aus Thouars, 36. Linien-Regiment, vermeintlich verstorben am 16. September 1870, scheint eindeutig ein Irrtum vorzuliegen. Der einzige infrage kommende Proband, Henri Aimé Laporte, wurde 1842 in Thouars geboren. Seine Eltern, der Zimmermann Pierre Laporte (um 1810–1892) und Marie Nielle (um 1805–1889) hatten 1841 geheiratet. Er selbst trat 1873 im benachbarten Oiron mit Marie Louise Gourdon, geboren 1851, vor den Traualtar. Laporte arbeitete ebenfalls als Zimmermann und als Dachdecker und starb 1912 in Oiron.

Überlebende französische Kriegsgefangene

Die bereits zitierten Listen des Internationalen Komitees des Roten Kreuzes liefern neben den Todesfällen auch eine große Zahl an Namen französischer Kriegsgefangener, die verwundet oder erkrankt nach Hamm gelangten, überlebten und später in ihre Heimat zurückkehren konnten. Eine Auswahl wird nachfolgend vorgestellt.

Szene aus dem Krieg 1870 in Jouy-aux-Arches, südwestlich von Metz. Ein französischer Soldat und Familienvater wird von preußischen Einheiten gefangen genommen.

Jean Baptiste Frédéric Adolphe Landier wurde 1828 in Saint-Marc-du-Cor im Departement Loir-et-Cher geboren. Der Vater hieß François Claude Landier, die Mutter Marie Croisil. Die Familie wohnte später in Mondoubleau. 1865 heiratete Landier in Saint-Omer Hermance Malvina Julia Devey, die Tochter eines Haushälters. Sie starb am 11. Oktober 1870 in Tours. Landier war zu dieser Zeit Chef-Büchsenmacher und kam in das Reserve-Lazarett in Hamm. Nach den Aufzeichnungen des Roten Kreuzes gehörte er zum 2. Dragoner-Regiment. Bei der Geburt eines Sohnes 1869 in Douai gehörte der Vater allerdings zum 2. Bataillon der Jäger zu Fuß. 1878, bei der Bewilligung einer Pension nach 36 Dienstjahren, nannte man als Einheit das 63. Linien-Regiment. Im gleichen Jahr heiratete der 50-jährige Witwer seine 1847 geborene Schwägerin Hélène Léonie Devey. Das Paar lebte zu dieser Zeit in Saint-Omer und zog dann nach Châtellerault, da Landier dort in der staatlichen Waffenfabrik eine Stelle als Waffenkontrolleur 3. Klasse bekam.

Claude Henri Jacquin wurde 1834 in dem Ort Lechâtelet im Departement Côte-d'Or, Burgund, geboren, als Sohn des Bauern Jacques Jacquin und der Thérèse Frachot. Er war berittener Gendarm, als er 1870 verwundet in Gefangenschaft geriet. Jacquin überstand den Aufenthalt in Hamm und konnte anschließend wieder seine Tätigkeit als Gendarm in der Kompanie der Côte-d'Or aufnehmen. 1874 heiratete er in Alise-Sainte-Reine Catherine Rosalie Sirot, die 1840 in Mussy-la-Fosse geboren wurde. Nach 26 Dienstjahren erhielt er ab Oktober 1881 eine Militärpension. Zu dieser Zeit wohnte Jacquin in Rouvray.

Joseph Ernest Favre-Félix kam 1835 in Paris zur Welt. Seine Eltern waren François Favre-Félix und Josette Julienne Favre-Albert. 1863 fand in Brest in der Bretagne die Heirat mit Philomèle Marie Armande Péron statt, geboren 1837 in Lesneven als Tochter eines Tagelöhners. Favre-Félix war zu dieser Zeit Sergent-Fourier (Versorgungs-Feldwebel) bei der Flottenversorgung in Brest. Als Angehöriger des 24. Linien-Regiments wurde er im Notlazarett in der Hammer Schießschule behandelt. Nach einem Militärdienst von 17 Jahren, 4 Monaten und 12 Tagen kam er am 1. Oktober 1871 in den Genuss einer Militärpension. Der Angestellte Favre-Félix starb bereits 1873 in Paris.

Victor Dangel, geboren 1839 in Hattstadt im Elsass, war Soldat im 1. Linien-Regiment, als er in das Etappen-Lazarett in Hamm eingeliefert wurde. Seine Eltern waren der Winzer Michel Dangel (1802–1844) und Columbe Fischer, geboren 1801, die 1824 geheiratet hatten.

Michel Weber stammte aus Lauterbourg im Elsass, einem am Rhein gelegenen Grenzort. Er wurde 1841 als Sohn des Straßenwärters Jean Michel Weber geboren, welcher 1840 Marie Anne Schlick geheiratet hatte. 1870 war er Sergeant im 10. Linien-Regiment und wurde in das Hammer Militärhospital eingeliefert. Nach dem Krieg bekam Weber eine Stelle als Postbote in Hagenau im Elsass und heiratete dort 1874 die Dienstmagd Anne Marie Bollinger, geboren 1851 in Oberotterbach in der Pfalz als Tochter eines Steinhauers.

Bei Joseph Fourcade aus „Piat" handelte es sich wohl um Michel Joseph Pierre Fourcade, der 1843 in Pia bei Perpignan zur Welt kam. Dessen Eltern waren Pierre Fourcade, Arbeitsdiener, später Brauer, und Cathérine Darnis. Als Soldat des 2. Linien-Regiments kam er in Hamm in das Etappen-Lazarett. 1873 fand in Pia die Heirat des Bauern Fourcade mit Marie Buscail, geboren

1852 in dem Nachbarort Le Soler, statt. Sein Bruder Pierre Jean François Fourcade, geboren 1846, diente im gleichen Regiment und kam in den Genuss einer Militärpension. Er war verheiratet mit Marie Comat und wohnte später in Pézenas.

Hippolyte Julien Richette, geboren 1843 in Saint-Aubin-de-Terregatte in der Normandie als Sohn des Schneiders Philibert Julien Michel Etienne Richette (1810–1897) und der Zoé Victoire Prudence Aimable Potier (1806–1871), gehörte zum 65. Linien-Regiment und kam ebenfalls in das Etappen-Lazarett. Er wurde Bauer und heiratete 1875 in Saint-Benoît-de-Beuvron am Ärmelkanal Françoise Goret (Goré). Ihr 1881 in La Croix-Avranchin geborener Sohn Hippolyte Louis Jean Marie Vincent Richette heiratete 1908 und starb 1915 als Gefreiter des 2. Infanterie-Regiments in Habarcq bei Arras an erlittenen Kriegsverletzungen.

Yves-Marie Le Gall wurde 1844 in Pleubian in der Bretagne geboren. Seine Eltern hießen Jean-Marie Le Gall (1813–1878), Bauer, und Isabelle Le Guilcher (1820–1854). 1870 war er Soldat im 34. Linien-Regiment. Nach seinem Aufenthalt im Etappen-Lazarett in Hamm kehrte er zurück und heiratete im Mai 1872 Marie Louise Le Guern. Der 1883 in Pleubian geborene Sohn Augustin Yves Marie Le Gall gehörte im Ersten Weltkrieg zum 1. Kolonial-Infanterie-Regiment und starb am 5. November 1914 als Kriegsgefangener in Trier.

Bei „Ed.-Marie Lorence“, 60. Linien-Regiment[68], handelte es sich wahrscheinlich um Edmond-Marie Lorence, geboren 1844 in Coudeville-sur-Mer in der Normandie. Dessen Eltern waren der Maurer Jean-François Lorence und Aimable Gascouin. Er wurde Matrose und heiratete 1869 in Honfleur die Gärtnertochter Honorine Adèle Bucaille, die 1885 verstarb. 1886 ging der Witwer in Honfleur eine zweite Ehe mit der Witwe Adèle Céline Doray ein. Später kam Lorence in den Genuss einer Militärpension. Am 13. Januar 1896 fand man seine Leiche an der Seinemündung.

Mit „Elie Valady“, der als Dragoner des 10. Dragoner-Regiments[69] im Hammer Etappen-Lazarett versorgt wurde, dürfte es sich um den Zimmermann Elie Valadié, Jahrgang 1844, aus dem Ort Martel im südfranzösischen Departement Lot gehandelt haben. Dessen Eltern, der Landwirt Guillaume Valadié (1817–1896) und Marie Boit (1815–1896), waren seit 1842 ein Ehepaar. Anscheinend blieb er Junggeselle, denn 1906 lebte er als Haushaltsvorstand mit seinen Geschwistern zusammen.

Gustave Henri Désiré Mormentyn (1844–1928) stammte aus Warhem bei Dünkirchen in Nordfrankreich und war ein Sohn von Fidel Ignace

Mormentyn und Marie Thérèse Catherine Delarue. Als Soldat des 72. Linien-Regiments gelangte er in das Etappen-Lazarett in Hamm. Nach seiner Rückkehr heiratete der Landwirt Mormentyn 1875 in dem Ort Killem Eugénie Cornélie Sophie Planckeel, eine Landwirtstochter. Er starb in Bergues.

Silvain Vassault, Jahrgang 1844, kam aus Palluau-sur-Indre, als Sohn des Arbeiters Silvain Vassault (geboren 1813) und der Anne Beigneux (1822–1850), die 1842 geheiratet hatten. Der Vater ging als Witwer 1856 eine neue Ehe mit Rosalie Bertrand ein. Vassault war 1870 Soldat im 71. Linien-Regiment und wurde in das Reserve-Hospital in Hamm eingeliefert. Nach seiner Rückkehr arbeitete er als Bauer und gründete 1878 in Argy mit Marie Martin eine Familie.

Octave Ludovic Devaure kam 1845 in Chartres zur Welt, als Sohn des Tischlers Henri Auguste François Devaure und dessen Ehefrau Louise Celestine Daumien. Die Eltern hatten 1836 in Ver-lès-Chartres, dem Geburtsort der Mutter, wenige Kilometer südlich von Chartres, geheiratet. Devaure wurde 1870 als Soldat des 8. Infanterie-Regiments verwundet und kam als Kriegsgefangener nach Hamm. Er überlebte, kehrte nach Frankreich zurück und kam ab September 1871 in den Genuss einer Militärpension. 1912 gehörte er zu den Veteranen, welche die Erinnerungsmedaille für den Krieg 1870/71 erhielten. Diese am 9. November 1911 gestiftete Medaille bekamen zunächst alle, die zwischen Juli 1870 und Februar 1871 zur kämpfenden Truppe gehört hatten. Im Februar 1912 wurde der Empfängerkreis auf das medizinische Personal ausgeweitet, und später kamen auch Randgruppen, wie Feuerwehrleute und Ballonfahrer, hinzu. Devaure verbrachte die letzten Jahre seines Lebens im Raum Versailles und starb 1914.

Erinnerungsmedaille für französische Veteranen, ab 1911 verliehen, rückseitig beschriftet „1870 1871 AUX DEFENSEURS DE LA PATRIE“ (Den Verteidigern des Vaterlandes)

Die nachfolgenden vier Gefangenen kamen zur Behandlung in das Hammer Reserve-Lazarett. Isidore Domec wurde 1845 in Montgaillard im Departement Hautes-Pyrénées geboren. Seine Eltern waren der Schmied Bertrand Domec und Françoise Mailhou (1810–1884). Er gehörte zum 6. Chasseur-Regiment. Diese Einheit der berittenen Jäger war von 1865 bis 1869 in Algerien im Einsatz, hatte 1870 seine Garnison in Tarascon und nahm nur an der Schlacht bei Sedan teil. Die sechste Eskadron geriet bei der Kapitulation von Metz in Gefangenschaft. Nach seiner Freilassung und Rückkehr heiratete Domec Anne Lacrampe. Anschließend wanderte das Paar nach Argentinien aus, und Domec arbeitete in Buenos Aires zunächst als Schmied. 1895 wurde er dort als Rentner genannt.

Gustave „Lemel", 93. Linien-Regiment, stammte nach den amtlichen Aufzeichnungen aus Granville in der Normandie. Es dürfte sich um Albert Gustave Lemelle (1845–1913) gehandelt haben, der später die Kriegsmedaille erhielt. Er wurde in Rouville geboren, als Sohn des Bauern Jacques Nicolas Hilaire Lemelle und der Josephine Adélaïde Héricher, die 1836 geheiratet hatten. Er selbst heiratete 1877 in Rouville Marie Berthe Prévost, die 1926 verstarb.

Auch Louis-Hippolyte Lemoine aus dem Departement Orne in der Normandie gehörte zum 93. Linien-Regiment. Er wurde 1845 in dem Ort Exmes als Sohn des Drechslers Jean Jacques Alidor Lemoine (1803–1861) und dessen 1834 angetrauter Ehefrau Marie Anne Thouin (1812–1861) geboren. 1875 heiratete er als Tagelöhner Noémie Marie Barbret (1854–1911) und lebte anschließend mit seiner Familie in dem Nachbarort Chambois.

Bei Cyprien „Bergeru", 72. Linien-Regiment, nannte man Toulouse als Herkunftsort. Es dürfte sich aber um Cyprien Bergero gehandelt haben, geboren 1845 in Peyrouse bei Lourdes, am Rand der Pyrenäen, als Sohn des Drechslers François Bergero und der Jeanne Louise Labarrère. Er arbeitete anfangs ebenfalls als Drechsler und heiratete 1883 die Schneiderin Marie Fontan aus dem Nachbarort Ossun. Dort starb der Krämer Bergero 1919.

Bei Louis Magy, 24. Linien-Regiment, der in das Notlazarett in der Hammer Schießschule kam, notierte man als Herkunftsort „Loir-le-Château". Tatsächlich stammte er aus Solre-le-Château, südöstlich von Maubeuge. Er war der 1846 geborene Sohn von Louis Magy und Mélanie Fiévet. Nach seiner Rückkehr arbeitete er zunächst als Spinner, später als Wagenmeister, und heiratete Henriette Fontenelle (1846–1909). Magy starb 1927 bei Fourmies in einer Wohnstätte namens „Les Brulés".

Michel-Charles Menant wurde 1845 in Turqueville am Ärmelkanal geboren. Seine Eltern, der Zimmermann Michel Jean Laurent Menant (1800–1875) und Virginie Jeanne Lenourry (um 1811–1880), hatten 1830 geheiratet. Als Soldat des 65. Linien-Regiments überstand er den Aufenthalt im Hammer Reserve-Lazarett. Nach seiner Rückkehr arbeitete er als Tagelöhner in Rouen in der Normandie und heiratete dort 1874 die Schneiderin Jeanne Marie Leveil aus dem Ort Laillé in der Bretagne.

Jules Foucaud, geboren 1845, stammte aus dem Ort Archingeay im heutigen Departement Charente-Maritime. Seine Eltern waren der Bauer Pierre Foucaud und Elisabeth Vinet. Bei dem Eintritt in die Armee 1865 wurde als besonderes Kennzeichen eine Narbe auf der rechten Wange notiert. Nach der Grundausbildung in den Jahren 1866 und 1867 kam er am 1. Mai 1867 zum 49. Linien-Regiment. 1870 brachte man ihn als Kriegsgefangenen in das Hammer Etappen-Lazarett. 1875 fand in Archingeay seine Heirat mit Marie Honorine Dubelley, Tochter eines Maurers, geboren 1854, statt. Der 1885 geborene Sohn Jules fiel 1915 als Soldat im 7. Regiment der Kolonial-Infanterie.

Für „Ch.-Etienne Lebouchet" kommt Charles-Etienne Le Boucher infrage, geboren 1846 in Danestal, Calvados, als Sohn von Louis Eugène Le Boucher, Maurer, und Josephine Monique Lorier. Er lebte 1874 als Tagelöhner in Le Havre und heiratete in Pont-Audemer, Normandie, Louise Augustine Calmenil. Le Boucher starb 1885 als Zollbeamter in der Zollkaserne in Le Havre.

Joseph Prosper Mangin (1846–1891) stammte aus Granges-sur-Vologne in den Vogesen. Seine Eltern waren der Schuster Charles Claude Mangin (um 1808–1867) und Marie Barbe George. Mangin war Maurer und Soldat im 4. Linien-Regiment. Er überlebte den Aufenthalt im Hammer Reserve-Lazarett und heiratete 1873 in seinem Heimatort die Schneiderin Marie Euphrasie Lecomte (1848–1887).

Léon Louis Rautureau wurde 1846 in Montaigu in der Vendée geboren. Sein Vater François Rautureau war Tischler, die Mutter hieß Marie Anne Hervé. 1870 kam er als Soldat des 81. Linien-Regiments in das Hammer Etappen-Lazarett. Später erhielt er eine Stelle als Polizist in Les Sables-d'Olonne an der Atlantikküste und war verheiratet mit Marie Mouchet (Mouchaite). Bei einer Volkszählung 1896 wurde Rautureau in dem Ort Loudun als Eisenbahnangestellter erfasst.

Claude Charignon, geboren 1846 in Guillotière bei Lyon als unehelicher Sohn der Arbeiterin Chérise (Thérèse) Charignon, trat 1869 seinen

Militärdienst im 93. Linien-Regiment an. Er überstand den Aufenthalt im Hammer Reserve-Lazarett und heiratete 1875 als Bauer in Vinay bei Grenoble Euphroisine, genannt Louise, Chapéron, geboren 1848. Bei der Volkszählung 1906 lebte das Paar mit zwei Kindern in Vinay.

Eugène Alfred Héricher (1847–1898) stammte aus Bolbec in der Normandie. Sein Vater Charles Eugène Héricher (1826–1869) arbeitete in einer mechanischen Spinnerei, die Mutter Adèle Eugénie Comont (1821–1885) als Schneiderin. 1870 zog er mit dem 80. Linien-Regiment in den Krieg und gelangte in das Reserve-Lazarett in Hamm. Nach seiner Rückkehr heiratete er 1873 in Sotteville-lès-Rouen Clémentine Victorine Roquelin, geboren 1847 in Darnétal bei Rouen als Tochter eines Spinners. Héricher wurde Justierer, wahrscheinlich in einer mechanischen Tuchfabrik, und starb mit 50 Jahren in Sotteville.

Auszeichnung für französische Veteranen, herausgegeben von der Vereinigung „Les Vétérans des Armées de Terre et de Mer 1870-1871“, 1893, beschriftet „1870 – 1871 OUBLIER, .. JAMAIS!“ (Vergessen, niemals!)

Charles-Edmond Désaga (1847–1900) stammte aus dem Ort Le Bonhomme im Elsass. Seine Eltern, Jean Martin Désaga (1810–1881), Weber, und Marie Paulus hatten 1834 geheiratet. Er war 1870 Soldat im 33. Linien-Regiment. 1877 heiratete er Marie Clémentine Jeanclaude. 1888 gehörte er zu den Elsässern, die das Deutsche Reich verließen und die französische Staatsbürgerschaft zurückerlangten. Er starb mit 52 Jahren als Weber in Plainfaing in den Vogesen.

Bei „Peter“ Ott aus Volksberg, Soldat im 60. Linien-Regiment, der in das Etappen-Lazarett in Hamm eingeliefert wurde, dürfte es sich um Pierre Ott (1847–1903) gehandelt haben, geboren und evangelisch getauft als Sohn von Chrétien (Christian) Ott, Maurer, und Marguerite Hoch. Das Dorf Volksberg gehörte damals zum Arrondissement Saverne (Zabern) im Elsass. Nach seiner Rückkehr arbeitete Ott ebenfalls als Maurer und heiratete im Juni 1871 Elisabeth (Elise) Muck, geboren 1842 als Tochter eines Tagelöhners. Das Paar hatte 1869 bereits eine uneheliche Tochter bekommen.

Jean Roche kam 1847 in dem Dorf Cameleyre bei Escource im Departement Landes zur Welt. Seine Eltern, der Schneider Jean Roche und Jeanne Dubroca (1813–1852), hatten 1834 geheiratet. Er arbeitete ebenfalls als Schneider, bevor er am 24. Juli 1870 mit der Matrikelnummer 4.926 Soldat im 58. Linien-Regiment wurde. Er nahm nur vom 18. August bis zum 2. September am Krieg teil und geriet dann in Gefangenschaft. Mit einer nicht bekannten Verwundung oder Erkrankung kam er in das Etappen-Lazarett in Hamm. Am 13. Mai 1871 erlangte er seine Freiheit zurück. Im Dezember 1871 beförderte man ihn zum Soldaten 1. Klasse. In seiner Militärakte ist ferner vermerkt, dass er am 30. Juni 1873 der Reserve des 58. Regiments zugeteilt wurde, und dass er ein Zeugnis für gute Führung bekam. Am 31. März 1879 erfolgte aufgrund eines Umzugs nach Bordeaux die Überstellung an das dortige Standortkommando. 1890 heiratete der Kammerdiener Roche in Bordeaux die Tagelöhnerin Marie Daury. Danach bekam er eine Stelle als Büroangestellter im Rathaus.

Auguste Isidore Simonne (1848–1878) kam in dem normannischen Ort Saint-Romphaire zur Welt. Seine Eltern waren der Tagelöhner Pierre Paul Joseph Simonne (um 1826–1889) und Josephine Dyvrande. Als kriegsgefangener Soldat des 60. Linien-Regiments landete auch er im Hammer Etappen-Lazarett. Nach seiner Rückkehr arbeitete er als Zimmermann und heiratete 1878 in Le Mesnil-Raoult Désirée Zénaïde Terrier, geboren 1855. Die Familie lebte anschließend in Condé-sur-Vire.

Pierre Fontenay, Jahrgang 1849, stammte aus Coulongé im Departement Sarthe, südlich von Le Mans. Seine Eltern hießen Pierre Fontenay und Louise Françoise Cholet. Der Vater arbeitete als Langsäger und Landwirt. Der Sohn war Zimmermann und kam als Angehöriger des 2. Pionier-Regiments (Régiment du génie) in das Etappen-Lazarett in Hamm. 1877 heiratete er in Bousse die Näherin Henriette Chauveau, geboren 1850 als Tochter eines Tagelöhners. Fontenay lebte 1906 in Le Mans.

Maximien Anziani stammte aus Korsika. Er kam 1850 in Valle-d'Alesani unehelich zur Welt. Seine Eltern waren Antoine François (Antonio Francesco) Anziani und Rose Françoise (Rosa Francesca) Decori. Deren Heirat fand 1854 statt. Der erste Gatte der Mutter, Simone Virghi, war 1846 verstorben. Der junge Anziani gehörte zum 67. Linien-Regiment und kam in das Lazarett, welches man in der Hammer Schießschule eingerichtet hatte. Nach seiner Rückkehr nach Korsika starb er am 24. September 1871. Das 67. Regiment wurde bereits im 17. Jahrhundert im Languedoc gegründet. Es kam 1870 in den ersten Kriegstagen bei Saarbrücken und Spichern zum Einsatz.

Alphonse Vaugondy wurde 1850 in Saumur an der Loire geboren. Seine Eltern, der Pferdeknecht François Vaugondy (1811–1893) und Louise Pelloz (1811–1884), hatten 1834 geheiratet. Vaugondy kam als Soldat des 82. Linien-Regiments in das Etappen-Hospital in Hamm. Nach seiner Rückkehr arbeitete er als Frisör und heiratete Marie Victorine Glantzmann, geboren 1858 in Clichy als Tochter eines Zimmermanns. Vaugondy starb jedoch bereits im Alter von 27 Jahren am 30. November 1877 in Saumur und seine junge Witwe am 31. Dezember in Courbevoie.

Bei den französischen Garde-Kürassieren gab es 1870 zwei Kavalleristen namens Dayon aus dem Departement Morbihan in der Bretagne, die krank oder verwundet nach Hamm kamen. Bei Guillaume Dayon nannte man Saint-Jean-la-Poterie als Herkunftsort. Die dort ansässige Familie von Guillaume Dayon (1807–1875), Arbeiter, und Marie Perrine Serrot (1809–1891), verheiratet seit 1846, war allerdings aus Allaire zugezogen. Ein 1845 geborener Sohn war Joseph Guillaume getauft worden, aber nach wenigen Tagen verstorben. Bei dem ersten Gardisten könnte es sich jedoch um Pierre-Marie Dayon, geboren 1847, gehandelt haben, der vielleicht den Vornamen des Vaters annahm. Dies erscheint nicht abwegig, denn der zweite Gardist hieß ebenfalls Pierre-Marie Dayon. Dazu passt der 1849 in Allaire geborene Sohn von Jean-Marie Dayon, Tischler, und Marie Perrine Dayon, die 1846 geheiratet hatten. Er arbeitete als Schuster, starb aber bereits 1871 als Junggeselle.

Das 1. Garde-Kürassier-Regiment wurde 1845 aufgestellt und mit jeweils zwanzig Elitesoldaten aus vorhandenen Kavallerie-Regimentern besetzt. Ein Jahr später kam noch ein zweites Regiment hinzu, das 1865 mit dem ersten verschmolzen wurde. Am 16. August 1870 fand eine spektakuläre und verlustreiche Attacke gegen zwei preußische Infanterie-Regimenter statt. Am 27. Oktober gehörten die Kürassiere zu den Einheiten, die in Metz kapitulierten.

Ärzte

Die Totenscheine für die Verstorbenen wurden von verschiedenen Ärzten ausgestellt, die entweder dem Militär angehörten oder als zivile Mediziner im Lazarett aushalfen. In den meisten Fällen unterzeichnete der Kreis-Wundarzt[70] Dr. Förster. Rudolph Friederich Förster, evangelisch, wurde 1800 in Niemegk in Brandenburg geboren. Sein Vater, George Rudolph Friederich Förster, war dort Chirurg und lebte zuletzt in Wittenberg. Die Mutter hieß Johanna Friederika Strubeln. 1829 war Förster Kreis-Chirurg in Tecklenburg, als in dem benachbarten Ort Recke die Trauung mit Auguste Henriette Greiff (1800–1888) stattfand. Deren Vater, Ernst Wilhelm Greiff (um 1731–1801), war ab 1770 Stiftsamtmann in Leeden bei Tecklenburg.[71] Förster starb 1876 in Hamm und hinterließ eine Witwe und eine Tochter.

August Franz Carl Wilhelm Jehn wurde 1808 in Geseke geboren und katholisch getauft. Seine Eltern waren der Apotheker Wilhelm Jehn und Christine Stratmann. 1841 fand in Beckum die Trauung mit Anna Catharina Ludowika (Louise) Helmke statt, der 1823 geborenen Tochter des Apothekers Gottfried Helmke und der Louise Clara Pellengahr, die 1819 geheiratet hatten. Jehn trat 1851 die Stelle des Kreis-Physikus im Kreis Hamm an. Er nahm auch zwischenzeitlich die Aufgaben des Anstaltsarztes im Hammer Zentralgefängnis wahr. Der Sanitätsrat Jehn starb 1881 im Alter von 72 Jahren an Diabetes.

Julius Albert Gruchot (um 1805–1879) wurde in Frankenstein in Schlesien geboren. Sein Vater Johann Gruchot war dort Steuereinnehmer, die Mutter hieß Dorothea Klose. Als Gerichtsassessor heiratete er zunächst 1836 in der lutherischen Gemeinde in Hagen Auguste Constanze Hege. Für den Witwer folgte 1840 eine zweite Ehe, katholisch in Menden geschlossen, mit Elisabeth (Elise) Sophia Friederike Amecke (1816–1891), einer Tochter des Landzollkommissars Johann Heinrich Amecke (1760–1821) und der Charlotte Juliane Barbara von Stockhausen (1777–1857). 1843 kam in Soest Julius Ludolph Gruchot zur Welt und wurde katholisch getauft. Später wurde Gruchot senior Appellationsgerichtsrat in Hamm, und er erhielt die juristische Ehrendoktorwürde. Sein Sohn legte 1862 in Hamm sein Abitur ab und promovierte 1866 in Berlin mit einer Dissertation unter dem Titel „De pseudarthrosi" (Von der Scheingelenkbildung[72]). 1870/71 wurde er als Assistenzarzt im 1. Westfälischen Infanterie-Regiment Nr. 13 mit einem Eisernen Kreuz für Nichtkämpfer ausgezeichnet. Nach dem Krieg ließ er sich in Hamm als praktischer Arzt nieder, und 1872 fand in Hemmerde die katholische Trauung mit Caroline Clementine Marianne Wiemann genannt Horstmann, geboren 1850, statt. Gruchot übernahm später die Aufgaben des Arztes im Hammer Gefängnis und berichtete darüber 1893 in Hagen bei der Versammlung der Medizinalbeamten des Regierungsbezirks Arnsbergs.

Friedrich Andreas Eduard Alexander Carl Heinrich Hagemann, evangelisch, wurde 1833 in Bromberg in Westpreußen geboren. Sein Vater, Carl Ludwig Hagemann, war zu dieser Zeit königlicher Postinspektor und wurde später Oberpostdirektor in Berlin. Er stammte aus Königsberg in Ostpreußen und hatte dort 1832 die Mutter, Elisabeth Amalie Justine Tschepius, geheiratet. 1858 heiratete Hagemann junior in Hennen bei Iserlohn Marianne Henriette Wilhelmine Rosalinde Christiane Wiemer, die 1830 geborene Tochter des lutherischen Pfarrers[73] Johann Diederich Heinrich Wilhelm Wiemer (1800–1872) und dessen Ehefrau Marianne Louise Dorothea Hausemann (1807–1889). Hagemann lebte zunächst mit seiner Familie in Berlin und kam als Stabsarzt nach Hamm. 1872 erhielt er die Stelle des Kreis-Physikus im Kreis Westprignitz in Brandenburg. Schon 1879 kehrte er nach Westfalen zurück, um Geheimer Sanitätsrat und Kreisphysikus in Dortmund zu werden. Für die 1893 erschienene Festschrift zur Feier des 25. Jubiläums des ärztlichen Vereins des Regierungsbezirks Arnsberg verfasste Hagemann einen Beitrag mit dem Titel „Über Alter und Ursprung der Menschenblattern".

Ludwig Otto Bödefeld (1845–1876), katholisch, kam aus Endorf bei Sundern im Sauerland. Seine Eltern waren der Metzger Joseph Bödefeld (1807–1874) und Angela Pott. Die Ehefrau Anna Charlotte Caroline Hagen war evangelisch. Bödefeld ließ sich 1870 als praktischer Arzt in Hamm nieder. Er starb im Alter von nur 31 Jahren in Endorf an einem Schlaganfall.

Der Stabsarzt Hermann Kutzner stammte aus Fraustadt in der Provinz Posen, ehemals Südpreußen. Laut Sterbeurkunde war sein Vater Justizaktuar, und die Mutter hieß Florentine Lauterbach. Er nahm 1848/49 an den Kämpfen zur Niederschlagung der Aufstände in Baden und in der Pfalz teil sowie an den Kriegen 1864 und 1866. Nach 25-jähriger Dienstzeit erhielt er das Dienstauszeichnungskreuz. Er starb 1890 im Alter von 71 Jahren unverheiratet in Hamm.

Es folgen weitere Mediziner aus Hamm, die 1870/71 an der Front in Frankreich waren. Hier sind an erster Stelle zwei Söhne der evangelischen Familie Borberg zu nennen, die mit dem Eisernen Kreuz 2. Klasse für Nichtkämpfer ausgezeichnet wurden.

Franz Conrad Wilhelm Borberg (1796–1885) war Bäcker, Konditor, Brauer und Gastwirt. Außerdem wurde er Stadtverordneter und 1879 Ehrenbürger der Stadt Hamm. Nach ihm wurde die Borbergstraße benannt. 1825 fand seine Heirat mit Clara Theodora Schaaf (1804–1886) statt, der Tochter eines evangelisch reformierten Lippstädter Kaufmanns.

Heinrich Ferdinand Hermann Borberg (1832–1896) ging 1856 als Arzt nach Herdecke und heiratete 1859 Friederika Carolina Alwina Frielinghaus (1834–1897), eine Tochter des aus Bommern stammenden Kaufmanns und Stadtverordneten Johann Diedrich Wilhelm Niederste Frielinghaus (1804–1883) und dessen Ehefrau Friederika Wilhelmina Christina Springorum (1807–1860). 1870/71 war Borberg Stabsarzt und stellvertretender Regimentsarzt im 1. Westfälischen Husaren-Regiment Nr. 8. Nach dem Krieg kam er zum 7. Westfälischen Landwehr-Regiment Nr. 56 und wurde 1872 zum Oberstabsarzt befördert. In diesem Jahr erhielt er auch nach zwölf Dienstjahren die Landwehr-Dienstauszeichnung 2. Klasse. Der Sanitätsrat Borberg starb mit 63 Jahren in Herdecke an Wassersucht und hinterließ eine Witwe und eine Tochter. Sein Bruder Johann Ludwig Heinrich August Borberg (1846–1901) versah 1870/71 Dienst als Assistenzarzt im Feldlazarett Nr. 3 des VII. Armeekorps. Anschließend kam er als Assistenzarzt 2. Klasse zum Soester Bataillon des 3. Westfälischen Landwehr-Regiments Nr. 16. 1873 ließ er sich in Hamm nieder, und 1875 trat er mit Johanna Wilhelmina Homrighausen, der 1853 in Bochum geborenen Tochter eines Kreisgerichtssekretärs, in den Stand der Ehe. August Borberg starb mit 54 Jahren als Sanitätsrat in Hamm.

Levi Falk (1844–1912) wurde in Beckum als Sohn des jüdischen Kaufmanns Abraham Falk (um 1810–1898) und der Sara Auerbach geboren. Er gehörte 1865 und 1866 der Pépinière[74] in Berlin an und promovierte 1871, nachdem er am Deutsch-Französischen Krieg teilgenommen hatte. 1872 ließ er sich als approbierter Arzt in Hamm nieder und wurde dort Bahnarzt und Sanitätsrat. Falk war verheiratet mit Johanna Isay.

Lazarettpersonal

Bei den Recherchen zum Hammer Lazarettwesen ergaben sich bemerkenswerte Informationen zu der Familie des Militärarztes Henri Paulin (Paul) Justin Houillon. Er wurde um 1795 in Frankreich geboren, gelangte wahrscheinlich mit den napoleonischen Truppen in das Großherzogtum Berg und blieb dort auch nach dem Abzug der Franzosen im Jahr 1813. 1823 heiratete er in Münster die Kaufmannstochter Carolina Friederika Dilthey. Anschließend kam er als Stabs- und Bataillonsarzt zum 1. Bataillon des 4. Garde-Landwehr-Regiments in Hamm. 1840 erfolgte die Versetzung zum Füsilier-Bataillon des 15. Infanterie-Regiments in Bielefeld. Die Nachfolge Houillons als Bataillonsarzt in Hamm trat der bisherige Kompanie-Chirurg

Dr. Heinrich August Nordsieck (1808–1877) an.[75] Houillon starb 1856 in Bielefeld.

Sein Sohn Paul Wilhelm Clemens Joseph Houillon wurde 1836 in Hamm geboren und katholisch getauft. Für seinen Einsatz 1864 gegen Dänemark erhielt er als Sekonde-Leutnant im 6. Westfälischen Infanterie-Regiment Nr. 55 den Roten Adler-Orden 4. Klasse mit Schwertern. 1866 machte er als Premier-Leutnant und Kompanieführer den Krieg gegen Österreich mit und wurde am 14. Juli bei Aschaffenburg durch einen Schuss in einen Oberschenkel schwer verwundet. Er bekam anschließend den preußischen Kronen-Orden 4. Klasse mit Schwertern verliehen. 1867 nahm er als Hauptmann seinen Abschied vom aktiven Dienst und ging im weiteren Verlauf als Postdirektor nach Ostpreußen. Er führte 1870/71 das Wehlauer Bataillon im 1. Ostpreußischen Landwehr-Regiment, welches zum Korps des Generals von Werder gehörte und in Ostfrankreich zum Einsatz kam. Als Pensionär heiratete Houillon 1882 in Hamburg Wilhelmine Laura Callenberg (1843–1912), evangelisch und geboren in Minden als Tochter eines Steuerrendanten. Unter dem Pseudonym „Howilli" veröffentlichte Houillon 1883 in Minden ein plattdeutsches Büchlein mit dem Titel „Ut Wilmken Ossensmidt's Saldotenliewen".

Heinrich Wauts aus Alverskirchen, katholisch, geboren 1829 als unehelicher Sohn der Maria Catharina Wauts, wurde Sergeant der 7. Kompanie des 1. Westfälischen Infanterie-Regiments Nr. 13 und Oberlazarettgehilfe in Hamm. 1869 fand seine katholische Trauung mit Wilhelmine Josephine Friederike Schnaube (1847–1925), evangelisch, statt. Sie war eine Tochter des Hammer Schreinermeisters Christian Wilhelm Gerhard Schnaube. Nach dem Krieg bekam Wauts eine Stelle als Landgerichtskanzlist in Paderborn.

Eberhard Heinrich Wilhelm Schortemeier (1845–1881) aus Brochterbeck bei Tecklenburg, evangelisch, ein Sohn des Heuermanns Friedrich Wilhelm Schortemeier und der Maria Sophie Agnes Uhlenbusch, war Lazarettgehilfe und Unteroffizier der 8. Kompanie des 1. Westfälischen Infanterie-Regiments Nr. 13. Im März 1871 wurde er Vater eines unehelichen Sohnes, im Oktober heiratete er die Mutter Caroline Christine Wilhelmine Schnaube (1843–1876), eine Tochter des bereits genannten Schreinermeisters. Schortemeier wurde noch zum Oberlazarettgehilfen befördert und heiratete 1877 als Witwer seine Schwägerin Charlotte Auguste Schnaube (1840–1889). Nach seiner Militärzeit bekam er eine Stelle als Gerichtsdiener in Hamm, er starb aber bereits mit 36 Jahren und hinterließ eine Witwe mit fünf Kindern.

Als Lazarett-Inspektor setzte man Adam Becker (1834–1890) ein. Er war katholisch, stammte aus Olpe und war ein Sohn des Wagenmeisters Adam Becker und der Maria Josepha Hüpper. Verheiratet war er mit Juliana Franziska Hartmann (um 1846–1919), geboren in Elberfeld als Tochter eines Bäckermeisters. Becker wurde nach dem Krieg Stationseinnehmer in Mönchengladbach.

Geistliche

Die Sterbeeinträge in den Kirchenbüchern wurden 1870/71 von den amtierenden Gemeindepfarrern vorgenommen. Auf katholischer Seite sind Eintragungen, speziell für verstorbene Franzosen, im regulären Sterberegister der Sankt-Agnes-Gemeinde zu finden. Daneben existieren kleinere Register für einzelne militärische Einheiten. Dies betrifft im Wesentlichen das 13. Infanterie-Regiment, die 2. Eskadron des 11. Husaren-Regiments und die 4. Eskadron des 4. Kürassier-Regiments.

Auf evangelischer Seite gibt es keine Sterbeeinträge im Gemeinderegister, sondern nur im Garnisonskirchenbuch. Die bereits 1817 auf eine Initiative des preußischen Königs hin beschlossene Vereinigung der lutherischen und der reformierten Gemeinden wurde 1824 vollzogen.[76] 1870 waren die Stellen des ersten, zweiten und dritten Pfarrers der unierten Gemeinde Hamm mit Platzhoff, Gosebruch und Richter besetzt.

Carl Platzhoff (1803–1871) stammte aus Elberfeld und wurde 1828 als Pfarrer in Hamm ordiniert. 1832 fand in Barmen die Trauung mit Wilhelmine Louise de Bary (1812–1888) statt, die nach dem Deutsch-Französischen Krieg für ihren Einsatz in der freiwilligen Krankenpflege eine Auszeichnung erhielt. Sie bekamen fünf Kinder.

Heinrich Anton Christian Theodor Gosebruch (1809–1873) wurde in Hamm als Sohn des Beigeordneten, Kämmerers und ehemaligen Feldwebels Johann Diedrich Wilhelm Gosebruch (1758–1821) und dessen zweiter Ehefrau Johanna Wilhelmina Christina Cramer (1781–1844) geboren.[77] Der Junior heiratete 1842 in Hamm Sophie Henriette Ottilie von Renesse (1820–1887), eine Tochter von Ludwig Johann Heinrich von Renesse (1782–1854), Kanzleidirektor am Oberlandesgericht. Nach dem Studium in Bonn, Halle an der Saale und Münster wurde Gosebruch 1839 dritter Pfarrer in der Hammer Gemeinde. 1846 rückte er zum zweiten Pfarrer auf, und Richter trat an seine Stelle. Mit Ablauf des Jahres 1870 trat er in den Ruhestand und erlag drei Jahre später einem Schlaganfall.

Carl Ferdinand Ludwig Udo Richter (1817–1899) wurde in Jüterbog in Brandenburg geboren. Sein Vater Carl Leopold Heinrich Richter verließ die preußische Armee als Hauptmann und bekam eine Stelle als Regierungssekretär in Marienwerder. Die Mutter hieß Caroline Birkenstock. Richter studierte in Berlin Theologie und machte 1843 und 1845 seine Examen. 1846 kam er als Pfarrer nach Elberfeld, im folgenden Jahr als dritter Pfarrer nach Hamm. 1847 fand auch in Berlin die Trauung mit Johanna Albertina Amalie Mestag (1825–1905) statt. Deren Vater war Kriegsrat und Rendant (Finanzverwalter) des Kadettenkorps in Berlin. 1871 bekam Richter die Stelle des 1. Pfarrers in Hamm. 1889 trat er in den Ruhestand und starb zehn Jahre später.

Carl August Louis (Ludwig) Klöne (1836–1909) aus Rehme, ein Sohn des Kantors und Lehrers Caspar Franz Heinrich Klöne und der Charlotte Friederike Christiane Fricke, war zunächst Hilfsprediger in Hamm und übernahm im Dezember 1870 die Stelle des zweiten Pfarrers in Arnsberg. 1874 fand in Rehme die Trauung mit Adolphine Henriette Juliane Göcker aus Rödinghausen im Kreis Herford statt. Deren Vater war ebenfalls Kantor und Lehrer. Klöne bekam 1877 die Stelle des ersten Pfarrers in Arnsberg.

Auch Carl Julius Wilhelm Hackländer, geboren 1846 in Wermelskirchen als Sohn des Pastors Friedrich Wilhelm Hackländer (1814–1884) und der Eleonora Luisa Friederika Margaretha Wilhelmina von der Kuhlen[78] (1818–1893), war Hilfsprediger in Hamm. 1871 kam er als Adjunkt nach Wickede und erhielt dort im Mai 1874 die Pfarrstelle. Ab 1872 war er verheiratet mit Wilhelmine Buddenberg. Hackländer erlag 1887 einer Lungenentzündung.

Dr. theol. Eugen Friedrich Ferdinand Sachse (1839–1917), geboren in Köln, Sohn eines Geheimen Postrats und Oberpostdirektors, wurde 1864 Adjunkt in Vlotho, dann Lehrer am Lehrerseminar in Hilchenbach und kam 1871 nach Hamm. Dort starb 1877 im Alter von 33 Jahren seine erste Ehefrau Auguste Gerhardine Wilhelmine Reeder aus Duisburg, die er 1864 in Vlotho geheiratet hatte. 1880 fand in Hamm die Trauung des Witwers mit Clara Charlotte Gertrude Hartmann (1850–1929) statt, einer Tochter des Oberlandesgerichtspräsidenten. 1890 wurde Sachse Professor an der evangelisch-theologischen Fakultät in Bonn und Direktor des Predigerseminars in Herborn. Er starb in Bonn.

Robert Nedden (1839–1888) wurde in Langenberg, Kreis Mettmann, geboren. Seine Eltern waren der Bürgermeister Friedrich Nedden und Sophia Wilhelmina Vette. Er war zunächst Pfarrer in Bönninghardt bei Alpen am Niederrhein. 1868 heiratete er in Wesel Maria Henriette Adriane Sardemann. Nedden kam Anfang 1872 nach Hamm und ging 1884 als emeritierter Pfarrer nach Marburg. Dort starb er mit 49 Jahren nach mehreren Schlaganfällen.

Adolph Friedrich Gustav Haselmann (1843–1911) stammte aus Ladbergen. Sein Vater Gustav Florenz Wilhelm Haselmann (1801–1850) war dort Bürgermeister und später Amtmann, die Mutter hieß Henriette Friederike Louise Sparenberg (1805–1858). Er wurde evangelischer Pfarrer im Hammer Zentralgefängnis. 1871 fand in Münster die Heirat mit Henriette Betti Sophie Emilie Unckenbold (1843–1896) statt, einer Tochter des Ahlener Apothekers Johann Gerhard Unckenbold. Haselmann ging später als Pfarrer nach Hornhausen bei Oschersleben in Sachsen-Anhalt und wurde dort 1887 zum Lokalschulinspektor ernannt. Er starb 1911 in Halberstadt.

Landdechant und Pfarrer der katholischen Gemeinde Sankt Agnes war seit 1828 Matthias Belmann (1799–1872) aus Gerresheim. Er hatte 1824 die Weihe empfangen und war zunächst ab 1826 Kaplan in Essen. Ab 1832 unterrichtete er auch katholische Religion am Gymnasium Hammonense. 1849 setzte er sich für die Gründung des Sankt-Marien-Hospitals ein, und das 1867 eröffnete Märkische Gymnasium geht auf Belmanns Initiative zurück.

Das Friedrich-Wilhelm-Stift

Andreas Arnold Wiegmann wurde 1797 in Bielefeld geboren. Seine Eltern waren der Schneider Arnold Diedrich Wiegmann und Wilhelmine Louise Jansen. Taufpate war der Onkel Andreas Wiegmann, Musketier im 10. Preußischen Infanterie-Regiment. Wiegmann junior nahm mit dem 2. Westfälischen Landwehr-Infanterie-Regiment an den Befreiungskriegen teil, erhielt nach dem Einsatz vor Paris im Juli 1815 das Erbrecht für ein Eisernes Kreuz und wurde zum Unteroffizier befördert. 1816 fand in Bielefeld die Heirat mit Amalie Friederike Elisabeth Mentze (1791–1880) aus Brake bei Lemgo statt. Anschließend kam er zum Westfälischen Grenadier-Landwehr-Bataillon, welches zunächst in Bielefeld stationiert war und ab 1820 als 1. Bataillon des 4. Garde-Landwehr-Regiments in Hamm. Dort stieg Wiegmann zum Feldwebel auf. Um 1826 verließ Wiegmann die Armee und betätigte sich als Mühlenadministrator in Hamm. 1832 wurde die im Besitz der Familie befindliche ehemalige Kornmühle am Nordentor in eine Ölmühle umgewandelt, die speziell für die Verarbeitung von Leinsamen vorgesehen war. Es handelte sich ursprünglich um die Wassermühle, die der Kaufmann und Hammer Oberbrandmeister Johann Bernhard Stuniken (1702–1784) entworfen hatte.

1839 erhielt Wiegmann sein Eisernes Kreuz. Um 1850 verließ er seine Familie, wanderte nach Amerika aus, wurde dort 1852 eingebürgert und erwarb Ländereien in Port Chester bei New York. Ein Jahr später kam die Tochter Mathilda Wiegmann (1853–1920) aus der neuen Verbindung des Vaters mit Louise Rödel zur Welt. Er starb jedoch 1861 in Manhattan.

Sein 1817 in Bielefeld geborener Sohn Friedrich Wilhelm Wiegmann wurde Kohlenhändler in Hamm, heiratete 1842 die Katholikin Bernhardine Werra (um 1823–1863) aus Herdecke und starb 1862.

Louisa Eleonore Wiegmann, geboren 1823 in Hamm, ging 1842 eine Ehe ein mit Hermann Büscher (1808–1880), geboren in Hamminkeln als Sohn eines Gutsbesitzers, evangelischer Pastor in Werth bei Borken.

Wilhelm Christian August Wiegmann (1825–1904) starb als Junggeselle und Rechtskonsulent (Rechtsbeistand ohne formelle Zulassung) in Witten.

Der 1821 in Hamm geborene Sohn Carl Heinrich Ludwig Wiegmann übernahm die väterliche Mühle und heiratete 1849 Luise Helene Sophie Elfriede Caroline Schniedermann (1828–1862), die Tochter eines Hammer Schleusenmeisters. 1854 gründete Wiegmann gemeinsam mit dem Pfarrer Udo Richter das Friedrich-Wilhelm-Waisenhaus (heute Friedrich-Wilhelm-Stift), benannt nach dem preußischen König Friedrich Wilhelm IV. (1795–1861). Die Einrichtung nahm Waisen und andere hilfsbedürftige Kinder auf und unterrichtete sie im evangelischen Glauben. Knaben erhielten nach ihrer Konfirmation Lehrstellen, wobei die Ausbildung für Schuhmacher und Schneider direkt in der Anstalt stattfand. Mädchen wurden bis zum 18. Lebensjahr in häuslichen Arbeiten angelernt. Wiegmann übernahm als Direktor die Leitung des Hauses und heiratete 1864 als Witwer Elise Caroline Henriette Scheuten aus Krefeld. 1865 wurde Wiegmann beschuldigt, unzüchtige Handlungen mit weiblichen Zöglingen vorgenommen zu haben. Man schrieb ihn steckbrieflich zur Fahndung aus, er setzte sich jedoch 1866 mit seiner Familie in die USA, Bundesstaat Wisconsin, ab. Der 1850 in Hamm geborene Sohn August Georg Carl Wiegmann wurde Pfarrer, unter anderem in Mount Vernon in Virginia.

Der Frauenverein

Der Ursprung der Frauenvereine

Am 23. März 1813 verkündete das preußische Königshaus einen Aufruf an die Frauen im preußischen Staate, beginnend mit den Worten: „Das Vaterland ist in Gefahr!“ Das erklärte Ziel war es, die für die Befreiung von der französischen Vorherrschaft kämpfenden Soldaten im Falle einer Verwundung oder Erkrankung auf jede erdenkliche Art zu unterstützen. Gesammelt wurden neben Bargeld, Schmuck und sonstigen Wertgegenständen auch Kleidungs- und Wäschestücke, Strickwaren sowie Stoffe, Wolle und Garn. In Städten mit mindestens 2.000 Einwohnern war die Gründung eines Frauenvereins verpflichtend, aber auch in zahlreichen kleineren Ortschaften bildeten sich Vereine auf freiwilliger Basis. So wurde im November 1813 in Hamm der „Frauenverein zur Beförderung des Wohls vaterländischer Krieger“ gegründet. Zur Vorsteherin ernannte man Friederike Charlotte Sophie Wilhelmine Henriette von Plettenberg (1768–1850), seit 1785 die Ehefrau von Franz Christoph Giesbert Johann Friedrich Wilhelm von Bodelschwingh-Velmede (1754–1827) und eine der wohlhabendsten Frauen des Kreises.

Szene einer Spendensammlung 1813, nach Richard Knötel

Eine vergleichbare Initiative gab es auch im Deutsch-Französischen Krieg, und während des Ersten Weltkriegs waren wiederum Frauenorganisationen maßgeblich an der Sammlung und Versendung von Geld sowie Lebensmittel- und Bekleidungsspenden beteiligt, unter dem bereits hundert Jahre zuvor entstandenen patriotischen Motto „Gold gab ich für Eisen“.

Das Verdienstkreuz für Frauen und Jungfrauen

Im Jahr 1814 hatte der preußische König Friedrich Wilhelm III. (1770–1840) zum Gedenken an seine 1810 verstorbene Gattin den so genannten Luisen-Orden gestiftet, welcher Frauen verliehen wurde, die sich in den Befreiungskriegen für die Versorgung der Verwundeten eingesetzt hatten. Zu den Empfängerinnen gehörte auch die Vorsteherin des Hammer Frauenvereins.

Im Krieg 1870/71 beschritt man einen anderen Weg, indem das Eiserne Kreuz in einer besonderen Variante als Auszeichnung für Frauen und Jungfrauen (ledige Frauen) verliehen wurde. Der preußische Monarch wählte als Stiftungsdatum den 22. März 1871, seinen ersten Geburtstag als Kaiser. Das Verdienstkreuz trägt auf der Vorderseite ein kleines Genfer Kreuz (Rotes Kreuz) und auf der Rückseite eine Krone und die verschlungenen Initialen des Herrscherpaars, also „W“ für Wilhelm I. (1797–1888) und „A“ für Augusta (1811–1890), eine Prinzessin aus dem Haus Sachsen-Weimar-Eisenach, sowie die Jahreszahlen 1870 und 1871. Das Kreuz wurde auf der linken Brustseite getragen, an einem weißen Band mit zwei schwarzen Randstreifen, analog zum Eisernen Kreuz 2. Klasse für Nichtkämpfer. Bis 1875 erfolgten 2.979 Verleihungen.

Hammer Trägerinnen des Verdienstkreuzes

In Hamm wurden mehrere Frauen aus der gesellschaftlichen Oberschicht für ihre Verdienste ausgezeichnet.

Christine Henriette Emilie Wilhelmine Cramer wurde 1850 geboren und war 1870 noch ledig. Es handelte sich um eine Tochter des Volksschullehrers August Cramer (1812–1866), der 1847 die Bäckertochter Catharina Wilhelmine Leffert (1808–1880) geheiratet hatte. Der Großvater Leonhard Ludwig Cramer (1785–1838) war Lehrer und Kantor in Hamm. Beim Tod der Mutter waren Emilie und ihre Schwester Christine Henriette Franziska Cramer (1848–1918) die einzigen Nachkommen. Bei der Taufe eines Neffen[79] im Jahr 1882 fungierte sie als Patin und war weiterhin unverheiratet.

Auguste Henriette Philippine Friederike von Wilczeck wurde 1826 in Dortmund geboren, als Tochter des Premier-Leutnants Joseph Adam Anton von Wilczeck (1794–1852). Er hatte 1814 ein Eisernes Kreuz 2. Klasse für seinen Einsatz beim Vormarsch der Preußen auf Paris erhalten und wurde später als Oberst Kommandeur des 1. Ulanen-Regiments. Die Mutter,

Carolina Johanna Maria Henrietta Sethe (1804–1860), stammte aus Bochum. Der Großvater Carl Wilhelm Georg Sethe (1772–1856) wurde Direktor des Land- und Stadtgerichts in Dortmund. Die Großmutter Justina Theodora Henrietta Natorp war eine Pastorentochter. Die Großeltern verbrachten ihren Lebensabend in Hamm, und in ihrem Haus fand 1847 die Trauung der Enkelin statt. Der Bräutigam, Dr. Christian Gustav Wilhelm Dahrenstaedt, war ein Sohn des Gutsbesitzers Carl Gustav Adolph Dahrenstaedt aus Balz bei Landsberg an der Warthe in Brandenburg. Dahrenstaedt wurde später Sanitätsrat und starb im September 1870 im Alter von 57 Jahren in Hamm. Seine Witwe blieb mit sieben Kindern zurück. Eine 1864 geborene Tochter namens Louise Emma Friederike Ernestine Robertine Agnes heiratete 1883 in Bad Oeynhausen den schwedischen Ingenieur Carl Emil Haeger (1841–1919), verstarb allerdings bereits 1886 in Schweden nach der Geburt des zweiten Sohnes. Der Witwer ging daraufhin 1887 eine weitere Ehe mit seiner Schwägerin Anna Louise Marie Julie Sophie Friederike Dahrenstaedt (1860–1933) ein. Deren Mutter Auguste zog ebenfalls nach Schweden und starb 1909 im Alter von 83 Jahren in dem Ort Lilla Edet, nördlich von Göteborg.

Wilhelmine Louise de Bary (1812–1888), die Ehefrau des Pfarrers Platzhoff, stammte aus Frankfurt. Ihr Vater, Isaak de Bary (1778–1821) war Kaufmann und ab 1800 verheiratet mit Auguste Dorothea Friederike Pilgrim (1778–1854). Sie lebte bis zu ihrem Lebensende in Hamm. Ihr Bruder Heinrich Carl de Bary (1805–1851) besaß eine Fabrik in Barmen. Dessen Sohn August Theodor de Bary (1838–1907) war 1870 Premier-Leutnant im Garde-Train-Bataillon und erlangte ein Eisernes Kreuz 2. Klasse. Er starb als Rittmeister a. D. in Berlin.

Christiane Wilhelmine Josephine Knaust wurde 1831 in Minden als Tochter des Gerichtssekretärs Franz Ludwig Knaust geboren und katholisch getauft. 1853 fand in Minden die evangelische Trauung mit dem Hammer Apotheker Johann Diedrich Christian Redicker, geboren 1809 als Sohn des Bäckers Gerhard Wilhelm Redicker, statt. Bei seinem Tod 1869 blieb die Witwe mit drei minderjährigen Kindern zurück. 1870 gründete sie mit ihren Kindern Franz Christian Dietrich, geboren 1854, und Clara Caroline Charlotte Wilhelmine, geboren 1860, in Hamm eine Gesellschaft unter dem Namen „D. Redicker". Zum Prokuristen machte man den Apotheker Peter Carl Hatzig (1838–1914), einen in Köln geborenen Gastwirtssohn. Christiane Redicker, geborene Knaust, starb bereits 1873 an einer Unterleibsentzündung. Hatzig heiratete 1875 Friederike (Frieda) Helene Christiane Redicker, geboren 1855. Später betrieb er die Löwen-Apotheke in Hannover und wurde dort auch Vorsitzender des Apothekervereins.

Friederike Helene Sophie Emma Wittgenstein (1830–1882) entstammte einer ehemals jüdischen Kaufmannsfamilie in Lippstadt, wurde allerdings evangelisch getauft. Ihre Eltern waren der Handelsmann Ludwig Carl Conrad Wittgenstein und Emilie Luise Calm. Sie wurde die zweite Ehefrau des Sanitätsrats Dr. Julius Wilhelm Ruer (1784–1864). Ruer entstammte einer jüdischen Medizinerfamilie aus Meschede und hatte 1806 promoviert. 1812 fand in Niedermarsberg die katholische Trauung mit Louise Alers statt. 1813 wurde er Direktor des neugegründeten Landeshospitals in Marsberg, aus dem 1816 die Provinzial-Irrenanstalt hervorging. Nachdem er dort 1850 seinen Abschied genommen hatte, unterhielt er ab 1860 in Hamm eine private Anstalt für Gemütskranke. Ruer wurde in Hamm als Mitglied der evangelischen Gemeinde bestattet. Er hinterließ 1864 die Witwe Sophie und zwei Kinder aus erster Ehe. Die Witwe bekam im Juni 1870 in Dresden einen unehelichen Sohn, der nach acht Tagen verstarb. Sie kehrte später nach Hamm zurück und starb dort im Alter von 52 Jahren. Ruers Großneffe Dr. jur. Otto Ruer (1879–1933) wurde 1925 Oberbürgermeister von Bochum und fiel dem Nationalsozialismus zum Opfer. Nach ihm wurde in Bochum der Dr.-Ruer-Platz benannt.

Friederike Dorothea Cäcilie Schulz wurde 1826 in Hamm geboren. Ihr Vater, Dr. phil. Heinrich Theodor Friedrich Schulz (1780–1844), stammte aus Obermassen bei Unna und war ein Sohn der Eheleute Heinrich Johann Friedrich Schulz, Amtsrat, und Eleonore Henriette Bielefeld. 1813 kam er als Privatgelehrter nach Hamm und heiratete im gleichen Jahr Catharine Wilhelmine Schmits, die 1792 geborene Tochter des Kaufmanns Johann Peter Schmits (1748–1824) und dessen Ehefrau Magdalena Stuniken (1764–1842). Schulz betätigte sich zunächst als Buchhändler und anschließend als Verleger. Er tat sich mit dem 1792 in Minden geborenen Buchhändler Gottlieb Augustin Wundermann zusammen und gab ab Anfang 1819 die Zeitung „Der Sprecher oder Rheinisch-Westphälischer Anzeiger" heraus. Seine Tochter Cäcilie wurde in Berlin als Lehrerin ausgebildet, hielt sich danach in Frankreich auf und brachte danach in England ein Jahrzehnt als Vorsteherin einer Erziehungsanstalt zu. 1871 gründete sie, unterstützt von ihren Nichten, ebenfalls Lehrerinnen, in der Villa Humboldt in Bad Neuenahr ein „Töchter-Pensionat" für die „geistige, körperliche und gesundheitliche Entwicklung" von Mädchen aus gutsituierten Familien. Die medizinische Leitung übernahm Sanitätsrat Dr. Paul Unschuld (1835–1914). Der Ritter des Eisernen Kreuzes für Nichtkämpfer war 1870 zunächst Stabsarzt im Oldenburgischen Infanterie-Regiment Nr. 91 und nach der Besetzung der Stadt Orléans dort Kommandanturarzt. Cäcilie Schulz starb 1908 als unverheiratete Rentnerin in Bad Neuenahr.

Mathilde Gisberta Wilhelmine Auguste von Khaynach wurde 1815 auf Schloss Dellwig bei Dortmund geboren. Ihre Eltern waren Hauptmann Friedrich Adolph Wilhelm von Khaynach und Maria Sophia Christine Caroline von Duderstadt (1788–1855), verheiratet seit 1812. Die Mutter verstarb in Hamm. Ein Halbbruder, Wilhelm Gisbert Ludwig Carl Ehrenreich von Khaynach (1800–1849), war 1815 einer der jüngsten Kriegsteilnehmer aus der Grafschaft Mark, die die Schlacht bei Waterloo mitmachten. Er blieb anschließend beim Militär und verließ die Armee 1848 als Major, starb aber bereits im Folgejahr in Neuruppin an Lungenschwindsucht. Mathilde ging 1838 in Soest eine erste Ehe ein mit Ludwig August Johann Regenhertz (1786–1854), Gerichtsrat und Witwer. Der Sohn des Soester Bürgermeisters Heinrich Adam Regenhertz (1743–1809) hatte als Leutnant des Hammer Landwehr-Bataillons ebenfalls an den Befreiungskriegen teilgenommen und danach eine Laufbahn als Justizbeamter eingeschlagen. 1822 schloss er eine erste Ehe mit Anna Margaretha von Rademacher. Mathilde von Khaynach ging als Witwe 1855 eine zweite Ehe mit Ernst Friedrich Wilhelm Carl von Vincke (1819–1856) ein. Der in Münster geborene Sohn des Oberpräsidenten der Provinz Westfalen hatte ab 1845 das Amt des Landrats des Kreises Hamm inne. Er starb nach nur neun Monaten Ehe an einer Entzündung der Lymphgefäße (Blutvergiftung). Seine Witwe lebte bis zu ihrem Lebensende 1891 in Hamm und wurde in der Grabstätte der Familie von Vincke bei Haus Busch in Hagen bestattet.

Johanna Clara Henriette Unckenbold (1821–1889) war eine Tochter des Bäckers und Gastwirts Johann Wilhelm Arnold Wilhelm Unckenbold (1793–1864), der sich 1813 als freiwilliger Jäger zum Kampf gegen Napoleon gemeldet hatte. 1816 heiratete er in Duisburg Clara Christina Gertrud Asbeck. Henriette ging ihrerseits 1844 eine Ehe mit Gottfried Friedrich Heinrich Wenker ein. Er wurde 1816 in Dortmund geboren, als Sohn des Bäckers Johann Heinrich Wenker, und hatte sich als Kupferschmied in Hamm niedergelassen. Dort starb er bereits 1851 an einem Gehirnleiden.

Elise Marie Albertine Henriette Bertha Wünnenberg kam 1816 in Hamm zur Welt und wurde reformiert getauft. Ihr Vater, Johann Carl Gottfried Wünnenberg (1788–1871), war Kreissekretär und später Kanzleirat. Die Mutter, Wilhelmine Catharine Riehl (um 1787–1858), stammte aus Kassel. Der Großvater Johann Heinrich Wünnenberg (um 1750–1818) stammte aus Ickern bei Castrop-Rauxel. Er heiratete 1785 als Feldwebel in Soest Clara Sophia Wilde (um 1766–1823) und wurde nach seiner Militärzeit „Servisrendant“ (Kassenverwalter) und anschließend Kaserneninspektor in Hamm. Bertha Wünnenberg blieb, wie ihre in Paderborn geborene Schwester Catharine Sophie Auguste Wünnenberg (1814–1885), ledig. Ihr

Onkel Johann Wilhelm Wünnenberg (1792–1869) überlebte den napoleonischen Russlandfeldzug und kam anschließend als Premier-Leutnant zur westfälischen Landwehr. 1818 heiratete er in Boke bei Büren Louise Ferdinandine Christine Wickenberg (um 1796–1878) und wurde dann Kreissekretär in Paderborn. Im weiteren Verlauf stieg er einerseits zum Major, andererseits zum Domänenrentmeister auf.

Clara Maria Philippine Henriette Sandkuhl wurde 1829 in Münster geboren und katholisch getauft. Ihr Vater, Gerhard Ludger Heinrich Sandkuhl (1789–1844), stammte aus Essen-Werden. Sein Vater war dort Schichtmeister einer Zeche. Er selbst hatte als Angehöriger der großherzoglich bergischen Lanzenreiter 1812 den verhängnisvollen napoleonischen Russlandfeldzug mitgemacht und zwar als Feldwebel und Ordonnanz des französischen Marschalls Claude Victor Perrin genannt Victor (1764–1841). Nach seiner Rückkehr bildete er mit den Resten der bergischen Kavallerie die Basis für das 11. Preußische (1. Westfälische) Husaren-Regiment, welches 1815 unter Blücher gegen die Franzosen ins Feld zog. 1824 heiratete Sandkuhl als Sekonde-Leutnant in der Münsterischen Lamberti-Kirche Josephine (Engel) Nölken (1795–1862), die Tochter eines Gastwirts und Weinhändlers. 1831 wurde er mit seinem Regiment nach Antwerpen beordert. Als 1830 Belgien durch eine blutige Revolution die Unabhängigkeit von den Niederlanden erlangte, hatte man in Preußen die teilweise Mobilmachung der Armee angeordnet. Die Zitadelle von Antwerpen wurde bis 1832 von niederländischen Truppen gehalten und von französischen Truppen auf Seiten der Belgier belagert. Die westfälischen Husaren wurden allerdings nicht in militärische Aktionen verwickelt. 1833 erfolgte Sandkuhls Beförderung zum Premier-Leutnant, 1838 wurde er Rittmeister und 1842 im Rang eines Majors verabschiedet. Seine Tochter Clara betätigte sich als Handarbeitslehrerin. Sie blieb ledig und starb 1901 im katholischen Krankenhaus in Hamm an der Grippe. Ihr Bruder Gustav Carl Julius Joseph Sandkuhl (1828–1892) trat in die Fußstapfen des Vaters. Als Major führte er 1870/71 ein preußisches Pionier-Bataillon und erhielt beide Klassen des Eisernen Kreuzes. Später stieg er zum Generalleutnant auf.

Henriette Betti Sophie Emilie Unckenbold (1843–1896) wurde in Ahlen geboren. 1871 fand in Hamm ihre Trauung mit Adolph Friedrich Gustav Haselmann (1834–1911) statt. Der Sohn des Bürgermeisters von Ladbergen war ab 1858 zunächst Kreisvikar der Synode Tecklenburg, dann Pfarrer in Ahaus und Vreden und kam schließlich 1866 als Strafanstaltsgeistlicher nach Hamm. 1887 wurde er pensioniert und verbrachte die letzten Jahre seines Lebens in Halberstadt.

Kriegervereine

In der zweiten Hälfte des 19. Jahrhunderts entstanden in Hamm mehrere Kriegervereine. Den Anfang machte 1868 der Vereinigte Krieger- und Landwehr-Verein.

Abzeichen des Vereinigten Krieger- und Landwehr-Vereins Hamm, gegründet 1868, mit dem Ergänzungszeichen für 25 Jahre

1877 folgte ein weiterer Kriegerverein. 1892, 1893 und 1894 schlossen sich Garde-, Kavallerie- und Artillerie-Verein an. 1898 kam noch ein Marine-Verein hinzu.

Abzeichen des Artillerie-Vereins Hamm

1872 fand in der Nordenfeldmark die Gründung eines eigenen Krieger- und Landwehr-Vereins statt und desgleichen 1891 in der Westenfeldmark.

Diese Vereine schlossen sich später dem Preußischen Landes-Kriegerverband an, der 1903 insgesamt 13.022 Vereine mit 1.149.105 Mitgliedern zählte.

Abzeichen des Krieger- und Landwehr-Vereins Hamm im „Preussischen Landes-Kriegerverband"

Unter den Vereinsmitgliedern waren auch Wilms, Kayser und Rietz, die letzten Hammer Veteranen der Befreiungskriege. Wilms und Kayser, beide ehemals Wehrmänner im 1. Westfälischen Landwehr-Infanterie-Regiment, gehörten zu den 47 Veteranen des Regierungsbezirks Arnsberg, die am 17. März 1883 an einer Feier anlässlich des 70. Jahrestages des königlichen Aufrufs zum Widerstand gegen die Franzosen teilnahmen.

Justus Christian Diederich (Dietrich) Franz Wilms (1796–1885), evangelisch, wurde in Dinker geboren und getauft. Sein Vater Johann Diederich Wilms stammte aus Berksen und hatte 1791 mit 19 Jahren Anna Maria Wietkamp genannt Schulze, die 30-jährige Witwe seines Onkels, geheiratet. 1817 ging er selbst in Dinker eine Ehe mit Elisabeth Westermann aus Vöckinghausen ein. Wilms arbeitete zunächst als Tagelöhner und lebte mit seiner Familie in Süddinker. Später erfolgte der Umzug nach Hamm, und Wilms arbeitete fortan als Gärtner.

Der Glaser Wilhelm Kayser (1793–1885), katholisch, war ein Sohn des Musikers Severin Sebastian Kayser und der Catharina Elisabetha Wächter. Er machte die Schlachten bei Ligny und Waterloo sowie die Belagerung des Arsenals in La Fère mit. 1818 fand in Hamm die katholische Trauung mit Maria Agnes Wulfhorst (1793–1882), evangelisch, aus Gütersloh statt.

Carl Ludwig Rietz (1796–1889), evangelisch, wurde in Hamm als Sohn des Gastwirts Johann David Ritz (1768–1841) geboren. Der evangelische Vater stammte aus Kassel, war als Friseur nach Hamm gekommen und ging 1789 eine Ehe mit Anna Wilhelmina Plettenberg (1763–1829), katholisch, ein. Später eröffnete er an der Lippe eine Weinwirtschaft.[80] 1829 folgte eine zweite Ehe mit Elisabeth Finke (1785–1841), ebenfalls katholisch, aus Arnsberg. Carl Rietz schloss sich 1813 als Freiwilliger dem 1. Pommerschen Infanterie-Regiment an. 1814 und 1815 nahm er an mehreren Schlachten und Belagerungen teil. 1816 versetzte man ihn als Sekonde-Leutnant zur Artillerie. Anschließend war er Hauptmann in der 8. Artillerie-Brigade in Köln. 1843 nahm er als Major seinen Abschied. Er blieb unverheiratet und starb mit 92 Jahren in der Hammer Südstraße.

Kriegsteilnehmer aus den Stadtteilen

Allen

Franz Heinrich Rinsche aus Allen, der 1844 geborene Sohn des Tagelöhners Heinrich Rinsche und der Wilhelmine Borgmann, war Musketier und wurde am 29. Juli 1871 in Hannover in einem Graben hinter der Kriegsschule tot aufgefunden. Man konnte ihn anhand seines Militärpasses identifizieren. Ein entsprechender Sterbeeintrag wurde sowohl im Kirchenbuch der Gemeinde Sankt Regina in Rhynern als auch bei der katholischen Gemeinde St. Clemens in Hannover vorgenommen.

Berge

Die Gefallenen Bußmann, Neuhaus, Röller und Wellie aus Berge werden auf dem Kriegerdenkmal in Rhynern und an anderen Stellen genannt.

Heinrich Friedrich Schulze Berge genannt Niggemann (1839–1927) war ein Sohn des Landwirts Diederich Schulze Berge genannt Niggemann und der Elisabeth Niggemann. Als Füsilier der 12. Kompanie des 1. Hannoverschen Infanterie-Regiments Nr. 74 wurde er bei Gravelotte verwundet. 1879 fand in Berge die Heirat mit Maria Wilhelmine Elisabeth Kipp (Jahrgang 1845) aus Flerke statt. Der Veteran, Rentner und Witwer starb 1927 im Alter von 87 Jahren in Berge.

Bockum

Hermann Weischer (1845–1901) war ein Sohn von Ferdinand Weischer, Schmied, und Anna Sybilla Oermann. Bereits 1867 heiratete er in Bockum Anna Elisabeth Appelhans, die 1839 geborene Tochter des Müllers Franz Appelhans aus der Geinegger Bauerschaft. Als Musketier der 4. Kompanie des 3. Westfälischen Infanterie-Regiments Nr. 16 erlitt Weischer bei Mars-la-Tour eine Schusswunde am linken Knie und wurde an das Ersatz-Bataillon überwiesen. Er starb als Tagelöhner in Herbern.

Theodor Weischer, 5. Kompanie des 1. Garde-Grenadier-Regiments, wurde am 18. August 1870 durch einen Schuss leicht am Gesäß verwundet. Am 26. Oktober konnte er zum Regiment zurückkehren. Es wird sich um Bernard Theodor gehandelt haben, den 1849 geborenen Sohn des Schmiedes Hermann Weischer und der Anna Maria Linhoff. Dieser heiratete 1873 als Schreiner in Dortmund Gertrud Hönekop, die Tochter eines Tagelöhners aus Herbern. Weischer wurde später Schreinermeister.

Braam-Ostwennemar

Franz Wilhelm Christoph Wilshaus (1846–1887) aus Braam war 1870 Gefreiter der 7. Kompanie des 3. Westfälischen Infanterie-Regiments und kehrte mit einem Eisernen Kreuz 2. Klasse aus dem Krieg zurück. Seine Eltern, der Landwirt Johann Dietrich Gottlieb Heinrich Wilshaus (1813–1854) und Catharina Elisabeth Schulze (1812–1884) aus Eineckerholsen bei Welver, hatten 1842 in Schwefe geheiratet. Wilshaus wurde nach seiner Entlassung 1871 als Unteroffizier Gutspächter in Haaren, starb aber bereits im Alter von 40 Jahren unverheiratet und wurde auf dem Marker Friedhof bestattet.

Aus dem katholischen Zweig der Familie ist Bernhard Wilhelm Ludwig Wilshaus (1833–1922) zu nennen, ein Sohn des Tagelöhners Gottlieb Wilshaus und der Helena Brusthoff. Er ging 1854 als Dreijährig-Freiwilliger zum 13.

Infanterie-Regiment nach Bielefeld. 1857 gründete er in Hamm eine Gärtnerei. 1858 heiratete er in Bielefeld die Gastwirtstochter <u>Auguste</u> Louise Grewe (Grebe) (um 1836–1922). Der Kunst- und Handelsgärtner Wilshaus war Mitglied des „Westphälischen Gartenbau-Vereins“ mit Sitz in Dortmund.

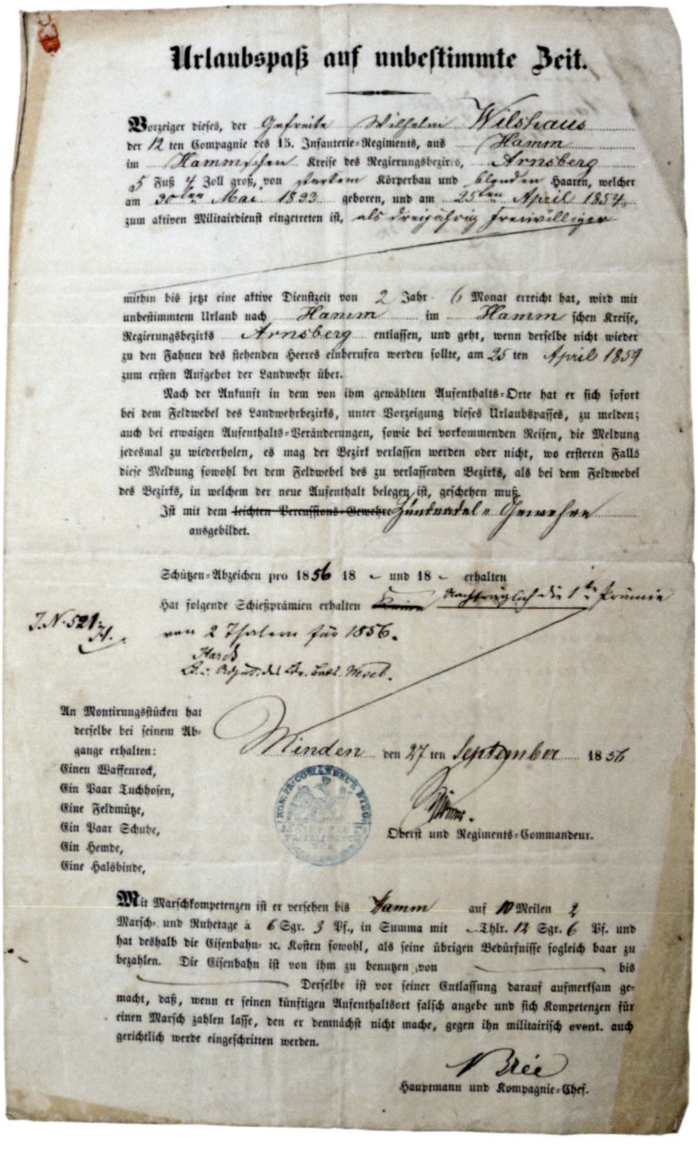

Urlaubspaß auf unbestimmte Zeit.

Vorzeiger dieses, der Gefreite Wilhelm Wilshaus
der 12 ten Compagnie des 15. Infanterie-Regiments, aus Hamm
im Hammschen Kreise des Regierungsbezirks, Arnsberg
5 Fuß 4 Zoll groß, von starkem Körperbau und blonden Haaren, welcher am 30ten Mai 1833 geboren, und am 25ten April 1854 zum aktiven Militairdienst eingetreten ist, als dreijährig Freiwilliger

mithin bis jetzt eine aktive Dienstzeit von 2 Jahr 6 Monat erreicht hat, wird mit unbestimmtem Urlaub nach Hamm im Hamm schen Kreise, Regierungsbezirks Arnsberg entlassen, und geht, wenn derselbe nicht wieder zu den Fahnen des stehenden Heeres einberufen werden sollte, am 25 ten April 1859 zum ersten Aufgebot der Landwehr über.

Nach der Ankunft in dem von ihm gewählten Aufenthalts-Orte hat er sich sofort bei dem Feldwebel des Landwehrbezirks, unter Vorzeigung dieses Urlaubspasses, zu melden; auch bei etwaigen Aufenthalts-Veränderungen, sowie bei vorkommenden Reisen, die Meldung jedesmal zu wiederholen, es mag der Bezirk verlassen werden oder nicht, wo ersteren Falls diese Meldung sowohl bei dem Feldwebel des zu verlassenden Bezirks, als bei dem Feldwebel des Bezirks, in welchem der neue Aufenthalt belegen ist, geschehen muß.

Ist mit dem ~~leichten Percussions-Gewehre~~ Zündnadel-Gewehr ausgebildet.

Schützen-Abzeichen pro 1856 18 – und 18 – erhalten

Hat folgende Schießprämien erhalten ~~Keine~~ [illegible] 1te Prämie von 2 Thalern für 1856.

I. N. 521/H.

[illegible]

An Montirungsstücken hat derselbe bei seinem Abgange erhalten:
Einen Waffenrock,
Ein Paar Tuchhosen,
Eine Feldmütze,
Ein Paar Schuhe,
Ein Hemde,
Eine Halsbinde,

Minden den 27 ten September 1856

[illegible]

Oberst und Regiments-Commandeur.

Mit Marschkompetenzen ist er versehen bis Hamm auf 10 Meilen 2 Marsch- und Ruhetage à 6 Sgr. 3 Pf., in Summa mit – Thlr. 12 Sgr. 6 Pf. und hat deshalb die Eisenbahn- 2c. Kosten sowohl, als seine übrigen Bedürfnisse sogleich baar zu bezahlen. Die Eisenbahn ist von ihm zu benutzen von — bis — Derselbe ist vor seiner Entlassung darauf aufmerksam gemacht, daß, wenn er seinen künftigen Aufenthaltsort falsch angebe und sich Kompetenzen für einen Marsch zahlen lasse, den er demnächst nicht mache, gegen ihn militairisch event. auch gerichtlich werde eingeschritten werden.

v. Brée

Hauptmann und Kompagnie-Chef.

Urlaubspass des Gefreiten Wilhelm Wilshaus,
12. Kompanie des 15. Infanterie-Regiments, 1856 ausgestellt in Minden

Ein Musketier der 5. Kompanie des 74. Regiments aus Hamm namens Friedrich Koch bekam sein Eisernes Kreuz am 19. Mai 1871 überreicht. Aufgrund mehrerer Probanden mit diesem Namen ist keine eindeutige Zuordnung möglich. Vielleicht handelte es sich um Friedrich Koch, geboren 1844 in Braam, katholisch getauft in der Geithe, als Sohn des Webers und Tagelöhners Peter Ferdinand Koch, katholisch, und der Anna Sophia Catharina Maria Hockamp, evangelisch, der 1912 in Hamm als Witwer und Fabrikinvalide starb.

Freiske

Heinrich Wilhelm Meyer aus Freiske, „Meier VI." im 1. Hannoverschen Infanterie-Regiment Nr. 74, Füsilier der 12. Kompanie, wurde bei Gravelotte in unbekannter Weise verwundet. Der 1839 geborene Sohn von Johann Diedrich Meyer, Ackerknecht und Tagelöhner, und Johanna Maria Christina König genannt Schröer, hatte 1866 in Rhynern Johanna Sophia Josina Nott geheiratet und lebte mit seiner Familie als Schuster in Westtünnen. Er starb 1888.

Johann Friedrich Heinrich Kräenfeld (1845–1927), ehemals Kreienfeld, war ein Sohn des Tagelöhners Johann Friedrich Kreienfeld und der Anna Elisabeth Göbel (1815–1883), die 1835 geheiratet hatten. Als Musketier der 3. Kompanie des 3. Westfälischen Infanterie-Regiments Nr. 16 wurde er am 7. Januar 1871 vor Château-Renault, nordöstlich von Tours an der Loire, von einer Kugel in einer Schulter getroffen. Er überlebte, kehrte zurück, arbeitete als Tagelöhner in Weetfeld und heiratete 1873 in Bönen Wilhelmine Hilbk (1853–1924), Tochter eines Bahnwärters aus Pelkum. Der Invalide und Witwer Kräenfeld starb mit 82 Jahren in Freiske.

Frielinghausen

Zu dem Namen Richter, 8. Kompanie des 1. Hannoverschen Infanterie-Regiments Nr. 74, existieren in den amtlichen Verlustlisten zwei unterschiedliche Einträge. Zum einen wurde Friedrich Wilhelm Richter aus Frielinghausen, Gefreiter, am 6. August 1870 bei Saarbrücken durch einen Granatsplitter an der rechten Hand verletzt und daraufhin dem Ersatz-Bataillon zugeteilt. Andererseits hieß es, Wilhelm Richter, Musketier, wurde durch einen Schuss leicht am rechten Fuß verwundet und kam in Hamm in ein Lazarett. Wahrscheinlich war Friedrich Wilhelm Carl Diedrich gemeint, der 1845 geborene Sohn des Landwirts Wilhelm Richter (1807–1893) aus Siddinghausen bei Hemmerde, der 1844 in Dinker Juliana Clara Friederika Josina Sophia Elisabeth Weringhoff genannt Schulze geheiratet hatte, die 1824 geborene Tochter eines Kolons aus Frielinghausen. Er wurde Gastwirt in Norddinker und heiratete 1881 die Witwe Clara Maria Anna Sophia Elisabeth Ribbert, die 1895 im Alter von 65 Jahren verstarb. Der Witwer Richter schloss 1902 noch eine weitere Ehe mit Sophie Schmidt aus Vellinghausen. Er starb 1919.

„Friedrich Pannekoke" aus „Untropp", Füsilier der 12. Kompanie des 3. Westfälischen Infanterie-Regiments, wurde am 28. Dezember 1870 bei Beaune-la-Rolande ein Knie durchschossen. Es handelte sich um Diedrich Friedrich Wilhelm Pannekauke, den 1841 unehelich geborenen Sohn des Ackerknechtes Henrich Pannekauke aus Eilmsen und der Clara Franke aus Frielinghausen. Dieser hatte 1868 in Uentrop Lisetta Juliana Henrietta Josina Elisabeth Winkler (1841–1925) geheiratet, Tochter eines Tagelöhners aus Frielinghausen. Pannekauke arbeitete nach dem Krieg als Heizer und Maschinist. Er ertrank am 22. September 1902 in der Lippe bei Uentrop und hinterließ eine Witwe mit vier volljährigen und einem minderjährigen Kind.[81]

Friedrich Wilhelm Heinrich Diedrich Wiemer (1844–1927), ein Sohn des Tagelöhners Johann Diedrich Wiemer und der Louisa Hölscher, war 1866 Soldat, als Caroline Krabs (1841–1898), eine Webertochter aus Schmehausen, einen unehelichen Sohn zur Welt brachte. Erst 1872 konnte Wiemer die Vaterschaft offiziell anerkennen und die Mutter in Hamm heiraten. Zu dieser Zeit arbeitete Wiemer als Tagelöhner, später wurde er bei der Eisenbahn angestellt. Er starb im Alter von 83 Jahren in Duisburg.

Haaren

Wilhelm Schockenhoff aus Haaren, Angehöriger der 11. Kompanie des 3. Westfälischen Infanterie-Regiments, zählte bei Mars-la-Tour zu den Vermissten. Friedrich Wilhelm Schockenhoff (1847–1913), katholisch, war ein Sohn des Tagelöhners Johann Franz Theodor Schockenhoff genannt Reinert[82] (1820–1883) und der Elisabeth Wiesendahl genannt Heimann (um 1818–1889). Er arbeitete als Schuster und Landwirt und ging 1879 in der Geithe eine Ehe mit Maria Stins genannt Knicker (1856–1930) aus Braam ein. Schockenhoff starb 1913 in Haaren.

Heessen

Das 1925 eingeweihte Kriegerdenkmal in Heessen bezieht auch die Opfer der Einigungskriege ein und trägt jeweils einen Namen für die Jahre 1864 (Urbaum), 1866 (Petermann) und 1870/71 (Raamann).

Kriegerdenkmal in Heessen

Im Deutsch-Dänischen Krieg wurde Clemens August Urbaum, Musketier der 1. Kompanie des 5. Westfälischen Infanterie-Regiments Nr. 53, am 18. April beim Sturm auf die Düppeler Schanzen durch einen Schuss in die Brust tödlich verwundet. Es handelte sich um den 1839 geborenen Sohn des Barbiers Gerhard Heinrich Urbaum (1791–1869), der 1837 die Tagelöhnertochter Anna Maria Schweer geheiratet hatte. Der Großvater Caspar Urbaum war Bote auf Haus Heessen.

Johann Franz Petermann wurde 1838 in der Bauerschaft Enniger geboren, als unehelicher Sohn des Tagelöhners Johann Henrich Petermann und der Angela Raamann. Die Heirat der Eltern fand 1839 statt. Die Mutter war die Tochter eines Ahlener Tagelöhners und die Witwe des Tagelöhners Bernard Theodor Pferdehirt (1795–1831), den sie 1827 geheiratet hatte. Pferdehirt hatte mit dem 4. Westfälischen Landwehr-Infanterie-Regiment die Befreiungskriege mitgemacht. Petermann war 1866 Musketier in der 7. Kompanie des 5. Westfälischen Infanterie-Regiments Nr. 53. Am 4. Juli erlitt er in einem Gefecht zwischen Rethardshausen und Zella einen Schuss durch den Unterleib, wurde in ein Feldlazarett in Dermbach gebracht und verstarb dort.

Bernhard Theodor Raamann nahm 1870 als Füsilier der 10. Kompanie des 2. Garde-Grenadier-Regiments an dem Krieg teil, fiel am 18. August bei Saint-Privat-la-Montagne und wurde auf dem Schlachtfeld beerdigt. Es handelte sich um den 1842 in der Bauerschaft Enniger geborenen Sohn des Bauern Bernard Raamann und der Gertrud Linhoff.

Auf dem Denkmal nicht genannt wird Johann Kemper, geboren 1842 als Sohn des Schusters Heinrich Kemper und der Anna Catharina Budde. Er ging als Schuster nach Düsseldorf, wurde zum Militär eingezogen und starb am 6. September 1870 in einem Lazarett in Wesel an Abdominaltyphus (Unterleibstyphus). Kemper hinterließ als Witwe Maria Theresia Altemeyer. Bei ihr handelte es sich wahrscheinlich um die 1842 in Ahlen geborene Tochter des Tierarztes Henrich Altemeyer und der Maria Schwarzthal. Diese Familie zog später nach Drensteinfurt. Die besagte Tochter ging als Büglerin nach Kassel und heiratete dort 1878 als Witwe Funke Heinrich Kiehl (Kiel) (1841–1879), Sergeant im Hessischen Train-Bataillon Nr. 11. Nach dessen Tod schloss sich 1884 noch eine weitere Ehe mit dem Eisenbahnvorarbeiter Johann Peter Bick, Jahrgang 1838, evangelisch-reformiert, an.

Es folgen weitere Kriegsteilnehmer aus Heessen, die überlebten.

Paul Adolph Klaphecke wurde 1840 als Sohn des Kornhändlers Eberhard Heinrich Klaphecke (Jahrgang 1793) und der Maria Christina Rogge (1800–1863) geboren.[83] Die Eltern hatten 1824 in Dolberg geheiratet. 1866 war er Sekonde-Leutnant der 2. Kompanie des 1. Westfälischen Infanterie-Regiments Nr. 13. Am 14. Juli 1866 traf eine Kugel drei Finger seiner rechten Hand, und er musste in einem Lazarett in Aschaffenburg versorgt werden. Anschließend bekam er den Kronenorden 4. Klasse mit Schwertern verliehen. Klaphecke war verheiratet mit Antonie Pauline Gertrud Weise. Er starb 1919 in Hamburg als Oberzollrevisor im Ruhestand.

Everhard Kettrup (1840–1915) war ein Sohn des Kötters Gerhard Kettrup und dessen Ehefrau Elisabeth Berenbrock und Soldat in der 8. Kompanie des 1. Westfälischen Infanterie-Regiments Nr. 13. Am 21. Januar 1871 wurde er bei Marnay, westlich von Besançon, durch einen Schuss leicht an der linken Schulter verletzt, konnte aber bei seinem Truppenteil bleiben. 1883 heiratete der Kötter Kettrup Maria Anna Gilbert (1854–1932), die Tochter eines Schuhmachers und Handelsmanns. Er starb mit 74 Jahren an Asthma.

Der Schuster Heinrich Borgert wurde 1841 in Heessen als Sohn des Webers Caspar Borgert und der Angela Uhlenbrock geboren. Am 10. Januar 1871 erhielt er in einem Gefecht bei Abbévillers, südöstlich von Montbéliard, an der Grenze zur Schweiz, einen Prellschuss am linken Unterarm und kam in ein Lazarett in dem benachbarten Ort Grosne. Nach der amtlichen Verlustliste war er Wehrmann in der 5. Kompanie des Schleswigschen Landwehr-Regiments Nr. 84, 2. Bataillon am Standort Apenrade. Borgert heiratete 1872 in Steele Maria Louise Lienkamp. Der Schuhmachermeister Borgert starb 1903 in Steele.

Heinrich Hardinghaus (1842–1912) war 1866 Gefreiter in der 10. Kompanie des 2. Garde-Grenadier-Regiments und wurde am 3. Juli 1866 bei Chlum von einer Kugel im Unterleib getroffen. Er stammte aus der Bauerschaft Killwinkel und war ein Sohn des Bauern Anton Hardinghaus und der Gertrud Gudehege. Erst 1882 heiratete er als Landwirt Anna Haversack, verwitwete Hülskamp.

Wilhelm Leyer aus Heessen wurde als Musketier der 5. Kompanie des 13. Regiments am 14. August 1870 bei Metz durch einen Streifschuss am rechten Knie leicht verwundet, konnte aber bei seiner Kompanie bleiben. Vermutlich handelte es sich um den 1845 in Pelkum geborenen und in Nordherringen katholisch getauften Sohn des Leinewebers Gottfried Leyer (Leier) und der Caroline Berse. Dieser ging als Schuster nach Heessen und heiratete 1872 in Herbern Anna Catharina Holtrup (um 1835–1883), die Tochter eines Tagelöhners aus Ondrup. Die Familie wohnte anschließend zunächst am Nordenstift und zog später nach Hövel, nachdem Leyer eine Stelle als Bahnarbeiter bekommen hatte. Als Witwer heiratete er 1884 in Bockum Josephina Hinkelmann. Der Invalide Leyer starb 1924 in Hövel.

Otto Joseph Maria Paul Mechthild Heribert Ernst Hubert von Boeselager (1840–1897) kam auf Schloss Heessen zur Welt. Sein Vater, der Gutsbesitzer Carl Franz Maximilian Anton August Eleutherius[84] von Boeselager (1802–1869), geboren in Münster, war ab 1855 Gemeindevorsteher in Heessen und Mitbegründer des landwirtschaftlichen Kreisvereins Beckum. 1826 fand die Trauung mit Adolphina Theresia Hermangilda von Wolf-Metternich (1808–1879) aus Wehrden statt, einer Tochter von Philipp von Wolf-Metternich zur Gracht, Landrat des Kreises Höxter. Ein 1835 geborener Sohn namens Philipp Franz Carl Joseph Aloysius Wolfgang Albinus Adalbert Hubertus Maria Adelhard wurde 1861 als Forsteleve bei Carzig in Brandenburg von Wilddieben erschossen.

Schloss Heessen

Otto von Boeselager war 1870 Sekonde-Leutnant im 5. Reserve-Husaren-Regiment und erlangte ein Eisernes Kreuz 2. Klasse. Nach dem Krieg gehörte er zur Kavallerie des 1. Westfälischen Landwehr-Regiments am

Standort Warendorf. Später wanderte er nach Amerika aus und erwarb 1883 im US-Bundesstaat Oregon größere Ländereien, auf denen Teile des Ortes Mount Angel entstanden, unter anderem das städtische Gefängnis.[85] Von Boeselager starb mit 57 Jahren als Junggeselle.

Otto von Boeselagers Grab in Mount Angel

Er war Agent der Gesellschaften Southern Pacific Railroad, Western Union Telegraph und Wells Fargo & Co. Außerdem betätigte er sich als Techniker und Erfinder. 1890 meldete er in den USA einen neuartigen Antrieb für Dampfschiffe zum Patent an (Nr. 449.996 vom 7. April 1891, „Propeller for Vessels“). Ein entsprechendes Patent wurde 1891 im Deutschen Reich unter der Nummer 61.741 („Vorrichtung zum Fortbewegen, Steuern und Anhalten von Schiffen“) erteilt. Die Erfindung sah vor, nach dem Prinzip eines Fischschwanzes ein Ruder unter dem Schiffsrumpf seitlich zu bewegen, um so das Schiff voranzutreiben. 1892 folgte in den USA das Patent Nr. 476.601 für Laufplanken in Lagerhäusern („Warehouse Gang-Plank“). Darin wird eine verfahrbare Planke beschrieben, welche den Abstand zwischen einer Laderampe und beispielsweise einem Eisenbahnwaggon überbrückt. Durch ein entsprechendes Aufhängesystem lässt sich die Planke bei Nichtgebrauch aus dem Weg schaffen.

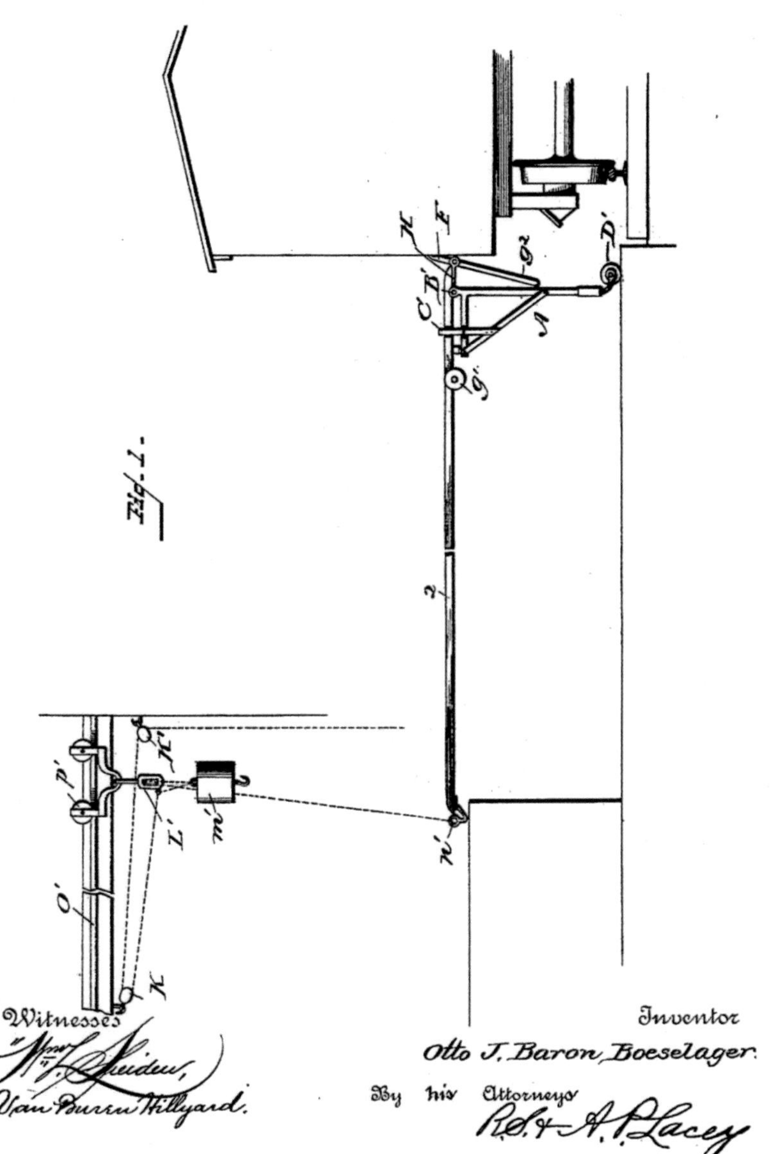

Zeichnung 1 zum US-Patent Nr. 476.601

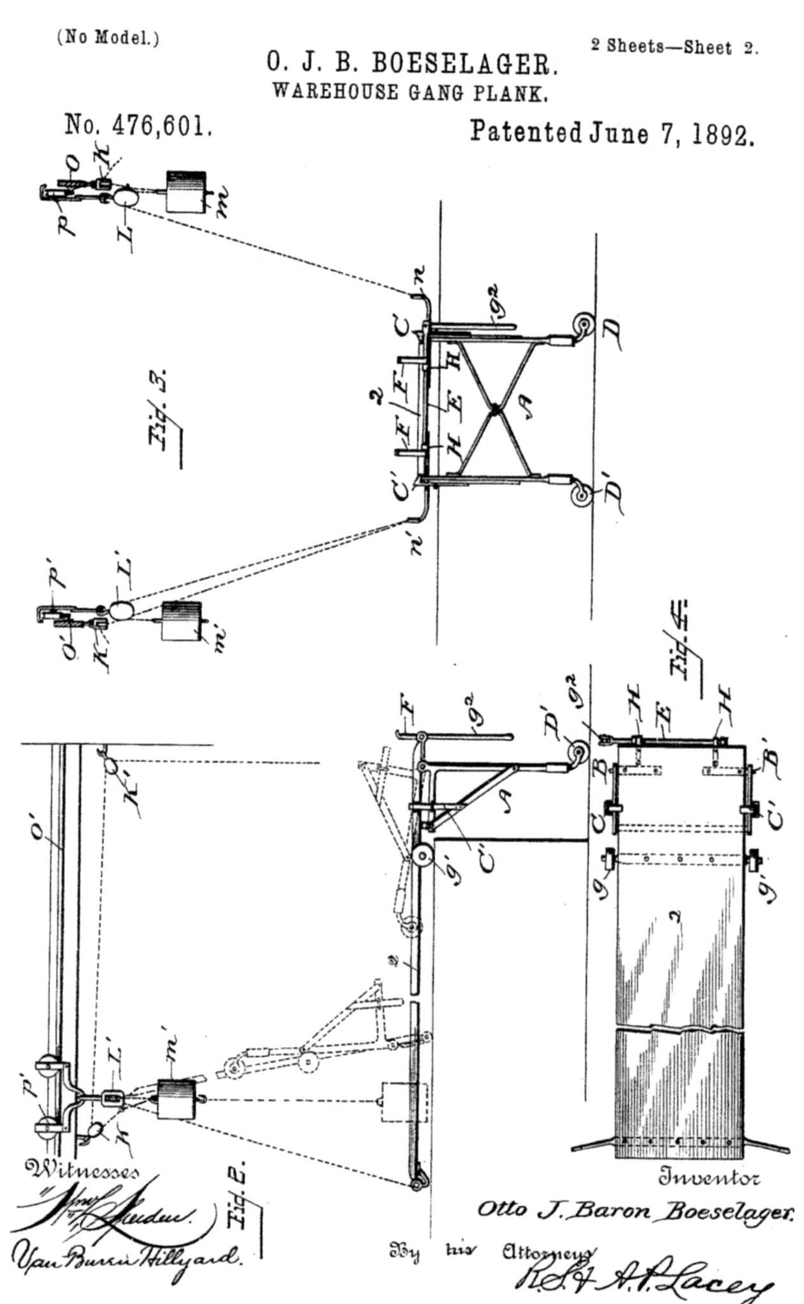

Zeichnung 2 zum US-Patent Nr. 476.601

Ein Vetter des Vorgenannten, Carl Clara Clemens August Maria Joseph Hubert von Boeselager (1842–1897), geboren in der Burg Peppenhoven bei Rheinbach, war 1870 Premier-Leutnant im Königs-Husaren-Regiment (1. Rheinisches) Nr. 7 und erlangte ein Eisernes Kreuz 2. Klasse. Er nahm 1872 Abschied von der Armee. Seine Eltern, der Rittergutsbesitzer Friedrich Joseph Alexander Hubert Maximilian August Maria Silvester von Boeselager (1799–1858), geboren in Münster, und Gudula (Julia) Josephina Comitti (1800–1856), hatten 1825 in Köln geheiratet. Carl von Boeselager starb mit 55 Jahren als lediger Rentner in Haus Londorf bei Trippelsdorf im Rheinland.

Ein Großonkel der beiden Offiziere, Caspar Anton Carl Maria von Boeselager (1779–1825), erhielt 1796 die Priesterweihe und die Anwartschaft als Domherr[86] zu Münster. In den beiden folgenden Jahren studierte er an der Universität Münster Philosophie und Jura. 1799 wurde er vollgültiger Domherr. Von 1800 bis 1811, bis zur Aufhebung des Domkapitels, hatte er das Amt des Propstes[87] inne.

1813 meldete er sich freiwillig zur westfälischen Landwehr und wurde Hauptmann und Kompanieführer. Am 16. Juni 1815 verteidigte er mit zwanzig Landwehrmännern die Kirche in Ligny gegen eine französische Übermacht und gab erst auf, als nur noch fünf Mann übriggeblieben waren. Dafür wurde er mit dem Eisernen Kreuz 2. Klasse und dem russischen Sankt-Wladimir-Orden 4. Klasse ausgezeichnet. Im Mai 1816 wurde er als Major außer Dienst gestellt. Von Boeselager erlag 1825 in Himmelsthür bei Hildesheim einem Schlaganfall.

Preußische Landwehrmänner 1815, Uniformblatt von Richard Knötel

Herringen

In Herringen wurde 1872 eine Friedenseiche zur Erinnerung an die Opfer der Einigungskriege gepflanzt. Nachdem dieser Baum um 1960 gefällt wurde, brachte man die beiden zugehörigen gusseisernen Tafeln an dem Gitter an, welches die Gedenkeiche umgibt, die 1914 zur Erinnerung an den Sieg über Napoleon und den Einmarsch in Paris am 31. März 1814 gepflanzt wurde.

FRIEDENSEICHE
GEPFLANZT ZUM ANDENKEN
AN DIE FELDZÜGE
1864, 1866, 1870, 71.
VOM KRIEGER- UND LANDWEHR
VEREIN
HERRINGEN
AM 22. MÄRZ 1872.

ES STARBEN
FÜR KAISER UND REICH
1866:
F. GROSSEKAPPENBERG
IN HERRINGEN.
H. BRANDT – WIESCHERHÖFEN.
1870:
L. LANDSKRÖNER,
L. GORSCHLÜTER IN HERRINGEN
J. F. KRÖNER WESTENFELDMARK
W. TIEFENBACH,
H. BÜSCHER,
IN HEIL.

Plaketten an der Jubiläumseiche in Herringen

Außerdem befindet sich in der Kirche Sankt Victor eine Gedenktafel aus schwarzem Marmor, den Opfern der Kriege des 19. Jahrhunderts im Jahr 1901 gewidmet vom Kriegerverein Herringen. Sie ersetzte ältere Exemplare, die aus Holz hergestellt waren.

Gedenktafel in Herringen,
1901 gewidmet vom Kriegerverein

Aus den zugehörigen Eintragungen im Kirchenbuch, vorgenommen 1816, geht hervor, dass der Füsilier Dietrich Themann aus der Westenfeldmark am 26. Juni 1815 in einem Aachener Lazarett den Wunden erlag, die er sechs Tage zuvor beim Sturm auf die belgische Festungsstadt Namur erhalten hatte. Vermutlich handelte es sich bei dem Namen um eine Variante von Thiemann oder Teimann, ein passender Kandidat ließ sich allerdings nicht finden.

Heinrich Dehler fiel in der Schlacht bei Ligny am 16. Juni 1815. Zwei Tage vor der Entscheidungsschlacht gegen Napoleon I. hatte dort die preußische Armee hohe Verluste zu verzeichnen. Dehler gehörte als Freiwilliger zum 1. Westfälischen Landwehr-Infanterie-Regiment. Wahrscheinlich handelte es sich um Johann Heinrich Diedrich, den 1793 geborenen Sohn des Tagelöhners Johann Gerhard Heinrich Dehler (1769–1838) und der Anna <u>Elisabeth</u> Bußmann, deren Trauung 1790 in Berge stattgefunden hatte.

Heinrich Diedrich Friedrich Großecappenberg (Großekappenberg) wurde 1841 als Sohn des Kötters Heinrich Großecappenberg und der Henriette Heermann geboren. Er war Gefreiter der 7. Kompanie des Westfälischen Füsilier-Regiments Nr. 37 und fiel am 27. Juni 1866 bei Nachod durch einen Schuss in die Brust.

Bei Heinrich Brandt aus Wiescherhöfen handelte es sich vermutlich um Heinrich Wilhelm, den 1842 dort geborenen Sohn des Landwirts Heinrich Brandt und der Johanna Catharina Henrina Witte, die 1838 geheiratet hatten.

Die Reihe der Opfer des Deutsch-Französischen Krieges beginnt mit Ludwig Landskröner. Er wurde 1843 als unehelicher Sohn von Louise Maria Catharina Henriette Holtmann geboren und in Pelkum evangelisch getauft. Die Mutter war die Tochter eines Webers aus Pelkum. Sie ging 1846 in Nordherringen eine Ehe mit Johann Gottfried (Friedrich) Wilhelm Landskröner (1818–1886) ein, einem katholischen Tagelöhner und Fuhrmannssohn aus Wiescherhöfen. Im Februar 1868 fand in Ottbergen bei Höxter Ludwigs katholische Trauung mit Theresia Klare (Claren) (1838–1903) statt, einer Tochter des Zimmermanns Franz Joseph Claren (1809–1872) und der Caroline Deventer. Im Juni wurde eine Tochter tot geboren. 1870 war der Arbeiter Holtmann alias Landskröner Füsilier der 11. Kompanie des 3. Westfälischen Infanterie-Regiments Nr. 16 und wurde nach der Schlacht bei Mars-la-Tour vermisst. Seine Witwe ging 1873 in Hamm eine neue Ehe mit dem ebenfalls verwitweten Schlosser- und Werkmeister Heinrich Ossenberg (1838–1899) aus Menden ein. Diese Trauung fand in der evangelischen Gemeinde statt.

Johann Ludwig Gorschlüter wurde 1846 geboren und in der Kapelle Sankt Peter und Paul in Nordherringen katholisch getauft. Seine Eltern waren der Holzschuhmacher Heinrich Gorschlüter und Sophia Fischer. Als Soldat der 5. Kompanie des Niederrheinischen Füsilier-Regiments Nr. 39 starb er am 9. September 1870 in Halberstadt an Typhus. Sein Bruder Carl Diedrich Gorschlüter (1844–1898) heiratete als Eisenbahnarbeiter im Juni 1870 in Fröndenberg die Köttertochter Wilhelmine Dahlmann genannt Linke. Anschließend zog er als Musketier der 3. Kompanie des 7. Westfälischen Infanterie-Regiments Nr. 56 in den Krieg, wurde am 9. Januar 1871 bei Vendôme[88] durch einen Schuss durch den linken Unterschenkel schwer verwundet und dem Ersatz-Bataillon zugeteilt. Er bekam später eine Stelle als städtischer Arbeiter.

Schlacht bei Vendôme am 6. Januar 1871
(Illustrirte Kriegs-Chronik 1870-71)

Da Kröner auch auf dem Hammer Kriegerdenkmal genannt wird, findet man ihn im zugehörigen Kapitel. Allerdings entsprechen die in Herringen genannten Initialen „J. F." nicht dem Taufeintrag im Kirchenbuch, denn dort lautet der Vorname „Fritz".

Wilhelm Tiefenbach war Musketier in der 8. Kompanie des 3. Westfälischen Infanterie-Regiments Nr. 16. Er wurde nach der Schlacht bei Mars-la-Tour vermisst und starb am 16. Februar 1871 in einem Lazarett in Metz an Typhus. Geboren wurde er 1849 in Heil als Sohn des Tagelöhners Friedrich Tiefenbach und der Elisabeth Haringhaus.

Heinrich Wilhelm Büscher gehörte als Füsilier zur 11. Kompanie des 16. Regiments. Er starb bei Mars-la-Tour am 16. August 1870. Der Totenschein traf erst im März 1871 in Herringen ein. Es handelte sich um den 1845 in Heil geborenen Sohn des Tagelöhners Ludwig Büscher und der Friederike Katzwinkel.

Auch aus Herringen kamen einige junge Männer als Soldaten zum 1. Hannoverschen Infanterie-Regiment, darunter der Weber Johann Heinrich Carl Potthoff (1842–1913). Er war Füsilier in der 9. Kompanie und wurde bei Gravelotte durch einen Schuss an einer Hand verwundet. Er kehrte als Militärinvalide aus dem Krieg zurück. Seinen Beruf konnte er anscheinend nicht mehr ausüben, denn er arbeitete fortan als Tagelöhner. Es handelte sich um einen Sohn des Webers Johann Wilhelm Potthoff und der Johanna Clara Maria Catharina Bräucker, die 1836 in Herringen geheiratet hatten. Er selbst schloss bereits 1867 eine Ehe mit Johanna Clara Friederike Stratmann (1841–1913), Tochter eines Schneidermeisters.

Ein Füsilier der 12. Kompanie namens Kleine-Nölken aus Herringen wurde von einem Schuss in der rechten Hand getroffen, und er verlor außerdem den linken Zeigefinger. Wahrscheinlich handelte es sich um Johann Friedrich (Fritz) Kleine-Nölken, den 1844 geborenen Sohn des Tagelöhners Wilhelm Kleine-Nölken und der Sophia Kampmann. Er bekam eine Stelle als Briefträger und heiratete 1872 in Herringen Dorothea (Dora) Wegerhoff, die 1848 als Tochter eines Schmiedes in Esbecke bei Ennepetal geboren und in Schwelm getauft wurde. Später lebte Kleine-Nölken mit seiner Familie als Bahnarbeiter in Hohenlimburg und starb dort 1886 an Nervenfieber. Die Witwe ging 1887 eine neue Ehe mit dem Fabrikarbeiter Friedrich Wilhelm Humme (um 1855–1931) ein.

Johann Caspar Wilhelm Kohlhase (1846–1905) wurde in Nordherringen katholisch getauft. Seine Eltern, der Schuhmachermeister Johann Kohlhase und Anna Sybilla Kiese genannt Peckedrath, hatten im Jahr zuvor geheiratet. Als Füsilier in der 10. Kompanie des 2. Garde-Regiments zu Fuß wurde ihm am 18. August 1870 bei Saint-Privat der rechte Fuß durchschossen. Als Schuster in der Westenfeldmark heiratete er 1873 Sybilla Friederika Sophia Aufermann, eine Köttertochter aus Wiescherhöfen. Der Fabrikinvalide Kohlhase starb 1905 im katholischen Krankenhaus in Hamm.

Friedrich Dillkötter, katholisch, kam 1849 als Sohn des Schweinehändlers Carl Dillkötter (um 1810–1881) und der Elisabeth Schulz (um 1824–1866) zur Welt. Er war 1870 Musketier in der 8. Kompanie des 3. Westfälischen Infanterie-Regiments Nr. 16 und trug am 30. November bei Les Côtelles, nahe Juranville, eine Schusswunde an einem Bein davon. Die Behandlung erfolgte in einem Lazarett in Beaune-la-Rolande. Dillkötter blieb Junggeselle und starb 1927 als Rentner in Herringen.

Erwähnenswert ist auch Friedrich Fischer aus Heil. Als Musketier der 6. Kompanie des 16. Infanterie-Regiments wurde er bei Mars-la-Tour zunächst den Gefallenen zugerechnet. Dann stellte sich heraus, dass er mit einem Schuss in die Seite überlebt hatte. Vermutlich handelte es sich um Friedrich Heinrich Gottfried Fischer, den 1844 geborenen und in Herringen evangelisch getauften Sohn des Kötterpaares Heinrich Fischer und Elisabeth Schaumann genannt Rüenbeck. Dieser ging zunächst als Bergmann nach

Sölde und heiratete im Mai 1870 in Aplerbeck Wilhelmine Christine Brune. Später zog die Familie nach Obermassen, und der Berginvalide Fischer starb dort 1909.

Hövel

Joseph Ignatz Anton Clemens Maria Johann Nepomuk von Twickel (1807–1857) aus Havixbeck, Premier-Leutnant, später Rittmeister, im 11. Husaren-Regiment, heiratete 1844 in der Garnisongemeinde Hamm Mathilde Richmunde Friederike Anna Maria von Wintgen (1824–1903). Deren Vorfahre Clemens Joseph Anton von Wintgen (1754–1798) hatte 1787 Haus Ermelinghof erworben, welches die Familie bewohnte. Zwei in Münster geborene Söhne waren 1870/71 Sekonde-Leutnante im 2. Hannoverschen Ulanen-Regiment Nr. 14, und beide erlangten Eiserne Kreuze 2. Klasse.

Friedrich (Fritz) Franz Anton Nicolaus Hubert Joseph von Twickel (1847–1913) verließ 1883 die Armee als Premier-Leutnant des 1. Westfälischen Landwehr-Regiments Nr. 13. Im Juni 1886 fand auf Haus Kellenberg bei Linnich die Trauung mit Theresia Alfreda Raitz von Frentz (1863–1886) statt, die allerdings wenige Wochen nach der Hochzeit in Ermelinghof an Gelenkrheumatismus starb. 1891 heiratete der Witwer in Geldern Therese Huberta Maria von Eerde (1866–1948), die Tochter des Landrats Georg Friedrich Philipp Carl von Eerde (1825–1890). Von Twickel, Rittergutsbesitzer und Ehrenamtmann von Bockum-Hövel, starb 1913 durch einen Jagdunfall.

Sein Bruder Maria August Alois Anton Joseph Johann Nepomuk Ludwig von Twickel (1849–1922) wurde 1875 zum Militär-Reit-Institut in Hannover kommandiert. Später stieg auch er zum Premier-Leutnant auf. Er erbte das Gut Brückhausen bei Everswinkel und starb mit 73 Jahren unverheiratet in Wien an einem Magengeschwür.

Eine Schwester der beiden Vorgenannten, Franziska Isidora Maria Mathilde Sophia Josephine von Twickel (1845–1916) heiratete 1872 Clemens Michael Joseph Hubert von Lilien (1840–1905), zu dieser Zeit Rittmeister im 1. Westfälischen Husaren-Regiment Nr. 8 und Adjutant beim General-Kommando des VIII. Armeekorps. Er hatte 1870/71 ebenfalls ein Eisernes Kreuz erhalten und stieg später zum Oberstleutnant auf.

Bernard Westhoff wurde 1843 in der Bauerschaft Geinegge geboren und in Hövel getauft, als Sohn des Wirtes und Branntweinbrenners Bernard Johann Christoph Westhoff (1808–1876) und der Maria Anna Hohenhövel. Die Taufe nahm Theodor Westhoff (1794–1885) vor, welcher von 1834 bis zu seinem Tod die katholische Pfarrstelle in Hövel innehatte. Der junge

Westhoff starb als Gefreiter des 2. Hannoverschen Ulanen-Regiments Nr. 14 am 18. Dezember 1870 in einem Lazarett in dem französischen Ort Noyon an Typhus. Im Sterbebuch des Regiments wurde als Beruf „Brenner“ notiert.

Heinrich Meier, Grenadier in der 2. Kompanie des 4. Garde-Grenadier-Regiments, wurde am 18. August 1870 bei Saint-Privat durch einen Schuss leicht an der linken Schulter verwundet. Als Herkunftsort nannte man Hövel. Dort ließ sich allerdings kein passender Kandidat finden. Vielleicht war der gleichnamige, 1843 in Hamm geborene, Sohn des Schusters Wilhelm Meier und der Johanna Bergmann gemeint. Dieser heiratete 1872 in Oeynhausen Marie Sophie Johannes, Tochter eines Landwirts. Meier lebte später als Arbeiter in Hausberge bei Minden.

Lerche

Gerhard Heinrich Wilhelm Burgemeister (1842–1918) wurde in Lerche geboren und in Kamen evangelisch-reformiert getauft. Seine Eltern waren der Zimmermann und Stellmacher Heinrich Burgemeister und Clara Sophia Hinkebecker. 1869 fand die Heirat mit der Gastwirtstochter Henriette Keitmann statt. Als Füsilier der 11. Kompanie des 1. Hannoverschen Infanterie-Regiments Nr. 74 trug Burgemeister bei Gravelotte Schusswunden an der rechten Hand und an einem Unterarm davon und kam in das örtliche Lazarett. Nach seiner Rückkehr wurde er Stellmachermeister. Als Witwer ging er 1884 eine weitere Ehe mit Luise Köhling genannt Sträter ein, der 1854 geborenen Tochter eines Zimmermanns aus Overberge. Eine dritte Ehe folgte 1887 mit Sophia Gosewinkel, der 1847 geborenen Tochter eines Kornhändlers aus Lerche.

Bei Wilhelm Nüsken, 9. Kompanie des 3. Westfälischen Infanterie-Regiments, der nach der Schlacht bei Mars-la-Tour zu den Vermissten zählte, handelte es sich wohl um Heinrich Wilhelm, den 1840 geborenen und reformiert getauften Sohn des Kornhändlers Heinrich Wilhelm Seister genannt Nüsken und der Johanna Maria Catharina Küper, Tochter eines Schneiders aus Pelkum. Das Paar hatte 1838 in Kamen geheiratet, wobei es für die Mutter die zwei Ehe war, denn ihr erster Ehemann, der Kornhändler Johann Bernhard Heinrich Nüsken, war 1837 verstorben. Nüsken junior schloss 1884 als Ackersmann eine Ehe mit der Witwe Sophie Henriette Voß (1847–1925), Tochter eines Gastwirts aus Pelkum. Nüsken starb 1916 als Leibzüchter in Wiescherhöfen.

Mark

Das Kirchspiel Mark wurde neben dem gleichnamigen Ort auch aus Braam, Ostwennemar und Werries gebildet. In der Marker Pankratiuskirche sind neben einer Gedenktafel für die Opfer der Befreiungskriege auch zwei Tafeln für Gefallene der Kriege 1866 und 1870/71 vorhanden.

Gedenktafel für Wilhelm Geisthoff

Wilhelm Franz Friedrich Geisthoff wurde 1846 in Ostwennemar geboren, als Sohn des Bauern Gottlieb Geisthoff und der Elisabeth Haverkamp. Er war 1866 Ulan in der 3. Eskadron des Westfälischen Ulanen-Regiments Nr. 5. In der Schlacht bei Königgrätz (Hradec Králové) am 3. Juli riss ihm eine Granate einen Fuß ab, und er starb daran am 11. Juli in einem Lazarett in dem benachbarten Ort Horschitz (Hořice).

Johann Heinrich Christian Bennemann (1841–1918), ein Sohn des Schneiders Johann Gerhard Diedrich Bennemann (um 1816–1862) und der Louisa Ruthmann, war 1866 Musketier in der 1. Kompanie des 5. Westfälischen

Infanterie-Regiments Nr. 53. Am 25. Juli wurde er bei Gerchsheim, südwestlich von Würzburg, durch einen Granatsplitter schwer am Unterkiefer verletzt und kam in ein Lazarett im benachbarten Großrinderfeld. Der Fabrikarbeiter Bennemann heiratete 1868 die Köttertochter Maria Schwenner und starb 1918 als Invalide in Hamm.

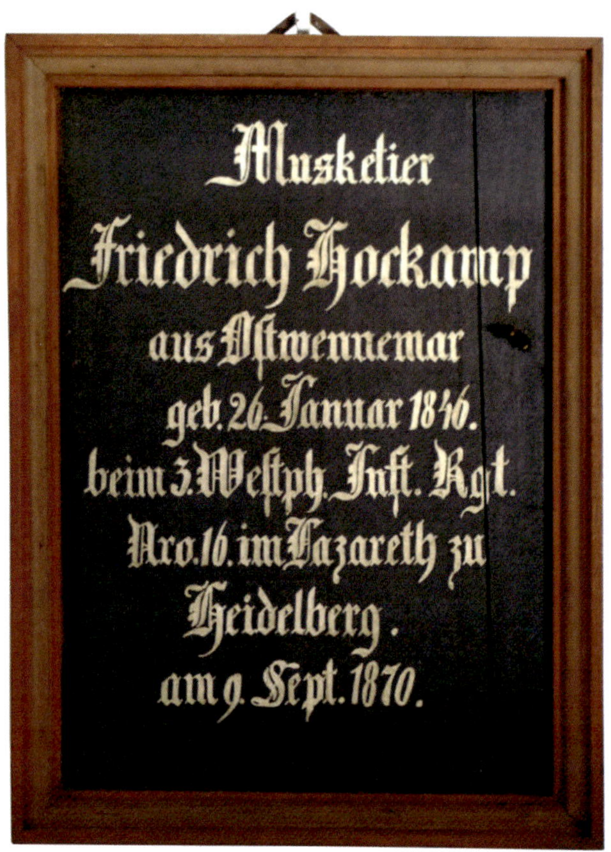

Gedenktafel für Friedrich Hockamp

Heinrich Friedrich Wilhelm Hockamp kam ebenfalls 1846 in Ostwennemar zur Welt. Seine Eltern waren Wilhelm Hockamp, Ackerknecht, und Wilhelmine Röller. Er war Schuster von Beruf, gehörte 1870 zur 2. Kompanie des 3. Westfälischen Infanterie-Regiments Nr. 16 und wurde bei Mars-la-Tour durch Schüsse in den linken Oberarm und in die rechte Schulter schwer verwundet. Hockamp kam zunächst in ein Lazarett vor Ort und starb am 9. September in einem Lazarett in Heidelberg.

Bei dem Gefreiten Korte aus dem Dorf Mark, 10. Kompanie des 1. Hannoverschen Infanterie-Regiments Nr. 74, bei Gravelotte durch einen Schuss am Mittelfinger der linken Hand verletzt, könnte es sich um Johann Friedrich Wilhelm Korte gehandelt haben, den 1842 geborenen Sohn des Tagelöhners Diedrich Korte und der Elisabeth Hoppe. Dieser hatte im Juni 1870 Henriette Wiemer geheiratet, die Tochter eines Brinksitzers aus Flierich. Korte starb 1925 als Invalide.

Heinrich Friedrich Lehmkämper, 3. Kompanie, und Eduard Kleine, 11. Kompanie des 3. Westfälischen Infanterie-Regiments, zählten nach der Schlacht bei Mars-la-Tour zu den Vermissten. Lehmkämper war der 1843 geborene und in der Geithe katholisch getaufte Sohn des Kötters und Arbeitsmanns Johann Gerhard Lehmkämper genannt Knäpper und der Anna Maria Wortmann aus Westtünnen, die 1839 geheiratet hatten. Der verwitwete Vater war ab 1823 zunächst mit Anna Maria Knäpper verheiratet. Der Sohn wurde Stuhlmacher in der Ostenfeldmark und ging 1867 eine Ehe mit Maria Lohmann ein, einer Schustertochter aus Welver. Lehmkämper wohnte zuletzt in der Feidikstraße in Hamm und starb dort 1906.

Wilhelm Eduard Christian Gerhard Kleine, geboren um 1849, 11. Kompanie des 3. Westfälischen Infanterie-Regiments Nr. 16, wurde bei Mars-la-Tour vermisst. Er war ein Sohn des Seilers Wilhelm Kleine. 1876 fand in Mark seine Eheschließung mit Elisabetha Henrietta Maria Richard statt, der 1849 geborenen Tochter eines Tagelöhners. Kleine arbeitete später zunächst als Fabrikarbeiter, dann als Drahtzieher, und wohnte mit seiner Familie in Hamm.

Norddinker

Friedrich Carl Christian Stockey wurde 1840 in Norddinker geboren und in Dinker evangelisch getauft. Seine Eltern waren der Ackerknecht Christian Stockey und Margaretha Franke. Als Gefreiter der 2. Kompanie des Niederrheinischen Füsilier-Regiments Nr. 39 fiel er bei Spichern am 6. August 1870.

Friedrich Crüsemann genannt Hagemann (1846–1898) aus Norddinker, ein Sohn des Landwirts Christian Crüsemann genannt Hagemann und der Wilhelmine Beckmann, gehörte zum 4. Garde-Grenadier-Regiment, 11. Kompanie, und wurde am 30. Oktober 1870 bei Le Bourget leicht verwundet. Eine Kugel hatte sein rechtes Ohr getroffen, und er kam in ein Lazarett in dem benachbarten Ort Gonesse. Le Bourget, nördlich von Paris, wurde von der preußischen Garde gehalten und war mehrfach Schauplatz französischer Ausbruchversuche.

Kampf bei Le Bourget, 21. Dezember 1870,
Sammelkarte, Dr. Thompson's Seifenpulver, um 1910

Der Garde-Grenadier aus Norddinker wurde nach seiner Rückkehr Gastwirt und Kaufmann sowie Postagent und Auktionator in Bönen. 1875 fand die Heirat mit <u>Lydia</u> Elisabeth Friederike Erler (1843–1915) statt, einer Tochter des Hammer Kreiskopisten und späteren Rentmeisters <u>Friedrich</u> Christoph Erler. Hagemann starb mit 51 Jahren in Bönen an gastritischem Fieber.

Nordenfeldmark

Das nördlich der Lippe gelegene Gebiet zwischen dem Geinegge-Bach und dem Dorf Heessen wurde 1243 der Stadt Hamm zugesprochen. Für die mehrheitlich katholischen Einwohner war die Pfarrei in Heessen zuständig.

Bernhard Rediker, Musketier der 3. Kompanie des 2. Thüringischen Infanterie-Regiments, starb am 2. März 1867 im Garnisonslazarett in Mainz an einem Blutsturz. Es handelte sich um den 1844 in der Nordenfeldmark geborenen Sohn des Paares Johann Theodor Rediker, Tagelöhner, und Anna Maria Ocker.

Johann <u>Bernard</u> Lueg (1842–1894), ein Sohn des Schmiedes Bernard Franz Lueg und der Anna Catharina Stemick, wurde Fabrikarbeiter und heiratete 1868 in Hamm Maria Koch (um 1839–1878), die Tochter eines Schusters aus Oestinghausen. 1870 gehörte Lueg als Füsilier zur 10. Kompanie des 1. Hannoverschen Infanterie-Regiments Nr. 74 und wurde am 18. August bei Gravelotte verwundet. Nach seiner Rückkehr betätigte er sich zunächst wieder als Fabrikarbeiter und wurde dann Wiegemeister in Hamm. Als Witwer ging er 1879 eine zweite Ehe mit Sophie Herbold (um 1854–1906) aus Dössel bei Warburg ein. Der Invalide Lueg starb mit 52 Jahren auf dem Bockumer Weg.

Franz Mähner war Füsilier in der 10. Kompanie des 3. Westfälischen Infanterie-Regiments Nr. 16 und wurde nach der Schlacht bei Mars-la-Tour zunächst vermisst. Man fand ihn unter den Verwundeten und überstellte ihn an das Ersatzbataillon. Nach der amtlichen Verlustliste kam er aus der Nordenfeldmark, geboren wurde er aber vermutlich 1848 in Stockum bei Werne und starb dort auch 1897 als Junggeselle.

Osterflierich

Osterflierich umfasst heutzutage Bänkerheide, Drechen, Kump, Opsen und Pedinghausen und ist seit 1974 Teil der kreisfreien Stadt Hamm.

Wilhelm Johann Giesbert Schlockermann (1842–1906), ein Sohn des Kolons Gottfried Rebber genannt Schlockermann und der Anna Sophia Schlockermann, wurde 1870 bei Gravelotte als Füsilier der 11. Kompanie des 1. Hannoverschen Infanterie-Regiments Nr. 74 verwundet. 1869 hatte er als Ackerknecht die Schneidertochter Louise Elisabeth Kemper genannt Waßmann (1851–1941) zur Frau genommen. Nach seiner Rückkehr wurde Schlockermann Bahnarbeiter.

In der 8. Kompanie des 3. Westfälischen Infanterie-Regiments Nr. 16 gab es 1870 zwei Brüder namens Döring aus Osterflierich. Beide wurden in Flierich getauft. Den älteren, Carl Wilhelm, Jahrgang 1842, führte man als „Döring I.", den jüngeren, Heinrich Wilhelm, Jahrgang 1846, als „Döring II." Die Eltern waren der Schneider Johann Heinrich Döring und Charlotte Emilie Schmiel. Carl wurde bei Mars-la-Tour in unbekannter Weise verwundet und an das Ersatz-Bataillon überwiesen. Sein weiteres Schicksal ist unbekannt.

Heinrich zählte bei Mars-la-Tour zu den Vermissten. Er arbeitete später als Schlosser. 1874 fand in Essen seine Heirat mit Amalie Selma Heinz aus Barmen statt. Er lebte später als Witwer mit zwei Söhnen in Minden. Dort starb Döring 1913 im Alter von 66 Jahren als „invalider Mechaniker".

Johann Diedrich Giesbert Dahlhoff genannt Hagenberg wurde 1846 in Pedinghausen geboren und in Drechen evangelisch getauft. Dort hatte auch 1844 die Trauung seiner Eltern, Johann Heinrich Dahlhoff genannt Hagenberg und Henriette Johanna Friederika Schulze Allen, stattgefunden. Als Trainsoldat der 9. Kompanie des 3. Westfälischen Infanterie-Regiments Nr. 16 wurde er nach der Schlacht bei Mars-la-Tour vermisst. Es stellte sich heraus, dass er verwundet worden war, konnte aber nach einiger Zeit zum Regiment zurückkehren. Der Landwirt Dahlhoff genannt Hagenberg starb 1921 in Osterflierich.

Osttünnen

Das schlichte Kriegerdenkmal an der Grönebergstraße in Osttünnen wurde nach dem Ersten Weltkrieg errichtet.

Kriegerdenkmal in Osttünnen

Veteranen-Gedenktafel in Osttünnen

In dem eingezäunten Bereich befindet sich eine gusseiserne Platte, die ursprünglich wohl an einem früheren Denkmal angebracht war. Sie trägt den Text „Zum Andenken an die einmüthige siegreiche Erhebung des deutschen Volkes und die Wiederaufrichtung des deutschen Reiches 1870 – 1871“ und erinnert in alphabetischer Folge an 25 Veteranen des Deutsch-Französischen Krieges. Angaben über die Regimentszugehörigkeit ließen sich nur in wenigen Fällen finden. Bei Namensgleichheit orientiert sich die Reihenfolge am Geburtsjahr: G. Brauckhoff, G. Eggenstein, H. Ewert, W. Fischer, H. Fischer, E. Guthoff, D. Kiese, W. Klotmann, F. Klotmann, D. Klotmann, H. Klasberg, F. Lütkehoff, G. Menge, G. Pailer, H. Pailer, Th. Sasse, E. Siehmann, W. Temme, W. Vogel, Chr. Vogel, Chr. Walter, E. Wormstall, H. Wiehoff, A. Wulf, G. Wulf. Bis auf die Familien Fischer und Klotmann waren alle anderen katholisch. In der Regel erfolgten die Taufen beider Konfessionen in Rhynern.

Gerhard Heinrich Brauckhoff war der 1846 geborene Sohn des Tagelöhners Albert Brauckhoff und der Elisabeth Knäpper. 1872 fand in Rhynern die evangelische Trauung mit Catharine Louise Charlotte Fleer statt, die 1848 in Holzhausen bei Lübbecke unehelich geboren worden war.

Gerhard Eggenstein (1848–1927) war ein Sohn von Wilhelm Eggenstein, Zimmermann, und Clara Elisabeth Mölle. Als Soldat der 8. Kompanie des genannten Regiments war er bei Mars-la-Tour unter den Vermissten. Nach seiner Rückkehr arbeitete er zunächst ebenfalls als Zimmermann und wurde später Landwirt. 1876 heiratete er Louise Langohr (1854–1938), eine Köttertochter aus Wambeln. Bei dieser Doppelhochzeit ging sein Bruder Wilhelm Eggenstein, geboren 1850, eine Ehe mit Clara Elisabeth Langohr, geboren 1842, ein. Gerhard Eggenstein starb mit 78 Jahren im katholischen Krankenhaus in Hamm.

Franz Heinrich Evers genannt Mönkebüscher (1832–1894) wird auf der Tafel als „H. Ewert" genannt. Er wurde in Budberg geboren und in Büderich getauft und war ein Sohn des Ackerknechts Johann Franz Evers genannt Mönkebüscher und der Maria Franziska Roland genannt Claes. Die Familie zog später nach Osttünnen. Heinrich arbeitete 1867 als Bahnwärter in Brakel und heiratete in Rhynern Maria Sophia Hegemann (1840–1916), geboren in Osttünnen als Tochter eines Tagelöhners. Evers genannt Mönkebüscher starb mit 61 Jahren als Bahnwärter in Osttünnen.

Der Tagelöhner Wilhelm Fischer zeigte 1876 den Tod des Hilfsbahnwärters Johann Mathias Wilhelm Fischer an, der 1818 in Braam geboren worden war und 1846 als Ackerknecht die Tagelöhnertochter Wilhelmine (Mina) Bähner (1817–1899) aus Dinker geheiratet hatte. 1848 kam in Braam der Sohn Heinrich Ferdinand Hermann Wilhelm Fischer zur Welt, 1850 folgte dessen Bruder Heinrich Christian Theodor Eberhard Fischer. Anschließend zog die Familie nach Osttünnen. Der Ältere heiratete 1873 in Rhynern Maria Elisabeth Schulze. Er erlag 1926 als Invalide in Allen einem Schlaganfall. Heinrich Fischer heiratete 1878 in Rhynern Wilhelmina Vogel (1849–1938) aus Norddinker, katholisch getauft in der Geithe. Fischer starb 1912 als Bahninvalide in Westtünnen.

Everhard Bernard Guthoff, ein Sohn von Heinrich Guthoff (1818–1894), Tagelöhner und Kötter, und Maria Schürmann, wurde 1844 geboren. Wahrscheinlich heiratete er 1872 in Düsseldorf Catharina Bertha Scheel, geboren 1850.

Diedrich (Theodor) Kiese wurde 1847 als Sohn des Webers Arnold Kiese (1812–1896) und der Clara Elisabeth Potthoff (1818–1873) geboren.

1842 fand in Rhynern die evangelische Trauung des Schmiedes Johann Heinrich Diedrich Klotmann genannt Brinkwirth (um 1819–1895) mit Clara Sybilla Elsemann genannt Lindemann (Jahrgang 1820) statt. Ihr erstgeborener Sohn Heinrich Wilhelm Klotmann (1842–1913) wurde Lokomotivführer und heiratete Anna Nagelschmidt. Klotmann starb mit 70 Jahren in Bochum-Weitmar.

Sein Bruder Heinrich Gerhard Friedrich Klotmann, geboren 1844, war Füsilier der 2. Kompanie des Hohenzollernschen Füsilier-Regiments Nr. 40, zunächst stationiert in Trier, dann in Köln, und wurde am 19. Januar 1871 bei Saint-Quentin schwer verwundet. Ein Schuss ging durch beide „Backen", womit wohl die Wangen gemeint waren. Er kam daraufhin in ein Lazarett in dem Ort Essigny-le-Grand, südlich von Saint-Quentin, und kehrte als Invalide aus dem Krieg zurück. Klotmann lebte später in Köln.

Mit „D. Klotmann" ist wahrscheinlich der dritte Sohn, Gerhard Theodor (Dietrich) Wilhelm Klotmann, geboren 1847, gemeint. Er ging ebenfalls als Lokomotivführer nach Bochum, und 1875 fand dort in der reformierten Gemeinde die Trauung mit Phillis Georgine Caroline Kolnot (1850–1883) statt. Sie wurde in Braunfels bei Wetzlar geboren und lebte mit ihren Eltern, dem Verwalter und Gastwirt Georg Kolnot und Catharina Wilhelmina Diehl, in Höntrop. 1885 ging der Witwer Klotmann in Langendreer eine weitere Ehe mit Elise Caroline Hagenguth ein, geboren 1857 in Hoerstgen bei Kamp-Lintfort als Tochter eines Lehrers. Klotmann verunglückte jedoch 1886 tödlich.

Bei „H. Klasberg" handelte es sich eventuell um Ferdinand Friedrich Hermann Klaesberg genannt Peiler (1836–1889), einen Sohn der nachfolgend beschriebenen Familie Peiler.

Franz Friedrich Wilhelm Lütkhoff (Lütkehoff) (1847–1929) war ein Sohn des Tagelöhners Theodor Lütkhoff und der Johanna Maria Catharina Hagenhoff (1818–1874), die 1844 geheiratet hatten. Er lebte später als Ackersmann in Allen und heiratete 1874 Anna Maria Catharina Elisabeth Beckmüller, geboren 1851 als Tochter eines Webers.

Mit „G. Menge“ könnte Gerhard Franz Everhard Menge (1830–1914) gemeint sein, ein Sohn des Schmiedes Ferdinand Menge genannt Heierkötter und der Anna Sybilla Räbber, die 1825 geheiratet hatten. Er selbst arbeitete zunächst auch als Schmied, heiratete 1853 seine Cousine, die Wirtstochter Catharine Louise Elisabeth Räbber (1828–1897) aus Rhynern, und wurde dann Gastwirt.

Bei den beiden Namen „Pailer“ liegt ein Schreibfehler vor. Der Schuster Johann Engelbert Klaesberg genannt Peiler heiratete 1834 als Witwer Clara Catharina Elisabeth Tüttmann (1811–1899), eine Webertochter aus Mark. Bei ihrem Tod wurde im Kirchenbuch notiert, dass nur noch ein erwachsener Sohn im Ausland lebte. Es handelte sich um Johann Gerhard, geboren 1842. Er nannte sich später Klaesberg, ging als Kellner nach Köln, heiratete 1867 Franziska Maria Juliana Apollonia Zimmermann (1843–1922) und starb 1906 in Rotterdam.

Franz Heinrich Gerhard Peiler (1844–1882) wurde als Sohn des Schusters Franz Gerhard Peiler und der Wilhelmine Knepper geboren. Er ging als Bergmann nach Hörde und heiratete dort 1872 Anna Maria Echterhoff, geboren 1850 in der Bauerschaft Bornholte bei Verl. Anschließend bekam Peiler eine Stelle als Schmied auf der Dortmunder Zeche Friedrich Wilhelm und wohnte mit seiner Familie in Lücklemberg. Peiler starb mit 38 Jahren als Berginvalide in Dortmund.

Theodor Henrich Sasse wurde 1850 in Ahlen geboren und dort katholisch getauft, als Sohn von Johann Theodor Sasse (um 1820–1896) und Gertrud Günnewig. Der Vater war zu dieser Zeit Tagelöhner und bekam später eine Stelle als Bahnwärter, woraufhin die Familie nach Osttünnen zog. 1853 wurde in Rhynern ein weiterer Sohn getauft, der noch vor seinem zweiten Geburtstag starb.

Everhard Stehmann kam 1845 als Sohn des Webers Franz Stehmann und der Sophia Stehmann zur Welt. Er wurde nur 30 Jahre alt und starb 1876 als Junggeselle an der Schwindsucht.

Wilhelm Temme (1846–1911) war ein Sohn des Landwirts Wilhelm Temme genannt Kessebohm und der Clara Sybilla Vehre. 1874 fand in Hemmerde seine Heirat mit Caroline Haarhoff statt. Der Landwirt Temme starb in der zum Kirchspiel Hemmerde zählenden Bauerschaft Dreihausen.

Heinrich Wilhelm Vogel, geboren 1836 in Osttünnen und katholisch getauft in Rhynern, ein Sohn von Hermann Vogel, Tagelöhner und Brinksitzer, und Maria Nunnemann, gründete 1866 als Ackerknecht eine Familie mit Anna Catharina Elisabeth Dorndorf aus Flerke. Als Wehrmann der 1. Kompanie wurde er bei Châtillon vermisst. Er überlebte, kehrte zurück und lebte mit seiner Familie als Ackerknecht in Allen. Vogel starb 1905 als Invalide in Osttünnen.

Sein 1846 geborener Bruder Christian Albert Theodor Vogel wurde bei Mars-la-Tour als Soldat der 5. Kompanie des 3. Westfälischen Infanterie-Regiments schwer verwundet, denn zwei Kugeln trafen ihn in einem Arm. Er kehrte als Invalide zurück und starb 1875 als Junggeselle, im Alter von nur 29 Jahren, an einer Lungenentzündung. Er hinterließ die Mutter und sechs Geschwister.

Christian Walter (1842–1908) war ein Sohn des Landwirts Christian Walter (um 1805–1884) und der Anna Sybilla Frigge. Walter starb mit 66 Jahren als lediger Arbeiter in Münster.

Eberhard Hermann Alexander Wormstall (1843–1899) war ein Sohn des Ackersmanns Johann Theodor Wormstall genannt Diekmann und der Clara Sybilla Großlohmann, die 1843 geheiratet hatten. Er selbst wurde Gastwirt in Rüthen und heiratete zunächst die Kaufmannstochter Gertrud Luigs, die 1892 im Alter von 42 Jahren verstarb. Der Witwer ging 1893 eine neue Ehe mit Catharina Bade, geboren 1860 in Paderborn als Tochter eines Metzgermeisters, ein. Wormstall starb mit 56 Jahren in Rüthen bei seinem Sohn, dem Brennereibesitzer Diedrich Wormstall.

Christian Heinrich Wiehoff (1839–1907) war ein Sohn von Theodor (Diedrich) Wiehoff (1801–1848), Landwirt, und Johanna Maria Catharina Bönemann (1811–1874) aus Freiske, die 1836 geheiratet hatten. Wiehoff wurde Pächter des Gutes Gröneberg. 1880 fand seine Heirat mit Franziska Niermöller (1854–1915), Tochter eines Landwirts aus Süddinker, statt.

Auf der Tafel werden zwei Söhne des Schneiders Arnold Wulf (um 1797–1861) und dessen Ehefrau Anna Catharina Hoppe (1808–1867) genannt. Arnold Wulff (Wulf), geboren 1842, ebenfalls Schneider, heiratete 1867 Elisabeth Wulf, eine Tagelöhnertochter aus Allen. Er starb 1916 als Wirt in Osttünnen.

Gerhard Christian Wulf (1845–1922) wurde Schneidermeister und starb 1922 als Witwer in Allen. Er hatte 1874 die verwitwete Webertochter Agnes Borgmann aus Allen geheiratet.

Pelkum

Das Denkmal für die Toten der Einigungskriege aus Pelkum existiert nicht mehr. Die beiden Gedenktafeln mit insgesamt drei Namen wurden allerdings in das auf dem Friedhof errichtete Ehrenmal für die Toten der beiden Weltkriege integriert.

Kriegerdenkmal in Pelkum

Diedrich Fickermann, Jahrgang 1841, war ein Sohn von Wilhelm Fickermann, Schreiner, und Clara Maria Heinert. Als Füsilier der 11. Kompanie des 7. Westfälischen Infanterie-Regiments Nr. 56 wurde er am 3.

Juli 1866 bei Königgrätz durch einen Schuss in die Brust verwundet und in das Notlazarett im Schloss Hradek (Hrádek u Nechanic) gebracht. Am 10. September verlegte man ihn in das Lazarett, welches im Kadettenhaus in Dresden eingerichtet worden war. Dort endete sein Leben am 26. September. Entsprechende Sterbeeinträge findet man nicht nur im Kirchenbuch der evangelischen Gemeinde in Pelkum, sondern auch in Dresden. Dort notierte man allerdings irrtümlich den Vornamen Friedrich.

Kriegerdenkmal in Pelkum, Detail

Der Landwirt Diedrich Wilhelm Börger starb als Wehrmann der 1. Kompanie des 3. Westfälischen Landwehr-Regiments Nr. 16 am 8. September 1870 in Saargemünd an einer Lungenentzündung. Die Leiche brachte man nach Pelkum, und dort fand am 14. September das Begräbnis statt. Börger wurde 1836 geboren, als Sohn des Kolons Johann Diedrich Wilhelm Börger und der Johanna Clara Wilhelmina Oesmann. Er hinterließ als Witwe Maria Friederika Voß (1840–1878), Tochter eines Fruchthändlers, die er 1863 geheiratet hatte, und drei Kinder.

Für Carl Gottfried Wilhelm Schäfer wurde 1871 im Kirchenbuch der Pelkumer Gemeinde ein Sterbeeintrag angelegt, nachdem ein am 10. Dezember 1870 ausgestellter Totenschein dort am 15. Februar angekommen war. Der 35-jährige Kötter war bei Châtillon gefallen und hinterließ eine Witwe mit einem minderjährigen Kind. Er war 1835 als Sohn des Kötters Johann Gottfried Wilhelm Schäfer und dessen Ehefrau Clara Josina Hinkebecker geboren worden und hatte 1868 die Landwirtstochter Friederike

Wilhelmine Teiler geheiratet. Sie ging im Juni 1871 in Pelkum eine neue Ehe mit Heinrich Wilhelm Sudhaus aus Kamen ein.

Gerhard Friedrich Kücke (1848–1919) war ein Sohn des aus Herringen stammenden Kötters Johann Heinrich Diedrich Wilhelm Hülshoff genannt Kücke (um 1819–1899) und der Caroline Henriette Kücke, die drei Monate vor der Geburt des Sohnes in Pelkum geheiratet hatten. Er gehörte zur 1. Eskadron des 2. Hannoverschen Ulanen-Regiments Nr. 14 und wurde 1870 zweimal leicht verwundet. Am 31. August traf ihn bei Noisseville, östlich von Metz, ein Granatsplitter am Kopf. Am 24. November trug er bei Mézières in Nordfrankreich eine Schusswunde am rechten Schulterblatt davon, und er kam in ein Lazarett in Noyon. Nach seiner Rückkehr lebte er als Landwirt in Pelkum und wurde später Gemeindevorsteher. 1875 fand in Mark die Heirat mit Maria Friederike Wilhelmine Caldewei (1854–1920) statt, Tochter eines Leinewebers und Kötters.

Bei Heinrich Wichmann aus Pelkum überrascht die militärische Einheit, zu welcher er 1870/71 gehörte, denn er war Wehrmann in der 5. Kompanie des Schlesischen Landwehr-Regiments Nr. 84. Als solcher trug er am 10. Januar 1871 bei Abbévillers, an der Grenze zur Schweiz, einen Streifschuss „am rechten Backen“ davon, konnte aber bei der Kompanie bleiben. Vermutlich handelte es sich um Heinrich Carl Ludwig Wichmann, geboren 1833 als Sohn des Landwirts Wilhelm Wichmann und der Clara Wilhelmine Christine Renningholz. Er heiratete 1867 in Pelkum Wilhelmina Sophia Knäpper (1843–1903), die Tochter eines Tagelöhners. Wichmann arbeitete zunächst als Ackerknecht, dann als Eisenbahnarbeiter und bekam schließlich eine Stelle als Polizeidiener in Pelkum. Bei seinem Tod 1886 durch Wassersucht hinterließ er eine Witwe mit fünf minderjährigen Kindern.

Rhynern

Zum evangelischen Kirchspiel Rhynern gehörten neben dem Ort selbst Allen, Freiske, Osttünnen, Süddinker, Wambeln und Westtünnen. Die katholische Gemeinde Sankt Regina betreute entsprechend die genannten östlich und südlich von Hamm gelegenen Gebiete sowie auch Berge.

Am Preußisch-Österreichischen Krieg nahm 1866 Johann Everhard Christian Langenhorst, katholisch, aus Rhynern teil. Der 1842 unehelich geborene Sohn von Joanne Maria Langenhorst war Musketier im 2. Bataillon des 7. Westfälischen Infanterie-Regiments Nr. 56. Bei Königgrätz wurden ihm am 3. Juli beide Beine durchschossen. Er überlebte, bekam eine Stelle als Postexpeditionsgehilfe und heiratete 1868 in Rhynern die Witwe Anna

Maria Giesselmeier (1836–1870), Tochter eines Drechslers aus Greven. Als Witwer und Postexpediteur in Bönen ging Langenhorst 1870 in Rhynern eine zweite Ehe mit Maria Gertrud Siebel ein, der 1843 geborenen Tochter eines Leinewebers aus Riemke bei Bochum. Später wurde Langenhorst Hafenaufseher in Duisburg und starb dort 1906.

Mit der Errichtung des Kaiser-Wilhelm-Denkmals in Rhynern wurde 1887 begonnen. Die offizielle Einweihung erfolgte am 9. September 1888. Die Steinmetzarbeiten für den Sockel führte die Hammer Bildhauerwerkstatt von Schäfer und Kilhey durch.[89] Welcher Künstler die Statue aus Sandstein anfertigte, ist nicht überliefert.

Kaiser-Wilhelm-Denkmal in Rhynern

Auf der Frontseite des Sockels steht der folgende Text:

Die Kirchspiele
Rhynern u. Berge
in dankbarer
Erinnerung Ihren
im Kriege 1870 – 1871
gefallenen Söhnen

Auf einer Seitenfläche stehen die Namen der Gefallenen:

Es starben den Helden
tod für's Vaterland:
Gefreiter Wilhelm Neuhaus
von Berge
Musketier Wilhelm Wellie
von Berge
Musk. Heinrich Bussmann
von Berge
Landw. Friedrich Vatheier
von Allen
Füsilier Rudolf Gillhaus
von Wambeln
Msk. Diedr. Vette gt. Hartleif
von Westtünnen

Kriegerdenkmal in Rhynern, Detail

Bei Theodor Heinrich Wilhelm Neuhaus aus Berge, bei Mars-la-Tour gefallen als Gefreiter der 8. Kompanie des 16. Infanterie-Regiments, handelte es sich um den 1846 geborenen und evangelisch getauften Sohn der Eheleute Friedrich Kleiböhmer genannt Neuhaus, Drechsler und Stuhlmacher, und Christine Neuhaus.

Für die katholischen Opfer findet man detaillierte Sterbeeinträge im Kirchenbuch der Gemeinde Sankt Regina, beginnend mit Wilhelm Wellie, der

1847 in Berge als Sohn des Ackersmanns Theodor Wellie und der Maria Ostermann genannt Krebeck zur Welt kam. Er fiel ebenfalls bei Mars-la-Tour als Musketier im 16. Infanterie-Regiment.

Heinrich Wilhelm Bußmann, gefallen bei Mars-la-Tour als Soldat der 7. Kompanie des 16. Infanterie-Regiments, stammte aus Lenningsen. Der Sohn des Ackerknechtes Carl Bußmann und der Sophia Müller war 1849 in Flierich evangelisch getauft worden. 1868 heiratete er in Berge die Schneidertochter Louise Langkamp (um 1846–1896).

Der Landwehrmann Friedrich Vatheuer (Vatheier) aus Allen, katholisch, wurde bereits unter den Opfern des Überfalls von Châtillon behandelt.

Friedrich Rudolph Gillhaus wurde 1846 in Wambeln geboren und in Rhynern katholisch getauft. Seine Eltern waren der Bauer Hermann Gerdes genannt Gillhaus und Elisabeth Niedermüller. Er gehörte 1870 zur 4. Kompanie des Schleswig-Holsteinischen Füsilier-Regiments Nr. 86 und starb am 30. August während eines Gefechts bei Mouzon, an der Maas in den Ardennen, durch einen Schuss in die Brust. Die Kugel hatte das Herz getroffen, und er war auf der Stelle tot. Die Leiche begrub man in einem Garten in dem Dorf Pourron.

Heinrich Theodor Vette genannt Hartleif, katholisch, ein 1846 geborener Ackerer aus Westtünnen, starb am 16. August 1870 bei Mars-la-Tour als Musketier im 1. Bataillon des 3. Westfälischen Infanterie-Regiments, ebenfalls an einem Schuss in die Brust. Seine Eltern waren der Bauer Johann Diedrich (Theodor) Vette genannt Hartleif und Franziska Schilling.

Auf einer weiteren Seitenfläche des Denkmals in Rhynern stehen drei Namen derer, die an Krankheiten starben:

Es wurden während
des Feldzuges an Krank
heiten dahingerafft:
Einj. Frw. Karl Halfmann
von Rhynern
Kanonier Alex Hötte von
Rhynern
Musk. Friedrich Röller
von Berge

Carl Theodor Halfmann, katholisch, war Einjährig-Freiwilliger bei der Artillerie. Nach dem Eintrag im Kirchenbuch blieb er in den Schlachten bei Metz verschont, starb aber am 6. November 1870 in einem Lazarett in

Gießen an Typhus. Seine Eltern waren der Schneider Everhard Halfmann genannt Herbert und Wilhelmine Bieling.

Der Kanonier Hermann Joseph Alexander Hötte, ebenfalls katholisch, starb in Nauen im Havelland an Nervenfieber. Er war der 1835 geborene Sohn des Gastwirts Alexander Anton Hötte (1800–1859) und dessen Ehefrau Josephine Koerth, die 1831 geheiratet hatten. Der Vater stammte aus Altenrüthen, die Mutter war die Tochter eines Bauern aus Blumenthal bei Werl und die Witwe des 1830 an einer Leberkrankheit verstorbenen Bauern Johann Diedrich Arnold Isenbeck genannt Schulze Rhynern, evangelisch, den sie 1827 geheiratet hatte. Friedrich Joseph Hötte (1790–1851), ein Onkel des Gefallenen, der auch dessen Taufe vornahm, war von 1824 bis zu seinem Tode Pfarrer der katholischen Gemeinde in Rhynern.

Musketier Friedrich Röller aus Berge wird auch auf dem Denkmal am Exerzierplatz genannt und erscheint daher in dem betreffenden Kapitel.

Unter den Überlebenden aus Rhynern befand sich Carl Heinrich Kreienfeld (Kreyenfeld) (1840–1914). Dessen Vater Johann Wilhelm Kreyenfeld (1795–1873), Sohn eines Bauerknechtes aus Altenbögge, hatte 1813 bis 1815 die Befreiungskriege als Freiwilliger im 1. Westfälischen Landwehr-Infanterie-Regiment mitgemacht. Danach arbeitete er zunächst als Schreinergeselle in seinem Geburtsort und heiratete 1825 in Bönen die Köttertochter Janna Wilhelmina (Mina) Knoop aus Nordbögge. Später bekam er aufgrund seines freiwilligen Einsatzes als Vaterlandsbefreier eine Stelle als Wegewärter in Rhynern. Der Sohn heiratete bereits 1863 in Berge Wilhelmine (Mina) Louise Henrine Stricker (1841–1921), Tochter eines Brinksitzers. 1870 trug er als Gefreiter der 11. Kompanie des 1. Hannoverschen Infanterie-Regiments Nr. 74 bei Gravelotte eine leichte Quetschung an der Brust davon, konnte aber bei der Truppe bleiben. Kreyenfeld arbeitete anschließend als Bahnwärter in Hamm und starb in seiner Wohnung auf dem Langewanneweg.

Bernard Heinrich Plümpe genannt Micke, katholisch, wurde 1846 als Sohn des Webers Heinrich Wilhelm Plümpe genannt Micke (1796–1875) und der Angela Schulte geboren. Der Vater hatte 1813 bis 1815 ebenfalls als freiwilliger Landwehrmann an den Befreiungskriegen teilgenommen. Die Heirat der Eltern fand 1825 statt. Der Junior zählte nach der Schlacht bei Mars-la-Tour zu den Vermissten der 1. Kompanie des 3. Westfälischen Infanterie-Regiments Nr. 16. Später lebte er als Schreinermeister in Hörde und gründete 1873 eine Familie mit der Tagelöhnertochter Maria Zeppenfeld (1850–1901). Heinrich Micke starb 1902 in Hörde, wobei man im Kirchenbuch Lungenentzündung und Alkoholismus als Todesursache notierte. Er hinterließ sechs Kinder.

Franz Wilhelm Klopries geboren 1842 in Budberg und katholisch getauft in Büderich, ein Sohn des Ackerknechts Bernard Klopries und der Maria Franziska Wilms, wurde bei Mars-la-Tour als Soldat der 7. Kompanie des 3. Westfälischen Infanterie-Regiments Nr. 16 vermisst. Er heiratete Clara Becke, eine Köttertochter aus Echthausen an der Ruhr, und starb 1916 als Rentner und Kriegsinvalide in Rhynern.

Sandbochum

Sandbochum, ehemals Sandbockum, gehörte lange Zeit zum Amt Pelkum, erst im Kreis Hamm, dann im Kreis Unna, und wurde 1975 nach Hamm eingemeindet. Lohmann und Kampmann gehörten als Protestanten zur Gemeinde Herringen, die Katholiken Biermann und Budde zu Nordherringen.

Gottfried Friedrich Ludwig Lohmann (1838–1914), ein Sohn des Landwirts Johann Diedrich Lohmann, der 1832 Meta Sophia Clara Maria Böckmann geheiratet hatte, war 1866 Musketier im 1. Bataillon des 7. Westfälischen Infanterie-Regiments Nr. 56 und wurde nach der Schlacht bei Königgrätz vermisst. Er kehrte zurück und heiratete 1877 als Landwirt Henriette Wilhelmine Schulze Marmeling genannt Holtmann aus Bönen.

Johann Friedrich Kampmanns (1837–1906) Eltern, der Schneidermeister Diedrich Johann Kampmann und Anna Maria Wilhelmina Fischer, waren seit 1834 ein Ehepaar. Er selbst ging 1863 als Arbeiter eine Ehe mit Maria Gerling (1828–1883) ein. Das Paar hatte bereits 1861 einen unehelichen Sohn bekommen. 1866 wurde Kampmann als Musketier im 3. Westfälischen Infanterie-Regiment Nr. 16 bei Königgrätz durch einen Schuss in eine Seite leicht verwundet und in einem Lazarett in Nechanitz behandelt. Nach dem Krieg lebte er als Tagelöhner in Overberge und heiratete als Witwer 1884 in Kamen Friederike Kreyenfeld, eine Maurertochter aus Bönen. Kampmann starb mit 69 Jahren als Leibzüchter in Overberge.

Der Füsilier Wilhelm Biermann, 11. Kompanie des 1. Hannoverschen Infanterie-Regiments, erlitt 1870 bei Gravelotte eine Schusswunde am Kopf, konnte aber später geheilt zum mobilen Regiment zurückkehren. Johann Wilhelm Biermann wurde 1845 als Sohn des Kötters Franz Biermann und der Clara Sybilla Kessebohm geboren. Er war verheiratet mit Wilhelmine Wenner (1863–1928), Tochter eines Holzschuhmachers aus Stockum. Der Invalide Biermann starb 1924 in Sandbochum.

Johann Wilhelm Budde (1843–1917), ein Sohn des Kötters und Webers Heinrich Budde und der Bernhardine Kampert (um 1815–1877), Tochter eines Webers, ging im Mai 1870 als Tagelöhner eine Ehe mit Anna Maria Wilhelmine (Minna) Berkemeyer (1845–1930), einer Köttertochter aus Herringen, ein. Als Soldat der 9. Kompanie des 16. Infanterie-Regiments wurde er bei Mars-la-Tour verwundet. Der Landwirt Budde starb mit 73 Jahren in Sandbochum.

Schmehausen

Als Anekdote sei vorab erwähnt, dass dieser Stadtteil in den amtlichen Verlustlisten auch als „Schneehausen" oder „Schmähhausen" zu finden ist. Drei Soldaten des 3. Westfälischen Infanterie-Regiments Nr. 16 wurden 1870 verwundet oder vermisst.

Franz Diedrich Matthias Heinrich Gerhard Christian Luicke wurde 1845 in Schmehausen geboren und in Uentrop evangelisch getauft. Bei den Taufen in dieser Gemeinde fällt die hohe Anzahl an Vornamen auf, wobei auch Vornamen gewählt wurden, die ansonsten eher bei der katholischen Konfession auftraten. Die Eltern des Täuflings, der Kötter Carl Luicke und Henriette Romberg genannt Voß, hatten 1838 geheiratet. 1870 war er Musketier in der 1. Kompanie und wurde am 28. Dezember bei Beaune-la-Rolande in unbekannter Weise verwundet. Später teilte man ihn dem Ersatz-Bataillon zu. Luicke heiratete Maria Margaretha Sophia Elisabeth Westerhoff (1847–1908), Tochter eines Ackerers aus Vellinghausen, und starb im Jahr 1900 als Brinksitzer in Schmehausen. Als Todesursache notierte man „Krampfanfall" im Uentroper Kirchenbuch.

Franz Georg Brune aus Schmehausen gehörte der 8. Kompanie an und wurde bei Mars-la-Tour vermisst. Er war 1844 als unehelicher Sohn der Elisabeth Brune zur Welt gekommen. Als Tagelöhner heiratete er 1869 in Dinker Clara Maria Sophia Friederika Junkermann (1842–1904), eine Webertochter aus Eilmsen. Brune starb 1927 in Vellinghausen.

Heinrich Möller, 9. Kompanie, wurde ebenfalls bei Mars-la-Tour vermisst. Vermutlich handelte es sich um Heinrich Wilhelm Johann Gerhard Conrad Möller, den 1837 geborenen Sohn des Tagelöhners und Brinksitzers Diedrich Möller genannt Knocke und der Charlotte (Lotte) Gerling genannt Sensenbusch (um 1810–1879). Er starb 1917 als Witwer und Invalide im städtischen Krankenhaus in Hamm.

Im katholischen „Todes- und Begräbnißbuch" des 3. Westfälischen Infanterie-Regiments wurde notiert, dass am 10. November 1870 der 25-jährige Füsilier und Leineweber Heinrich Muckhoff aus Schmehausen im Lazarett zu

Moyeuvre, nordwestlich von Metz, an der Krankheit Ruhr verstarb. Er hinterließ seine verwitwete Mutter. Es handelte sich um den 1845 geborenen und in der Geithe getauften Sohn des Webers Conrad Muckhoff (1811–1867) und dessen Ehefrau Elisabeth Wittkemper, die 1842 in Lippborg geheiratet hatten. Die Mutter starb 1871 mit 60 Jahren in Braam an den Blattern (Pocken).

Süddinker

Zu der Verwundung, die Franz Eberhard Holtsträter, 1. Kompanie des 16. Infanterie-Regiments, bei Mars-la-Tour erhielt, liegen keine weiteren Angaben vor. Er wurde 1849 in Süddinker geboren und in Rhynern evangelisch getauft, als Sohn des Landwirts Johann Diedrich Hermann Westermann genannt Holtsträter (um 1799–1871) und der Janna Maria Isenbeck genannt Osthoff. Die Eltern hatten 1833 geheiratet. 1876 fand in Mark die Trauung des Sohnes mit Louise Henriette Catharine Elisabeth Hoppe (1844–1887), verwitwete Holtmann, statt, einer Tochter des Landwirts Diedrich Hoppe und der Elisabeth Wilshaus. Holtsträter arbeitete ebenfalls als Landwirt und starb 1927.

Uentrop

In der Uentroper Dorfkirche befindet sich eine Gedenktafel für vier Opfer der Einigungskriege, beginnend mit Gerhard Herrmann Schürmann genannt Schockenhoff. Er wurde 1843 in Haaren geboren und in der Geithe katholisch getauft. Dort waren seine Eltern, der aus Nateln stammende Zimmermann und Spinnraddrechsler Heinrich Schürmann, evangelisch, und die Tagelöhnertochter Elisabeth Schockenhoff aus Haaren, katholisch, 1841 getraut worden. Er gehörte zum 2. Bataillon des 2. Garde-Regiments zu Fuß und starb am 5. August 1866 in einem Ort bei Brünn in Tschechien an der Cholera.[90]

Wilhelm Wessel aus Schmehausen wurde bereits in dem Kapitel über das Kriegerdenkmal am ehemaligen Exerzierplatz behandelt.

Johann Diederich Franz Victor Stricker wurde 1842 unehelich in Haaren geboren und in Uentrop getauft. Seine Eltern waren der Ackerknecht und spätere Kötter Johann Diedrich Stricker genannt Baumeister (1800–1872) und Elisabeth Franke. Der Vater war allerdings seit 1830 verheiratet mit der Köttertochter Clara Maria Elisabeth Koch (1803–1853). Franz Stricker war 1870 Musketier im 1. Hannoverschen Infanterie-Regiment Nr. 74 und erkrankte während der Belagerung von Metz an der Ruhr. Man brachte ihn daraufhin nach Hamm, wo er am 16. Oktober verstarb. Die Beisetzung fand auf dem Kirchhof in Uentrop statt.

Die Eltern des 1847 geborenen Friedrich Johann Christian Diedrich Schoppmann, Theodor Schoppmann, ein Arbeiter aus Oelde, und Wilhelmina Müller aus Schmehausen, hatten 1836 in Dolberg katholisch geheiratet. Sie ließen ihre Kinder in Uentrop evangelisch taufen. Der Sohn Friedrich blieb verschollen und wurde am 17. Juni 1873 offiziell für tot erklärt.

Gedenktafel in der Uentroper Kirche

Als Besonderheit wurden auf dieser Tafel in zehn der umlaufend angeordneten Ronden auch die Namen von Veteranen hinterlassen. Pannekauke findet man im Kapitel Frielinghausen. Kattenbusch war unter den bei Châtillon-sur-Seine Vermissten, und Luicke wurde bei Schmehausen behandelt.

Bei dem ersten verstorbenen Veteranen handelte es sich wahrscheinlich um Johann Friedrich Christian Hokamp (1836–1872), einen Kötter aus Haaren, welcher der Durchfallkrankheit Ruhr erlag. Der Sohn des Kötterpaares Johann Hokamp (1793–1874) und Elisabeth Wessel hatte 1867 Henriette Bennemann (um 1843–1905) geheiratet, eine Gastwirtstochter aus Nordbögge, die als Witwe 1873 eine neue Ehe mit Friedrich Wilhelm Kleine aus Sandbochum einging.

Theodor Wilhelm Mönninghoff (1846–1879) stammte aus Kamen. Seine Eltern, der Ackerbürger und Ökonom (Verwalter) Johann Carl Diedrich Mönninghoff und Caroline Louise Sophie Friedrich, hatten 1843 geheiratet. 1852 ging der verwitwete Vater eine Ehe mit seiner Schwägerin Adelheid Friedrich ein. Der Sohn kam als Ökonom nach Uentrop, und 1873 fand dort seine Trauung mit Marie Neuhaus statt. Deren Vater Friedrich Franz Neuhaus (1817–1901) war ab 1854 Pfarrer in Uentrop. Mönninghoff starb mit nur 32 Jahren an einem Lungenschlag.

Für „F. Kluthe“ kommt als Proband der Tagelöhner Heinrich Franz Matthias Gerling genannt Kluthe (1821–1879) in Frage, der allerdings in der Zeit der Einigungskriege schon zu alt für den aktiven Militärdienst war. Er heiratete 1852 Louise Schlüter und starb mit 58 Jahren an Auszehrung.

Johann Carl Diedrich Isenbeck (1840–1882) stammte aus Freiske. Seine Eltern waren der Kolon Heinrich Isenbeck genannt Haunert und Friederika Döring. Im Deutsch-Dänischen Krieg gehörte er zur 4. Eskadron des 1. Westfälischen Husaren-Regiments Nr. 8 und geriet am 29. Februar 1864 bei Skjödeg, nahe Düppel, in dänische Gefangenschaft. Die 2. und die 4. Eskadron hatten eine Gruppe von rund 50 dänischen Dragonern angegriffen und wurden bei deren Verfolgung mit einer dänischen Übermacht konfrontiert. Nach einem blutigen Handgemenge blieb nur der stürmische Rückzug über verschneite Äcker und Gräben. Dabei stürzten viele Pferde, so dass man am Ende des Tages einen Offizier, vier Unteroffiziere, zwei Trompeter, einen Lazarettgehilfen, 26 Husaren und 23 Pferde vermisste. Die von den Dänen gefangen Genommenen wurden später freigelassen.

1868 heiratete Isenbeck in Uentrop die Witwe Louise Bußmann genannt Senger (um 1837–1911), wurde Landwirt in Schmehausen und nannte sich Bußmann. Er war auch Schiedsmann für Schmehausen und Haaren und starb mit 42 Jahren an einem Schlaganfall.

Carl Christian Arnold Hermann Heinrich Victor Harde (1839–1887) wurde in Dinker geboren. Seine Eltern, der Kolon Carl Wilhelm Harde und Sophia Bladgerste, hatten 1829 in Soest geheiratet. Er bekam eine Stelle als Reitknecht auf Haus Uentrop. 1866 fand die Trauung mit der 1842 geborenen Köttertochter Henrietta Maria Louisa Friederika Schwarte genannt Helmich statt. Der Witwer und Kötter Harde starb mit 48 Jahren an einer Lungenentzündung.

Sein 1846 geborener Bruder Gerhard Andreas Matthias Christian Diedrich Harde war 1870 Husar in der 2. Eskadron des 2. Hessischen Husaren-Regiments Nr. 14 und wurde am 4. August bei Weißenburg vermisst.

Wilhelm Diedrich Friedrich Hokamp (Hockamp) (1844–1904) und Friedrich Franz Hokamp (1849–1901) waren Söhne des Arbeiters und Tagelöhners Franz Hokamp, welcher 1840 die Köttertochter Charlotte Kötter geheiratet hatte. Wilhelm wurde Brinksitzer und Küster in Uentrop. Er heiratete 1873 Henriette Rothoeft (um 1851–1931), eine Arbeitertochter aus Vellinghausen, und starb mit 60 Jahren an einem Blutsturz. Sein Bruder Friedrich war verheiratet mit Henriette Clara Isabella Hiddemann genannt Schwarte (1851–1923), Tochter eines Schmiedes, und beging mit 51 Jahren Selbstmord durch Erhängen.

Den Abschluss der genannten Veteranen bildet Wilhelm Heinrich Ferdinand Kerssebaum (1838–1904). Er stammte aus Lütke Uentrop und war ein Sohn des Tagelöhners Friedrich Matthias Franz Kerssebaum (1809–1889) und der Sophia Clara Wilhelmina Catharina Winkler (1810–1881). 1864 heiratete er in Uentrop Charlotte Louisa Wilhelmina Kohlhase (1843–1897), eine Schustertochter aus Schmehausen. Der Maurermeister Kerssebaum erlag mit 65 Jahren einem Rückenmarksleiden.

Ein Musketier der 3. Kompanie des 74. Infanterie-Regiments namens Droste aus Uentrop bei Hamm erlitt 1870 bei Spichern einen Bajonettstich in den linken Fuß. Wahrscheinlich war es Franz Christian Ferdinand Droste (1842–1895), evangelisch, ein Sohn des Tagelöhners Gerhard Heinrich Droste und der Maria Christina Sensebusch. Er wurde Fabriktagelöhner, wohnte später auf der Werler Straße in Hamm und heiratete 1873 Maria Kampmann, eine Tagelöhnertochter aus Dinker.

Heinrich Franz Friedrich Hiddemann genannt Schwarte, geboren 1846 als Sohn des Schmiedes Christian Hiddemann genannt Schwarte und der Louise Stoltefuß genannt Hülsmann, war Unteroffizier der 1. Kompanie des 3. Westfälischen Infanterie-Regiments Nr. 16 und wurde bei Mars-la-Tour durch einen Schuss in den rechten Oberschenkel schwer verwundet. Er kam anschließend in das Reserve-Lazarett in Barmen und wurde von dort aus an das Ersatz-Bataillon überwiesen. Nach dem Krieg bekam Schwarte die Stelle des Schleusenmeisters an der Lippe in Beckinghausen bei Lünen. 1872 fand die Heirat mit Sophia Dorothea Wilhelmine Maria Caroline Jungsblut (1848–1940) aus Soest statt, der Tochter eines Verwalters. Schwarte starb 1890 im Alter von 44 Jahren in der Hammer Nordstraße und wurde in Soest bestattet.

Vöckinghausen

Die in Vöckinghausen lebenden Protestanten gehörten zum Kirchspiel Dinker, die Katholiken zu Geithe.

Carl Franz Gerhard Peter Diedrich Funnemann (1840–1881), evangelisch, ein Sohn des Bauern Christian Funnemann (1803–1878) und der Maria Margaretha Clara Dorothea Vorwig (1812–1872), die 1834 geheiratet hatten, gehörte als Landwehr-Gefreiter nach dem Überfall bei Châtillon zu den Vermissten. Er starb als Landwirt mit 41 Jahren in Vöckinghausen an einer Lungenentzündung und hinterließ als Witwe Louisa Juliana Sophia Maria Christina Margaretha Heymühle genannt Uebbing (1843–1915) aus Norddinker, evangelisch, die er 1873 geheiratet hatte.

Heinrich Schnettker (1845–1921), katholisch, 2. Kompanie des 3. Westfälischen Infanterie-Regiments, wurde bei Mars-la-Tour vermisst. Der Sohn des Schusters Diedrich Schnettker und der Sophie Nüsken trat 1873 als Fabrikarbeiter in Hamm mit Anna Maria Gertraud Clara Hallermann, geboren 1851 in der Westenfeldmark als Tochter eines Tagelöhners, in den Stand der Ehe. Schnettker starb als Fabrikinvalide in seiner Wohnung auf dem Alten Uentroper Weg.

Der Wehrmann Wilhelm Bonnemeyer genannt Prenger aus Vöckinghausen, 1. Kompanie des Unnaer Bataillons, zählte bei Châtillon ebenfalls zu den Vermissten. Er war 1836 als Sohn von Johann Christoph Bonnemeyer genannt Prenger (um 1785–1865), Kötter und Leineweber, und Clara Maria Wältken (1798–1873) zur Welt gekommen und hatte in der Geithe die katholische Taufe erhalten. Der aus Bettinghausen bei Sassendorf stammende Vater, ein Katholik, hatte 1815 in der Geithe die Witwe Johanna Maria Catharina Nölle (1779–1822), eine Protestantin aus Dinker[91], geheiratet. Deren erster Ehemann, Johann Hermann Heinrich Wilhelm Prenger, war 1814 verstorben. 1822 fand in Dinker die Heirat des Witwers Bonnemeyer genannt Prenger mit der Köttertochter Anna Catharina Wältken (1798–1873) statt. Da diese evangelische Trauung von katholischer Seite nicht anerkannt wurde, musste 1830 eine zusätzliche Trauung in der Geithe vorgenommen werden. Der Sohn heiratete Wilhelmine Schütter (1841–1918), Tochter eines Zimmermeisters aus Frielinghausen. Wilhelm Bonnemeyer genannt Prenger starb 1920.

Wambeln

Gerhard Friedrich Wilhelm Schenkel (1842–1905), ein Sohn des Kötterpaares Georg Schenkel genannt Brüning und Luise Brüning, heiratete als Ackerknecht 1867 in Meiningsen bei Soest die Tagelöhnertochter Margarethe Linnhoff (1831–1874). 1870 gehörte er zur 4. Kompanie des 16. Infanterie-Regiments und wurde bei Mars-la-Tour vermisst. 1874 heiratete er als Witwer in Meiningsen Anna Sybilla Sophia Friederika Elisabeth Kuhlmann (1850–1917). Deren Vater war Bahnwärter auf dem Bahnhof in Welver. Der Brinksitzer Schenkel starb mit 62 Jahren in Meiningsen.

Weetfeld

Gerhard Wilhelm Leppelsack (1844–1923) wurde in Weetfeld geboren und in Bönen getauft. Seine Eltern waren der Landwirt Conrad Leppelsack und Clara Catharina Neuhaus. Er war 1866 Gefreiter im 1. Bataillon des 7. Westfälischen Infanterie-Regiments Nr. 56 und trug bei Königgrätz einen Streifschuss an einem „Enkel" (Fußknöchel) davon. 1876 heiratete er Maria Friederike Louise Haumann, eine 1857 geborene Köttertochter.

Werries

Bernhard Heinrich Damberg (1843–1892), katholisch, war ein Sohn des Landwirts Johann Bernhard Damberg genannt Lehmkemper (1814–1889) und dessen Ehefrau Anna Angela Christina Sybilla Wilhelmina Lehmkemper (1820–1856). Als Ulan im Westfälischen Ulanen-Regiment Nr. 5 traf ihn am 31. August 1870 bei Metz ein Schuss im Rücken. Nach seiner Rückkehr heiratete er als Landwirt 1877 die Köttertochter Elisabeth Maria Anna Mönkebüscher genannt Gerwin (1855–1923) aus Wambeln. Damberg genannt Lehmkemper starb als Rentner mit nur 48 Jahren in Werries an der Grippe. Ein wenige Tage nach dem Tod des Vaters geborener Sohn starb nach drei Stunden. Die Witwe ging 1893 eine weitere Ehe mit dem Gutspächter Heinrich Damberg (1855–1933) ein.

Westenfeldmark

Heinrich Wilhelm Münnig wurde 1840 in der Westenfeldmark geboren und in Herringen evangelisch getauft. Er war ein unehelicher Sohn des Tagelöhners Friedrich Mathias Münnig und der Johanna Sophia Wilhelmina Overhoff, geboren 1815. Die Mutter hatte sich von ihrem ersten Ehemann, Johann Caspar Heinrich Lübbert, scheiden lassen. Deren Trauung hatte 1837 in Kamen stattgefunden. Das Paar Münnig-Overhoff heiratete erst 1843. Der Sohn wurde Fabrikarbeiter und heiratete seinerseits im Mai 1866 in Hamm Wilhelmine Bernhardine Louise Besser, geboren 1839 in der Westenfeldmark als Tochter eines Tagelöhners. Anschließend zog er als

Musketier des 2. Bataillons des 7. Westfälischen Infanterie-Regiments Nr. 56 in den Krieg und wurde in der Schlacht bei Königgrätz am 3. Juli 1866 durch einen Schuss in den linken Fuß schwer verwundet. Er kehrte zurück und nahm seine Tätigkeit als Fabrikarbeiter wieder auf. Später bekam er eine Stelle als Bahnwärter und starb 1895 in Westhofen.

Carl Wienpahl (1846–1918), evangelisch, war ein Sohn des Kötters Heinrich Diedrich Ludwig Carl Wienpahl, welcher 1843 Johanna Friederika Rosina Henrina Wienpahl (1822–1867) geheiratet hatte. Als Ulan in der 4. Eskadron des 2. Hannoverschen Ulanen-Regiments Nr. 14 ehelichte er im Juli 1870 in der katholischen Gemeinde in Hamm die 1848 geborene Tagelöhnertochter Christina Henrietta Lummer, und im November kam ein Sohn zur Welt. Nach seiner Militärzeit arbeitete Wienpahl zunächst als Metzger. Als „Fabriker" und Witwer ging er 1889 eine weitere Ehe mit Auguste Anna Caroline Henriette Heckmann, katholisch, ein. Wienpahl starb mit 71 Jahren als Invalide in Hamm.

Westhusen

Anton Pohlmann (1842–1927) stammte aus der Bauerschaft Westhusen. Seine Eltern waren der Kötter Franz Pohlmann und Clara Berkemeyer. Als Schütze der 3. Kompanie des Garde-Schützen-Bataillons wurde er am 18. August 1870 bei Sainte-Marie-aux-Chênes schwer verwundet. Er überlebte und heiratete 1875 Anna Elisabeth Lepper (1847–1891), die Tochter eines Tagelöhners. Der Landwirt Pohlmann starb mit 84 Jahren.

Westtünnen

Carl Kettermann wurde 1841 in Westtünnen geboren und in Rhynern katholisch getauft. Seine Eltern waren der Zimmermann Johann Georg Heinrich Arnold Kettermann und Anna Maria Josephine Koch. Als Grenadier der 6. Kompanie des 1. Garde-Regiments zu Fuß wurde er am 3. Juli 1866 nach einem Gefecht zwischen Rosberitz und Chlum vermisst.[92] 1874 heiratete er in Bockum Bernhardina (Dina) Eckholt (1851–1902), Tochter eines Tagelöhners aus Herbern. Kettermann lebte anschließend als Kötter und Milchhändler in der Bauerschaft Herrenstein bei Walstedde und starb dort 1902 an Magenkrebs.

Friedrich Wilhelm Teigelhoff (1841–1880), 3. Kompanie des 3. Westfälischen Infanterie-Regiments Nr. 16, wurde nach der Schlacht bei Mars-la-Tour vermisst. Er war evangelisch, getauft in Rhynern als Sohn des Knechtes Hermann Teigelhoff (um 1815–1888) und der Clara Elisabeth Wechseler, und wurde später katholisch. Die Familie war nach Hörde verzogen, und der Vater hatte dort als Bergmann gearbeitet. Der Sohn heiratete 1869 als

Ackerknecht in Unna-Lünern Wilhelmine (Mina) Scharpenberg. Er starb mit 39 Jahren als Bahnwärter in Dortmund-Sölde.

Wiescherhöfen

Zwei der Wehrmänner, die bei Châtillon vermisst wurden, stammten aus Wiescherhöfen. Beide wurden in Herringen evangelisch getauft. Johann Gottfried Carl Hiddemann (1836–1899), ein Sohn des Schreiners Heinrich Hiddemann und der Henriette Friederika Overhoff, wurde ebenfalls Schreiner und heiratete 1859 Johanna Maria Dorothea Caroline Langkamp (um 1833–1923), Tochter eines Kötters aus der Westenfeldmark. Hiddemann starb mit 63 Jahren als Leibzüchter in Wiescherhöfen.

Heinrich Middendorf (1838–1905) wurde als Sohn des Landwirts Conrad Bernhard Middendorf und der Clara Elisabeth Schäkermann geboren. Er starb mit 67 Jahren als Bahninvalide in seiner Wohnung in Hamm auf dem Schleppweg.

„ERINNERUNG AN DEUTSCHLANDS GLORREICHE SIEGE 1870“, Steckmedaille mit 12 Darstellungen der bedeutendsten Schlachten des Deutsch-Französischen Kriegs, 1871, Durchmesser 60 mm

Evangelischer Kirchenkreis Hamm

Der evangelische Kirchenkreis Hamm enthält einige Orte, die nicht zum heutigen Stadtgebiet zählen. In manchen Fällen ergaben sich jedoch Verbindungen und Überschneidungen, die eine ausgeweitete Betrachtung erfordern. Zum Beispiel wurden kirchliche Handlungen für Bewohner von Osterflierich, heute Hamm, in Flierich, heute Kreis Unna, vorgenommen.

Ahlen

Da Ahlen erst 1861 eine eigene evangelische Gemeinde erhielt, erfolgte bis dahin die seelsorgerische Betreuung aus Hamm. Das Grundstück für den Bau der evangelischen Kirche stellte der aus Hamm stammende Apotheker Johann Gerhard Friedrich Unckenbold (1805–1885), ein Sohn des Bäckers, Brauers und Gastwirts Johann Hermann Unckenbold (1751–1816), zur Verfügung. Zunächst war er verheiratet mit der Katholikin Amalia Brinckmann (um 1809–1838). 1839 folgte ein zweite Ehe mit Johanne Caroline Pröpsting (1807–1867), einer Tochter des Hammer Bäckers und Wirts Caspar Johann Georg Pröpsting (1766–1836). Ihr 1840 geborener Sohn Johann Wilhelm Ferdinand Unckenbold wurde in Hamm evangelisch getauft. 1870 war er Einjährig-Freiwilliger bei einer nicht bekannten Einheit. Auch Sterbeort und -datum sind nicht überliefert. Henriette Betti Sophie Emilie Unckenbold (1843–1896), eine Schwester des Verstorbenen, wurde mit dem Verdienstkreuz für Frauen und Jungfrauen ausgezeichnet und deshalb in dem zugehörigen Kapitel genannt.

Im Kirchenbuch der evangelischen Gemeinde Ahlens findet man zwei Sterbeeinträge für auswärtige Soldaten, die 1870 im örtlichen Krankenhaus verstarben. Georg Hufnagel aus Eggolsheim in Oberfranken gehörte zum 14. Bayerischen Infanterie-Regiment. Er starb am 19. September an den Folgen eines Schusses in die Brust und wurde in Ahlen bestattet.

Carl Thieme stammte aus Kemberg bei Wittenberg in Sachsen-Anhalt. Er war Musketier in der 6. Kompanie des 3. Magdeburgischen Infanterie-Regiments Nr. 66, hatte am 30. August einen Durchschuss im linken Oberschenkel erlitten und starb an den Folgen am 9. Dezember in Ahlen. Der Leichnam wurde in seinem Heimatort beigesetzt.

Das 1896 auf dem Marktplatz in Ahlen enthüllte Kriegerdenkmal für die Opfer der Einigungskriege entstand nach einem Entwurf des ortsansässigen Steinmetzmeisters Hartmann[93]. Eine verwitterte Inschrift auf dem Denkmal lässt darauf schließen, dass Seelige[94] aus Sendenhorst an dessen Herstellung beteiligt war. Das Denkmal zeigt einen sterbenden Soldaten, dem ein Engel einen Lorbeerkranz auf das Haupt legt.

Kriegerdenkmal in Ahlen

Der Sockel trägt auf der Frontfläche die Widmung „Ihren gefallenen Söhnen die Stadt- und Land-Gemeinden Ahlen zur bleibenden Erinnerung".

Kriegerdenkmal in Ahlen, Sockelinschrift

Die Rückseite wurde mit dem folgenden Text beschriftet:

Es warben die Väter im heissen Streit
Der deutschen Stämme Einigkeit;
Es schirmen die Enkel mit starker Hand
Das einige deutsche Vaterland.

Eine Seitenfläche trägt die Namen von vier Opfern des Krieges 1864 (Heinrich Geisthoff, Theodor Dildrop, Georg Brockhinke, Bernard Bussfeld) sowie vier weiteren des Krieges 1866 (Clemens Sasse, Bernard Untied[95], Caspar Dildrop, Anton Starp). Die verbleibende Sockelfläche verweist auf sieben Tote des Krieges 1870/71: Josef Klostermann, Heinrich Wesselmann, Bernard Deitinghoff, Bernard Schmülling, Theodor Biermann, Arnold Hummels und Heinrich Brockmann.

Alle genannten Opfer waren katholisch und werden daher an dieser Stelle nicht weitergehend behandelt. Ausführliche Angaben sind einem Beitrag im Jahrbuch des Kreises Warendorf von 2022 zu entnehmen.

Bönen

Bönen wurde im Kreis Unna 1951 mit Altenbögge und 1968 mit Nordbögge, Westbönen und Osterbönen sowie Bramey-Lenningsen und Flierich zu einer neuen Gemeinde vereinigt.

Ehrenmal in Bönen um 1960

Johann Heinrich Theodor Schmieding (1808–1860) aus Witten war von 1834 bis 1846 zweiter Pfarrer der evangelischen Gemeinde in Bönen und anschließend bis 1857 Pfarrer der Petri-Nicolai-Gemeinde in Dortmund. 1837 fand in Witten seine Trauung mit der Gastwirtstochter Anna Maria Friederika Haarmann (1816–1847) statt. 1850 folgte in Dortmund eine weitere Ehe mit Carolina Alwina Schmemann (1823–1887), Tochter eines Eisenhändlers. Der in Bönen geborene Sohn Carl Wilhelm Schmieding (1841–1910) hatte in Heidelberg und Berlin Jura studiert, ehe er 1870 als Sekonde-Leutnant der Landwehr dem 3. Westfälischen Infanterie-Regiment Nr. 16 zugeteilt wurde. Für besondere Leistungen bekam er die 1. Klasse des Eisernen Kreuzes gemeinsam mit der 2. Klasse verliehen. 1872 heiratete er als Gerichtsassessor in Hamm Antonie Friederike Ernestine Emma Lennich (1853–1934), Tochter eines Rechtsanwaltes aus Plettenberg. Im gleichen Jahr wurde Schmieding Kreisrichter in Essen, 1880 Landrat in Altena, 1883 Landrat in Bochum und schließlich 1886 Oberbürgermeister und 1910 Ehrenbürger der Stadt Dortmund.

Sein Bruder Gottlieb Theodor Schmieding (1843–1918) studierte in Heidelberg Jura. 1870 wurde er als Sekonde-Leutnant in der Reserve des 2. Brandenburgischen Ulanen-Regiments Nr. 11 zum Schleswig-Holsteinischen Husaren-Regiment Nr. 16 abkommandiert. Er kehrte mit einem Eisernen Kreuz 2. Klasse aus dem Krieg zurück. 1872 war er Referendar in Hamm und heiratete in Witten Emilie Pauline Adolphine Strohn, die 1850 geborene Tochter eines Justizrats aus Berlin. Schmieding stieg zum Landgerichtsrat auf und gehörte von 1884 bis 1913 dem Preußischen Abgeordnetenhaus an. Außerdem war er Mitglied in mehreren Aufsichtsräten der Montanindustrie und erlangte ein beträchtliches Aktienvermögen.

Auf dem 1907 errichteten Kriegerdenkmal in Bönen sind die Inschriften zum Teil kaum noch lesbar. Auf einer Seitenfläche wird unter der Überschrift „Mit Gott für König und Vaterland starben den Heldentod" bei „anno 1815" zunächst ein Opfer der Befreiungskriege genannt: „Heinr. Christian Erdmann aus Osterbönen". Er starb als Landwehrmann im 1. Westfälischen Landwehr-Infanterie-Regiment am 3. Juli 1815.[96] Wahrscheinlich handelte es sich um Johann Heinrich Christoph Erdmann, getauft 1795 in Flierich. Zu dieser Zeit lebten die Eltern, der Tagelöhner Johann Friedrich Erdmann (1763–1818) aus Lünern und Catharina Elisabeth Fickermann, geboren 1758 in Hemmerde, in Lenningsen. Ihre Trauung hatte 1784 in Lünern stattgefunden, erste Kindstaufen erfolgten in Hemmerde. Später zog die Familie nach Osterbönen.

Unter „anno 1866" schließt sich an: „Heinr. Wilh. Bierkämper aus Weetfeld verw. den 28. Juni bei Skalitz". Heinrich Wilhelm Bierkämper, ein Sohn des Tagelöhners Diedrich Bierkämper und der Anna Catharina Gorschlüter, wurde 1840 in Weetfeld geboren und in Bönen getauft. 1866 war er Gefreiter der 4. Kompanie des Westfälischen Füsilier-Regiments Nr. 37, wurde von einer Kugel im linken Unterarm getroffen und starb an den Folgen am 13. Juli in Brünn.

Auf der gegenüberliegenden Seite des Denkmals findet man drei Opfer des Deutsch-Französischen Krieges („Mit Gott für Kaiser u. Reich starben den Heldentod anno 1870"). Dabei war die Familie Kieserling aus Altenbögge besonders betroffen, denn sie verlor die 1846 geborenen Zwillingssöhne Heinrich Wilhelm und Dietrich Albert. Der Erste war Ulan im Westfälischen Ulanen-Regiment Nr. 5 und fiel am 8. August während eines Patrouillengefechts bei Boulay an der Mosel. Der zweite war Ackerer und Unteroffizier der 3. Kompanie des 3. Westfälischen Infanterie-Regiments Nr. 16 und wurde am 16. August 1870 bei Mars-la-Tour schwer verwundet. Nach der Angabe auf dem Denkmal starb er am 14. September, gemäß Sterbeeintrag im Kirchenbuch war es der 4. September, nach der amtlichen Verlustliste der 5. September. Jedenfalls endete sein Leben in einem Dortmunder Lazarett, und er wurde in Bönen bestattet. Es handelte sich um die Söhne des Schneidermeisters Johann Heinrich Kieserling, der 1840 Janna Wilhelmina Elisabeth Schimmel geheiratet hatte.

Dietrich Heinrich Schulze Marmeling, geboren 1845 in Bönen, Gefreiter der 8. Kompanie des 3. Westfälischen Infanterie-Regiments Nr. 16, wurde ebenfalls am 16. August verwundet und starb am 26. September in Mars-la-Tour. Seine Eltern waren der Landwirt Johann Diedrich Heinrich Schulze Marmeling und Friederika Sophia Aletta Mersmann. Sie hatten 1838 den Bund der Ehe geschlossen.

Johann Friedrich Wilhelm Heitplässer, geboren 1849 als Sohn des Brinksitzers Johann Diedrich Heitplässer und der Anna Sophia Dohlenkamp aus Osterbönen, starb als Soldat am 12. September 1872 in Hannover. Als Todesursache notierte man Ruhr und Lungenschwindsucht.

Unter den überlebenden Kriegsteilnehmern aus Bönen und Umgebung ist zunächst Carl Friedrich Heinrich Schippkühler zu nennen. Er wurde 1846 in Nordbögge geboren. Seine Eltern waren der Schäfer und Arbeiter Friedrich Schippkühler und Henriette Beckmann. Als Soldat der 4. Kompanie des 3. Westfälischen Infanterie-Regiments Nr. 16 erlitt er bei Mars-la-Tour eine Verwundung. 1872 heiratete er als Schuster in Herringen Anna Maria Sophia Ramm (um 1851–1914), Tochter eines Zimmermanns aus Wiescherhöfen. Schippkühler wurde anschließend Bahnarbeiter und wohnte in Wiescherhöfen. Er starb am 15. Dezember 1890 im Hammer Bahnhofsgebäude.

Johann Albert Friedrich Wilhelm Westkämper (1846–1902) wurde in Altenbögge geboren und in Bönen getauft. Seine Eltern, der Ackerknecht Heinrich Wilhelm Westkämper und Johanne Sophie Bothe, hatten 1838 in Kamen geheiratet. 1870 war er Grenadier der 2. Kompanie des 4. Garde-Grenadier-Regiments und wurde am 18. August bei Saint-Privat verwundet. Der Kötter Westkämper heiratete 1877 die Schneidertochter Friederike Wilhelmine Kieserling und starb 1902 in Altenbögge.

Carl Heinrich Friedrich Lethaus (1845–1916), 10. Kompanie des 1. Hannoverschen Infanterie-Regiments Nr. 74, wurde bei Gravelotte verwundet. Er stammte aus Nordbögge und war ein Sohn des Kötters und Bahnwärters Carl Friedrich Lethaus und der Clara Charlotte[97] Jackenkroll genannt Senger, geboren 1805. 1873 gründete der Bahnarbeiter Lethaus eine Familie mit Wilhelmine Sophie Caroline Schnickmann.

Der Zimmermann und Gefreite Heinrich Wilhelm Hempert (1845–1918) aus Osterbönen, 11. Kompanie, wurde von einer Kugel in der linken Seite getroffen, aber als leicht verwundet eingestuft. Seine Eltern, der Zimmermann Johann Gottfried Humpert genannt Hempert (1820–1893) und Anna Sophia Friederika Muth (1815–1877), hatten 1844 in Bönen geheiratet. 1873 fand in Flierich seine eigene Trauung mit Clara Wilhelmina Dollenkamp statt, der 1850 geborenen Tochter eines Landwirts aus Hilbeck. Hempert lebte bis zu seinem Lebensende in Hilbeck.

Heinrich Dietrich Poth (1848–1919) aus Nordbögge wurde am 18. August 1870 bei Sainte-Marie-aux-Chênes als Grenadier der 2. Kompanie des 2. Garde-Regiments zu Fuß verwundet. Der Sohn des Brinksitzers und Rottenarbeiters Friedrich Poth (um 1810–1889) und der Wilhelmine Bennemann (um 1812–1879) heiratete 1873 in Bönen Friederike Lisette Caroline Fennemann (1850–1928), eine Schuster- und Köttertochter aus Pelkum. Poth starb als Bahnwärter a. D. mit 71 Jahren in seiner Wohnung in Nordbögge.

Diedrich Heinrich Hühnervogt kam 1846 in Altenbögge zur Welt. Sein Vater Johann Diedrich Hühnervogt (1824–1903) war bei der Taufe Soldat in Köln, später ernährte er seine Familie als Ackerknecht. Die Mutter hieß Henrietta Wilhelmina Westkämper (1824–1920). Sie hatten 1844 in Kamen geheiratet. Der Sohn war 1870 Grenadier in der 1. Kompanie des 4. Garde-Grenadier-Regiments und wurde am 18. August von einer Kugel im rechten Bein getroffen. 1872 lebte er als Ackerknecht in Heeren und heiratete dort Auguste Lisette Luise Marie Catharine Henriette Lockert (1846–1927). Sie wurde als Köttertochter in Fröndenberg geboren und wohnte in Langschede. Hühnervogt bekam später eine Stelle als Kesselwärter und starb 1921 als Invalide in Heeren-Werve.

Flierich

Das Kirchspiel Flierich umfasste die Orte Flierich, Bramey, Lenningsen, Brügge und Osterflierich. Das Kriegerdenkmal an der Kirche wurde 1874 auf Veranlassung des 1866 gegründeten Krieger- und Landwehrvereins errichtet und durch Spenden finanziert.[98]

Kriegerdenkmal in Flierich

Die Liste der Gefallenen beginnt auf der ersten Fläche mit einem Opfer des Preußisch-Österreichischen Krieges, gefolgt von zwei weiteren aus dem Jahr 1870.

Kriegerdenkmal in Flierich, Detail

Garde Füsilier Wilh. Poth gest. im Lazareth
zu Zischersdorf in Niederöstreich 1866.
Musketier Wilh. Schneider aus Osterflierich
gefallen bei Mars la Tour am 16. August 1870.
Musketier Fr Hemmerich aus Osterflierich
gefallen bei Mars la Tour am 16. August 1870.

Johann Heinrich Wilhelm Poth wurde 1842 in Osterflierich geboren, als Sohn des Brinksitzers Johann Henrich Poth und der Catharina Elisabeth Maevius. Er gehörte zur 12. Kompanie des Garde-Füsilier-Regiments und starb am 2. August 1866 in Zissersdorf, nordwestlich von Wien, an der Cholera.

Diedrich Wilhelm Schneider war der 1849 geborene Sohn des Gastwirts Heinrich Wilhelm Eberhard Klanderhoff genannt Schneider und der Wilhelmine Schneider. Er starb als Soldat der 1. Kompanie des 16. Infanterie-Regiments und wurde auf dem Schlachtfeld begraben.

Für Johann Friedrich Hemmerich sind die Angaben auf dem Denkmal nicht ganz korrekt. Am 16. August wurde zwar bei Mars-la-Tour sein rechtes Bein durchschossen, er starb allerdings erst am 12. September in einem Feldlazarett in dem nahegelegenen Ort Doncourt-lès-Conflans und wurde auf dem dortigen Kirchhof bestattet. Hemmerich, Jahrgang 1842, stammte aus Opsen und wurde in Drechen getauft, als Sohn von Adam Hemmerich genannt Schatz, Brinksitzer, und Clara Maria Schatz.

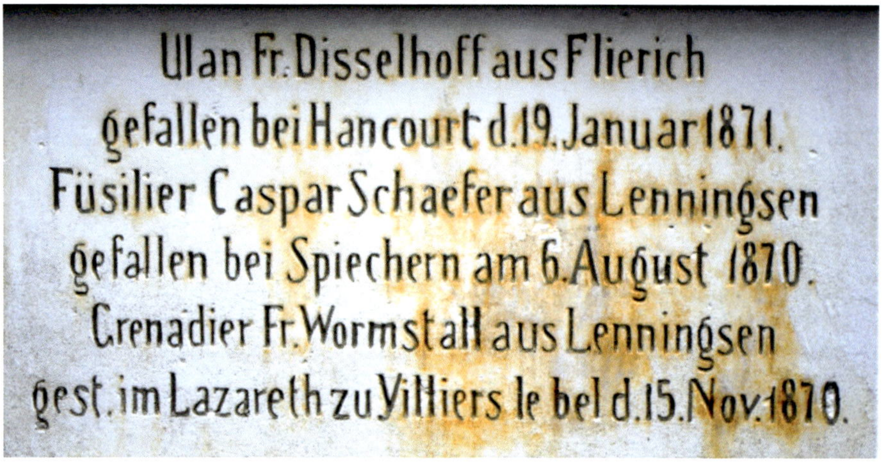

Kriegerdenkmal in Flierich, Detail

Eine weitere Sockelfläche ist wie folgt beschriftet:

Ulan Fr. Disselhoff aus Flierich
gefallen bei Hancourt d. 19. Januar 1871.
Füsilier Caspar Schaefer aus Lenningsen
gefallen bei Spiechern am 6. August 1870.
Grenadier Fr. Wormstall aus Lenningsen
gest. im Lazareth zu Yilliers le bel d. 15. Nov. 1870.

Johann Friedrich Heinrich Disselhoff war der 1847 geborene Sohn des Kolons Ferdinand Johann Giesbert Disselhoff und der Johanna Maria Catharina Hegemann. Als Ulan der 3. Eskadron des 2. Hannoverschen Ulanen-Regiments Nr. 14 wurde er am 18. Januar 1871 bei dem zwischen Péronne und Saint-Quentin gelegenen Ort Hancourt durch einen Schuss in die Brust getötet. Am 5. Februar hielt man für ihn in Flierich eine Gedächtnispredigt.

Caspar Heinrich Wilhelm Schäfer war Soldat in der 11. Kompanie des 1. Hannoverschen Infanterie-Regiments Nr. 74. Er wurde 1844 als Sohn des Ackerknechts und späteren Maurers Johann Diedrich Heinrich Schäfer und der Carolina Wilhelmina Rüsche in Lünern getauft. Beim Sturm auf die Spicherer Höhen trafen Schäfer, nach den Angaben im Fliericher Kirchenbuch, zwei Kugeln in einem Oberschenkel. Der amtlichen Verlustliste zufolge traf ein Schuss den Unterleib. Jedenfalls starb er daran am 22. August in einem Lazarett in Saarbrücken. Auch bei dem Taufeintrag in Lünern wurde eine entsprechende Anmerkung vorgenommen.

Der Schmied Friedrich Wilhelm Wormstall gehörte der 3. Kompanie des 1. Garde-Grenadier-Regiments an und starb am 15. November 1870 in Villiersle-Bel an Typhus. Er wurde 1846 in Lenningsen geboren und in Hemmerde katholisch getauft. Seine Eltern waren der Ackerer Hermann Christian Schulte genannt Wormstall (1806–1887) und Maria Haumann genannt Neuhaus (1808–1880), beide geboren in Allen. Ihre katholische Trauung hatte 1829 in Rhynern stattgefunden. Hermann Wormstall arbeitete zunächst als Ackerknecht in Allen, dann als Verwalter in der Pilsheide in Hamm und schließlich als Ackerer in Lenningsen.

Johann Caspar Wilhelm Weischer, der 1842 in Lenningsen geborene Sohn des Brinksitzers Johann Gottfried Weischer und der Johanna Maria Darenberg, die 1825 geheiratet hatten, wurde Feldwebel der 11. Kompanie des 13. Infanterie-Regiments. 1873 fand in Soest die Trauung mit der Gastwirtstochter Wilhelmine Schnabel statt. Der Polizeikommissar Weischer starb bereits 1878 in Soest an der Schwindsucht.

Es folgen einige Verwundete aus dem Kirchspiel Flierich, die überlebten, in der Reihenfolge der Sterbejahre.

Bei „Joh. Heinr. Weber“ aus Bramey, 9. Kompanie des 3. Westfälischen Infanterie-Regiments, der bei Mars-la-Tour verwundet wurde, besteht der Verdacht, dass Johann Hermann Diedrich Weber (Wever) gemeint war, 1838 geboren in Bramey und getauft in Flierich. Dessen Eltern waren der Schuster Johann Friedrich Wever und Johanna Clara Catharina Middendorf. Der Ackerknecht Wever heiratete 1867 in Methler Theodora Friederika Knäpper (Knepper) (1832–1901) aus Weddinghofen bei Bergkamen, Tochter eines Webers und Witwe des Schneiders Friedrich Christian Ekey. Der Tagelöhner und Brinksitzer Weber erlag 1874 in Niederaden der Schwindsucht. Seine Witwe heiratete 1875 den Handelsmann Friedrich Wilhelm Ludwig Giesbert Schulze Hostede (1839–1915) aus Lanstrop.

Conrad Wilhelm Nellenschulte kam im Februar 1846 als Sohn von Johann Heinrich Wilhelm Nellenschulte, Jahrgang 1823, Ackerknecht und Tagelöhner, und Clara Sophia Elisabeth Overtreiber (1824–1889), Tochter eines Tagelöhners, zur Welt. Die Eltern hatten im Dezember 1845 in Flierich geheiratet. Als Soldat der 8. Kompanie des 16. Infanterie-Regiments wurde er bei Mars-la-Tour verwundet. Anschließend ging er nach Herringen, und 1874 fand dort die Trauung mit Maria Henriette Wilhelmine Kleiböhmer (1851–1914) statt, der Tochter eines Zimmermanns und Bahnwärters aus Wiescherhöfen. Der pensionierte Bremser Nellenschulte starb 1899 mit 53 Jahren in seiner Wohnung am Gallberger Weg in Hamm.

Caspar Diedrich Hüsing, der 1846 geborene Sohn des Ackerknechtes Wilhelm Giesbert Hüsing und der Clara Maria Wortmann, war 1870 Füsilier im

1. Hanseatischen Infanterie-Regiment Nr. 75. Dieses Regiment war 1866 aufgestellt und 1867 Bremen zugewiesen worden. 1870/71 nahm es an mehreren Schlachten und Gefechten sowie an den Belagerungen von Metz und Paris teil. Am 13. September 1870 kam es bei Toul in Lothringen zu einem Vorpostengefecht, in dessen Verlauf die Vorstadt des Ortes von den deutschen Truppen besetzt wurde. Hüsing wurde dabei am Bahnhof in Toul durch einen Schuss in die rechte Hacke schwer verwundet. Er kehrte als Invalide aus dem Krieg zurück und schlug sich als Arbeiter und Ackerknecht durch. 1873 fand die Heirat mit Johanna Wilhelmine Henriette Maaß (1851–1897) statt, der Tochter eines Kötters aus Hilbeck. Hüsing starb 1914 in Flierich.

Caspar Diedrich Heinrich Hermeling (1800–1846), wie sein Vater Jäger[99] von Beruf, heiratete 1836 in Flierich Johanna (Janna) Maria Wilhelmine Hoop, Tochter eines Kötters aus Pedinghausen. Ihr 1842 geborener Sohn Johann Wilhelm Hermeling war 1870 Musketier in der 3. Kompanie des 1. Hannoverschen Infanterie-Regiments und wurde am 6. August bei Saarbrücken durch einen Schuss leicht am linken Zeigefinger verletzt. Nach dem Krieg ging er als Eisenbahnarbeiter nach Grundschöttel bei Volmarstein und starb dort 1922 unverheiratet.

„Germania auf der Wacht am Rhein",
Motivtuch, ca. 70 x 70 cm, Gebrüder Elbers, Hagen, um 1871

Hilbeck

Bei dem Übergang der Großgemeinde Rhynern an die kreisfreie Stadt Hamm im Jahr 1975 kam Hilbeck als einziger Ortsteil zu Werl im Kreis Soest.

Das Hilbecker Kriegerdenkmal wurde vom örtlichen Krieger- und Landwehrverein errichtet und am 26. August 1900 eingeweiht.

Kriegerdenkmal in Hilbeck

Das Leib-Garde-Husaren-Regiment verzeichnete im Preußisch-Österreichischen Krieg siebzehn Todesfälle, darunter drei direkt auf dem Schlachtfeld. Heinrich Wilhelm Eberhard Baecker[100], geboren 1845, starb am 18. Juli 1866 in einem Feldlazarett in Brünn. Für ihn wurde auch in der Hilbecker Kirche eine hölzerne Gedenktafel angebracht. Seine Eltern, der Landwirt Johann Friedrich Wilhelm Baecker, geboren 1812, und Maria Catharina Hollmann, hatten 1833 geheiratet. Auch vier weitere Söhne dienten als Freiwillige bei den Garde-Husaren.

Es starben den Heldentod
Husar Wilh. Baecker,
Garde-Husaren Regt.
Jäger Heinr. Borgmann,
Westf.-Jäger Bat. Nº 7.
Husar Fritz Wieschhoff,
1. Westf.-Hus. Regt. Nº 8.
Musket. Herm. Schulze, Pentling
1. Hannov.-Inf. Regt. Nº 74.
Den Gefallenen zum Gedächtnis,
Den Nachkommen zum Vermächtnis.

Kriegerdenkmal in Hilbeck, Detail

Johann Heinrich Friedrich Wilhelm Carl Baecker (1835–1914) blieb als Landwirt, später als Leibzüchter, in Hilbeck. Johann Heinrich Friedrich Baecker (1840–1919) starb als Rentner in Berge. Heinrich Eberhard Baecker (1843–1918) wurde Landwirt in Bergede bei Soest. Diedrich Heinrich Wilhelm Baecker (1848–1912) blieb als Junggeselle in Hilbeck.

Im Sterbebuch der evangelischen Gemeinde Hilbeck findet man detaillierte Einträge zu Borgmann und Wieschhoff als Opfer des Deutsch-Französischen Krieges.

Johann Heinrich Wilhelm Borgmann, der 1847 in Westhilbeck geborene Sohn des Landwirts Johann Diedrich Muhl genannt Borgmann und der Anna Henriette Löbbe, die 1828 in Bönen geheiratet hatten, gehörte zur 2. Kompanie des Westfälischen Jäger-Bataillons Nr. 7. Am 24. Januar 1871 trafen ihn während eines Erkundungsgefechts bei Châtillon-sur-Lison, südlich von Besançon, Kugeln in beiden Beinen, und er kam in ein Lazarett. Dort endete sein Leben am 2. März 1871. Nach der Notiz im Kirchenbuch lag das Lazarett in dem Ort Quingey[101], etwa 12 km entfernt von Châtillon. Die Ortsangabe Lille, rund 500 km entfernt, in der amtlichen Verlustliste ist demnach falsch.

Friedrich Wieschhoff, geboren 1850, ein Sohn des Landwirts Heinrich Wilhelm Wieschhoff und der Wilhelmine Beckmann, war Husar im 8. Husaren-Regiment. Er starb am 26. Januar 1871 in Dijon „durch einen unglücklichen Schuss", wie es im Kirchenbuch heißt.

Johann Hermann Regenbogen genannt Schulze Pentling, Jahrgang 1845, stammte aus Pentling bei Hilbeck und wurde in Büderich katholisch getauft. Sein Vater Ferdinand Friedrich Regenbogen stammte aus Huckarde und hatte 1841 in Büderich Elisabeth Schulte Pentling geheiratet. Der Sohn war Musketier im 1. Hannoverschen Infanterie-Regiment und erlag am 23. Mai 1871 in Nancy dem Typhus. Der Leichnam wurde am 31. Mai in Büderich bestattet und im dortigen Kirchenbuch ein entsprechender Eintrag angelegt. Die Familie errichtete in Pentling eine private Gedenkstätte, die später mit Tafeln für die Opfer der beiden Weltkriege erweitert wurde und heute noch existiert.

Ferner wurden einige verwundete, aber überlebende Kriegsteilnehmer aus Hilbeck aktenkundig, darunter Friedrich Beckmann, Kürassier im Westfälischen Kürassier-Regiment Nr. 4. Er trug am 16. August 1870 bei Vionville eine leichte Schusswunde an einem Oberschenkel davon. Es dürfte sich um Friedrich Wilhelm Beckmann (1847–1888) gehandelt haben. Der Sohn des Landwirts Gottfried Beckmann und der Wilhelmine Klotmann war verheiratet mit Lisette Ostermann. Er starb mit 41 Jahren als Gastwirt in Werve an Lungenschwindsucht.

Johann Friedrich Wilhelm Heinrich Rudolph Nüsken genannt Voigt (1847–1918) war ein Sohn des Kolons Johann Heinrich Diedrich Nüsken genannt Voigt (1804–1849) und der Anna Sophia Voigt (1813–1880), die 1835 geheiratet hatten. Als Ulan der 4. Eskadron des 2. Hannoverschen Ulanen-Regiments Nr. 14 wurde er am 15. Januar 1871 bei Hénencourt durch einen Schuss in die Brust schwer verwundet und in ein Lazarett im 25 km entfernten Amiens gebracht. Er überlebte und bekam später eine Stelle als Bahnarbeiter. 1880 heiratete er Henriette Sophie Schmidt (1857–1918), die Tochter eines Schneidermeisters. Der Witwer Voigt starb mit 71 Jahren als Bahninvalide in seiner Wohnung in Hilbeck.

Johann Conrad Wilhelm Schmidt war Gefreiter der 2. Kompanie des 3. Westfälischen Infanterie-Regiments und zählte bei Mars-la-Tour zu den Vermissten. Er wurde 1841 als unehelicher Sohn der Clara Maria Schmidt geboren. Sie war die Tochter eines Schneidermeisters. Schmidt heiratete 1867 in Ergste Maria Luise Henriette Beckmann (1838–1891), Tochter eines Landwirts aus Hilbeck, und ließ sich als Hufschmied in Garenfeld bei Westhofen nieder. Schmidt starb dort 1934 im Alter von 92 Jahren.

Anhang

Einige weitere Teilnehmer der Einigungskriege aus Hamm sollen abschließend der Vollständigkeit halber erwähnt werden.

Heinrich Wilhelm Overbeck, geboren 1785 in Altena, kam als Salarienkassen-Kontrolleur zum Oberlandesgericht in Hamm. Aus seiner Ehe mit Elise Ernestine Gertrude Knipscheer, geboren 1792 auf Haus Horst bei Kalkar, ging 1837 der Sohn Adolph Arnold Bernhard Friedrich Overbeck hervor. Als Kaufmann heiratete er 1864 in Bielefeld die Lehrertochter Johanne Catharine Mathilde Wilhelmine Prött. 1866 war Overbeck Gefreiter der 9. Kompanie des 2. Westfälischen Infanterie-Regiments Nr. 15. Ihm wurden am 10. Juli bei Kissingen beide Oberschenkel durchschossen, und er starb daran drei Tage später in einem Lazarett. Die Geburt seines Sohnes August Friedrich Adolph Arnold Overbeck (1866–1920) im September erlebte er nicht mehr. Overbeck wird neben zahlreichen weiteren Gefallenen des 15. Regiments auf der 1868 eingeweihten Siegessäule in Minden genannt.

Heinrich Carl Spiekermann (1840–1902), ein Sohn des Fassbinders und späteren Bahnwärters Ludwig Spiekermann und der Isabella Schulz, war 1866 Musketier im 2. Bataillon des 7. Westfälischen Infanterie-Regiments Nr. 56 und trug bei Königgrätz einen Streifschuss an einem Fußgelenk davon. Nach seiner Rückkehr bekam er als invalider Gefreiter eine Stelle als Postbeamter und heiratete 1867 Theodore Wilhelmine Henriette Haumann, die Tochter eines Kleinhändlers. Der Postschaffner Spiekermann starb mit 61 Jahren.

Carl Friedrich Wilhelm Niggemann (1839–1869) war ein Sohn des Tagelöhners und späteren Weichenstellers Johann Friedrich Deitelhoff genannt Niggemann und der Wilhelmine Marie Luise König genannt Schröer. 1863 heiratete er als Drechsler Friederike Henriette Beckmann, Tochter eines Schuhmachers aus Weetfeld, 1839 getauft in Bönen. 1866 nahm Niggemann als Husar an dem Krieg teil, kehrte ebenfalls als Invalide zurück und wurde Postbeamter. Er erlag im Alter von 30 Jahren der Schwindsucht und hinterließ eine Witwe mit zwei kleinen Kindern, die 1870 ihren Schwager, den Küfer Ludwig Johann Emil Niggemann (1846–1874), heiratete. Sie starb 1881 als zweifache Witwe in ihrer Wohnung am Ostenwall.

Quellen

Kirchenbücher des evangelischen Kirchenkreises Hamm (Ahlen, Berge, Bönen, Drechen, Flierich, Hamm, Herringen, Hilbeck, Mark, Pelkum, Rhynern, Uentrop), www.archion.de.

Kirchenbücher der katholischen Gemeinden Hamm (St. Agnes), Bockum (St. Stephanus), Geithe (St. Antonius von Padua), Heessen (St. Stephanus), Herringen (Heilig Kreuz/St. Peter und Paul), Hövel (St. Pankratius), Rhynern (St. Regina), https://data.matricula-online.eu/de/.

Jacobi, L. H. W.: Das Berg-, Hütten- und Gewerbe-Wesen des Regierungs-Bezirks Arnsberg in statistischer Darstellung, Iserlohn 1857.

Loeffler, F.: Das Preussische Militär-Sanitätswesen und seine Reform nach der Kriegserfahrung von 1866, Zweiter Theil (Der Sanitätsdienst und seine Organisation), Berlin 1869.

Eintheilung und Standquartiere der gesammten deutschen Armee mit namentlicher Angabe der Corps-, Divisions-, Brigade-, Regiments-, Bataillons- und Landwehr-Bezirks-Commandeure, September-Ausgabe, Berlin 1870.

Heppe, H.: Geschichte der Evangelischen Gemeinden der Grafschaft Mark und der benachbarten Gemeinden von Dortmund, Soest, Lippstadt, Essen, etc., Iserlohn 1870.

Première/Deuxième/Troisième/Quatrième/Cinquième/Sixième liste de blessés français recueillis par les troupes allemandes publiée par le Comité International de Genève, Basel und Genf 1870/71.

Leistner, Ernst: Was unsere heimkehrenden Krieger erzählen! – Soldatenerzählungen aus dem Feldzuge von 1870 und 1871, II. Band, Berlin 1871.

Ehrenbuch der Hanseaten. Erlebnisse und Heldenkämpfe der hanseatischen Regimenter No. 75 und 76 im Kriege gegen Frankreich 1870-71, Zweite Auflage, Hamburg 1871.

Gedenkbuch an den deutsch-französischen Krieg von 1870–71 für die deutschen Israeliten, Selbstverlag der Redaktion der Allgemeinen Zeitung des Judenthums, Bonn 1871.

Rittweger, F.: Der französisch-deutsche Krieg 1870/71, Frankfurt am Main 1872.

Krause, W., Hrsg.: Gedächtnißhalle für die im Feldzuge 1870/71 gefallenen und nachträglich verstorbenen Deutschen Krieger, Erster Theil, Biographische Notizen über Die Offiziere der Deutschen Armee, Berlin 1873.

Guttstadt, A.: Die Pockenepidemie in Preussen, insbesondere in Berlin 1870/72, in Zeitschrift des Königlich Preußischen Statischen Bureaus, 13. Jahrgang, Berlin 1873.

Jahresbericht des Königl. Gymnasiums und der höheren Bürgerschule zu Hamm über das Schuljahr 1875 bis 1876, Hamm 1876.

Ottmann, Moritz: Deutsches Heldenbuch – Hervorragende Kriegsthaten deutscher Offiziere und Soldaten in dem Kriege 1870 und 1871, Verlag von E. Morgenstern, Breslau 1877.

Blomberg, von und Leszczynski, von: Geschichte des 6. Westfälischen Infanterie-Regiments Nr. 55, von seiner Errichtung bis zum 2. September 1877, Detmold 1877.

Geschichte des 3. Westfälischen Infanterie-Regiments Nr. 16, Berlin 1880.

Festschrift zur Einweihung des neuen Gymnasialgebäudes, Hamm 1880.

Der deutsch-französische Krieg 1870–71. Redigirt von der Kriegsgeschichtlichen Abteilung des großen Generalstabes. Zweiter Theil. Geschichte des Krieges gegen die Republik. Dritter Band, Berlin 1881.

Mark, W. von der: Ernst von Roehl, Nekrolog, in Verhandlungen des naturhistorischen Vereines der preussischen Rheinlande und Westfalens, 39. Jahrgang, Bonn 1882.

Gallandi: Geschichte des Grenadier-Regiments Kronprinz (1. Ostpreußisches) Nr. 1. 1869 – 1882, Berlin 1883.

Gothaisches Genealogisches Handbuch der Freiherrlichen Häuser, 35. Jahrgang, Gotha 1885.

Adreßbuch und Geschäfts-Anzeiger für die Stadt Hamm i. W., Hamm 1886.

K. K. Technisches & Administratives Militär-Comité: Mittheilungen über Gegenstände des Artillerie- und Genie-Wesens, XVIII. Jahrgang, Wien 1887.

Kusenberg: Geschichte des Rheinischen Ulanen-Regiments Nr. 7. 1815 – 1890, Berlin 1890.

Heppe, H.: Geschichte der Evangelischen Gemeinden der Grafschaft Mark und der benachbarten Gemeinden von Dortmund, Soest, Lippstadt, Essen, etc., Nachtrag, Leipzig 1890.

Von Langermann und Erlencamp: Geschichte des 3. Posenschen Infanterie-Regiments Nr. 58 von der Gründung bis 1892, 2. Auflage, Berlin 1892.

Janecki, M.: Handbuch des Preußischen Adels, Band 1, Berlin 1892.

Seger, H. und Cramer, E.: Thonindustrie-Zeitung, Wochenschrift für die Interessenten der Ziegel-, Terracotta-, Töpferwaaren-, Steingut-, Porcellan-, Cement- und Kalkindustrie, Jahrgang XVII, Berlin 1893.

Stern, P.: Die ersten fünf Jahre des Infanterie-Regiments Herzog von Holstein (Holsteinschen) Nr. 85, 2. Auflage, Berlin 1894.

Liebeskind: Geschichte des Füsilier-Regiments Fürst Karl Anton von Hohenzollern (Hohenzollernsches) Nr. 40, Berlin 1896.

Casimir, Ph.: Souvenirs de la Campagne de France 1870-71 par Ricciotti Garibaldi Commandant de la 4me Brigade de l'Armée des Vosges, Nizza 1899.

Rudorff: Geschichte des Westfälischen Jäger-Bataillons Nr. 7 von seinen Anfängen bis zur Jetztzeit, Mannschafts-Ausgabe, Berlin 1897.

Nedden, zur: Geschichte des 1. Hannoverschen Infanterie-Regiments Nr. 74 und des vormaligen Königlich Hannoverschen 3. Infanterie-Regiments, Berlin 1903.

Raabe, E.: Geschichte van diär Stadt Hamm, Deil II, Leipzig 1903.

Guinneau, v.: Geschichte des 1. Hannoverschen Dragoner-Regiments Nr. 9, Peninsula – Waterloo – Göhrde, Berlin 1904.

Kresing, W.: Hamm während des Krieges 1870/71, in Heimatbuch Kreis und Stadt Hamm, Hamm 1922.

Börger, P.: Hamm und seine Garnison im 17. und 18. Jahrhundert, Witten 1928.

Vogelsang, E.: Der Verschönerungsverein, in Allensteiner Heimatbrief, Gelsenkirchen 2008.

Lange, Jürgen (Hg.): Hammer Lesebuch, Geschichten aus der Geschichte der Stadt, Essen 1991.

Nubbemeyer, Ch.: Chronik des Oberlandesgerichts Hamm, Pressedezernat 2020.

Personenregister

Der Einzug in Paris.

187ste Depesche

vom

Kriegs-Schauplatz.

Offizielle militairische Nachrichten.

Versailles, den 1. März.

Der Kaiserin und Königin in Berlin.

Soeben kehre Ich von Longchamps zurück, wo Ich die Truppen des VI., XI. und I. Bayerischen Corps, 30,000 Mann, inspicirte, die zuerst Paris besetzen.

Die Truppen sahen vortrefflich aus. Die Avantgarde ist um 8 Uhr eingerückt, ohne alle und jede Störung.

Wilhelm.

Berlin, den 2. März 1871.

Königliches Polizei-Präsidium.
von Wurmb.

„187ste Depesche vom Kriegs-Schauplatz"
1. März 1871
(Zwischen dem 30. Juli 1870 und dem 2. März 1871 wurden insgesamt 189 Depeschen versandt.)

Anmerkungen

---

[1] Leopold von Hohenzollern-Sigmaringen (1835–1905) wurde von seinem Schwiegervater, dem König von Portugal Ferdinand II. (1816–1885), für den spanischen Thron vorgeschlagen.

[2] Der Ballon wurde nach dem revolutionären Republikaner Sigismond Auguste Armand Barbès (1809–1870) benannt. Es war der fünfte von insgesamt 67 Ballonen, die Paris zwischen September 1870 und Januar 1871 verließen. Damit wurden 238 Passagiere und 6 Hunde ausgeflogen. Nur etwa die Hälfte der Ballone erfüllte ihren Zweck vollständig: Einige landeten mitten in deutschen Stellungen, zwei im Meer, einer flog bis nach Norwegen. Unzählige Luftpostleichtbriefe wurden ausgeflogen und ebenso 363 Brieftauben, die Nachrichten nach Paris zurückbringen sollten. Die 1839 von dem Briten Johan Benjamin Dancer (1812–1887) erfundene und 1859 von dem Franzosen Prudent Patrice René Dagron (1819–1900) weiterentwickelte Mikroverfilmung machte es möglich, dass während der Belagerung rund 115.000 Nachrichten nach Paris gelangten.

[3] Gambettas Ballonfahrt verlief nicht ohne Zwischenfälle. Schon kurz nach dem Start ging der Ballon nieder, und es musste Ballast abgeworfen werden. Danach eröffnete eine Abteilung Württemberger das Feuer aus ihren Gewehren, und Gambetta wurde an einer Hand getroffen, ehe durch erneutes Ballastabwerfen eine sichere Höhe erreicht werden konnte.

[4] Lange Zeit hielt sich das um 1860 entstandene Gerücht, Garibaldi hätte Vorfahren im westfälischen Rüggeberg gehabt. Demnach sollte der vermeintliche Urgroßvater, ein korsischer Arzt namens Garibaldi, 1736 in Rüggeberg Catharina Amalie von Neuhof geheiratet haben. Wahr ist jedoch nur, dass in diesem Jahr deren Bruder Theodor von Neuhof (um 1694–1756) für sieben Monate als König von Korsika herrschte.

Giuseppe Garibaldi kam in Nizza als Sohn eines Kapitäns zur Welt und wurde zunächst ebenfalls Seemann. Aufgrund seiner Beteiligung an revolutionären Aktionen musste er 1834 nach Brasilien fliehen. In den folgenden Jahren nahm er aktiv an den Unabhängigkeitskriegen in Südamerika teil. 1848 schaltete er sich erstmalig erfolglos in den italienischen Freiheitskampf ein und musste sich anschließend nach New York absetzen. 1862 wurde er bei erneuten Kampfhandlungen gegen italienische Regierungstruppen verwundet und geriet in Gefangenschaft. 1867 scheiterten Garibaldis Truppen bei dem Versuch, Rom einzunehmen. Andererseits trugen seine militärischen Erfolge maßgeblich zur Einigung Italiens und zur Erlangung der Unabhängigkeit bei.

[5] In den Mitteilungen des großen Generalstabs wird noch eine sechste Kompanie genannt, die in Châteauvillain einquartiert wurde. Die Rang- und Quartiersliste der preußischen Armee weist aber nur fünf Kompanien aus.

[6] Der Gastwirt Höver überließ der evangelischen Gemeinde ein Grundstück an der Langen Straße, auf welchem 1903 die neu errichtete Christuskirche eingeweiht wurde.

[7] Bauer mit Grundeigentum.

[8] Johann Gottfried Christian Klute (1822–1899), ein evangelischer Zimmermeister aus Weddinghofen im Kirchspiel Methler, heiratete 1851 in Hamm Elisabeth (Lisette) Lohmann, eine Katholikin aus Scheidingen. 1867 gründete Klute in Hamm an der Östingstraße eine Ziegelei, nach der die Klutestraße benannt wurde. Seine Söhne Friedrich Wilhelm Gustav Klute (1852–1914) und Carl Wilhelm Klute, geboren 1869, führten das Unternehmen weiter und brachten es 1893 gemeinsam mit weiteren Ziegeleien aus Hamm und Kamen in den „Hammer Verkaufsverein für Ziegelfabrikate" ein. Vorstandsvorsitzender dieser Aktiengesellschaft wurde Gustav Klute. Er heiratete 1890 die Konditorentochter Auguste Wilhelmine Bernhardine Sophie Borberg (1864–1898) und als Witwer im Jahr 1900 Luise Wintzen, die 1857 geborene Tochter eines Güterexpedienten. Sein Bruder Wilhelm ehelichte 1899 Maria Wilhelmine Isenbeck, die 1879 geborene Tochter des Brauereibesitzers Albert Isenbeck (1838–1880).

[9] Das Oberlandesgericht wurde 1820 von Kleve nach Hamm verlegt. Aufgrund einer preußischen Verordnung erfolgte 1849 die Umbenennung aller Oberlandesgerichte in Appellationsgerichte. Seit 1879 hat das westfälische Oberlandesgericht seinen Sitz in Hamm.

[10] Einer der Söhne, Hermann Heinrich von Treskow, geboren 1847, starb als Sekonde-Leutnant der 8. Kompanie des 1. Garde-Grenadier-Regiments am 10. September 1870 in Pont-à-Mousson an den Folgen einer Schusswunde an einem Arm, die er am 18. August erlitten hatte.

[11] Im Preußisch-Österreichischen Krieg war von Treskow Premier-Leutnant im 2. Landwehr-Husaren-Regiment (Kavallerie des 1. Posenschen Landwehr-Regiments Nr. 18). In der letzten Schlacht, am 15. Juli 1866 bei Tobitschau (Tovačov), nahm er es, bewaffnet mit einem Revolver und einem Säbel, erfolgreich mit sieben österreichischen Kavalleristen auf. Dafür bekam er den Roten Adler-Orden 4. Klasse mit Schwertern verliehen. In den folgenden Jahren kamen weitere Auszeichnungen hinzu, darunter der Rote Adler-Orden 2. Klasse mit Brillanten.

[12] Die Burgkapelle des Hauses Nordherringen blieb nach der Reformation eine Anlaufstelle für die in Herringen verbliebenen Katholiken. 1775 wurde der Neubau der Kapelle St. Peter und Paul geweiht.

[13] Zur Koordinierung der Vermessungsarbeiten in Preußen fand 1870 die Gründung des „Zentraldirektoriums der Vermessungen im Preußischen Staat" statt. 1872 legte man ein 30-Jahres-Programm auf, und tatsächlich wurden 1912 die letzten Messtischblätter im Maßstab 1:25.000 aufgenommen.

[14] Wilhelm David Fuhrmann (1764–1838) aus Soest wurde 1790 reformierter Pfarrer in Mark und nach der Zusammenlegung mit der Gemeinde in Hamm dort zweiter reformierter Pfarrer. Er war ab 1791 verheiratet mit Anna Clara Magdalena Stein (1764–1824) und ab 1825 in zweiter Ehe mit Anna Magdalena Böddinghaus (1785–1865) aus Elberfeld.

[15] Die Bezeichnung Kastellan verwendete man für Hausmeister oder Verwalter größerer Einrichtungen.

[16] Die Harmonie-Gesellschaft wurde bereits 1816 von 35 Hammer Bürgern gegründet.

[17] Heinrich Jacob Grote brachte am 3. April 1822 die erste Ausgabe des „Kreis Hammschen Wochenblatts“ heraus, aus dem 1850 der „Westfälische Anzeiger“ hervorging.

[18] Augustin Ferdinand Rudolph Boguslaw von Prondzynski, geboren 1840 in Wesel, war ein Sohn des späteren Generals und Kommandeurs von Koblenz und Ehrenbreitstein, Ferdinand Conrad von Prondzynski, und Maria Rosalie L'Homme de Courbière, die 1836 geheiratet hatten. Er führte die 9. Kompanie des 2. Westfälischen Infanterie-Regiments und fiel in der Schlacht bei Colombey am 14. August 1870 durch einen Schuss in die Brust. Bereits am Tag zuvor war sein Pferd unter ihm erschossen worden.

[19] Carl Wilhelm Georg Johann von Bodelschwingh-Plettenberg (1765–1850) heiratete 1834 in zweiter Ehe Bertha von Plettenberg (1808–1874).

[20] Bei den katholisch getauften Kindern wurde der Vermerk „gesetzlich ehelich, kirchlich unehelich“ oder Ähnliches eingetragen.

[21] Der Jurist und Reeder Friedrich Pauly (1789–1866), Sohn eines Hamburger Kaufmanns, übernahm den Namen seines Schiffes „Seestern“ als Mittelnamen für seine Familie.

[22] Franz von Krane wurde auf der Burg Matena bei Welver im Kreis Soest geboren. Seine Vorfahren hatten seit dem Mittelalter als so genannte Erbsälzer das Recht zur Salzgewinnung inne. Als Rittmeister der großherzoglich bergischen Gendarmerie schlug er am 30. Januar 1813 in Elberfeld einen Aufstand nieder, der sich gegen die Zwangsrekrutierung für den Kriegsdienst auf Seiten der Franzosen richtete. Dies brachte ihm die Aufnahme in die Ehrenlegion ein. Nach dem Abzug der Franzosen übertrug man ihm unter preußischer Regie die Führung der Gendarmerie in Düsseldorf, allerdings nur solange, bis seine Verantwortung für das Elberfelder Blutbad publik wurde. Dennoch erhielt er Ende 1813 das Kommando über das 2. Bataillon des 1. Westfälischen Landwehr-Infanterie-Regiments. Schon im Februar 1814 wurde er zum 5. Regiment versetzt, um dort gleichfalls das 2. Bataillon zu führen. Anfang 1815 wechselte von Krane als Major und Kommandeur zum 2. Bataillon des 2. Bergischen Linien-Infanterie-Regiments. Er starb 1820 bei einem Duell in Wiesbaden.

[23] Claude Charles Georgeon (1763–1841) wurde 1798 Kommandant der französischen Garnison in Köln. Er war verheiratet mit Catharina Johanna Carolina Hamm, Tochter eines Kölner Juristen. 1789 hatte er am Sturm auf die Bastille teilgenommen. 1792 erfolgte die Beförderung zum Hauptmann in der Revolutionsarmee, ein Jahr später die zum Eskadrons-Chef der Gendarmerie. 1804 wurde er Ritter der Ehrenlegion, 1813 als Oberst der Gendarmerie Offizier der Ehrenlegion. Im September 1815 nahm er seinen Abschied.

[24] Von Wolffersdorffs Nachfolger als Regimentskommandeur wurde Alexander von Bönninghausen genannt von Budberg (1717–1802). Der letzte Chef des Regiments war Johann Friedrich Schenck zu Schweinsberg (1750–1819). Er geriet am 14. Oktober 1806 in der Schlacht bei Jena schwer verwundet in französische Gefangenschaft, und das Regiment wurde aufgelöst.

[25] Bronikowski starb 1810 als Eskadronschef des 8. Kavallerie-Regiments der polnischen Armee. Ein Pensionsantrag der Witwe wurde abgelehnt, da der Verstorbene nicht durch Feindeshand gefallen war.

[26] Biermann wurde katholisch getauft und ebenso seine Ehefrau und alle Kinder. Dennoch fand seine Bestattung auf dem evangelischen Friedhof statt.

[27] Das Gestüt wurde nach Oswald Mentzel (1801–1874) benannt. Er stammte aus Waldenburg in Schlesien und widmete sich zunächst der Schafzucht. 1824 erfolgte der Einstieg in das preußische Remontenwesen, und 1829 wurde Mentzel als Landstallmeister Direktor aller preußischen Remontendepots.

[28] Amtlich bestellter Gutachter für landwirtschaftliche Flächen.

[29] Jacob Guido Theophil Lancelle (1841–1890), ein Sohn des Justizrates, heiratete 1869 als Premier-Leutnant im 8. Westfälischen Infanterie-Regiment Nr. 57 in Utrecht Alida Johanna Charlotte Sophie Smits. 1870 wurde er als Führer der 5. Kompanie am 15. Dezember bei Vendôme vermisst. Es stellte sich heraus, dass er in französische Gefangenschaft geraten war. Nach seiner Freilassung am 2. März 1871 kehrte er zu seinem Bataillon zurück, wurde zum Hauptmann befördert und mit dem Eisernen Kreuz in beiden Klassen ausgezeichnet. 1877 kam er zum großen Generalstab in Berlin. Lancelle starb als Oberstleutnant im 1. Hessischen Infanterie-Regiment Nr. 81 in Frankfurt am Main an Darmkrebs.

[30] Richard Gastreich, geboren 1870, wurde Doktor der Medizin und Sanitätsrat.

[31] Die Berliner Stadtältesten werden seit 1808 aus dem Kreis derer gewählt, die sich durch langjährigen Einsatz in Wahl- und Ehrenämtern hervorgetan haben.

[32] Die ursprüngliche Namensform war Heymann.

[33] Nach den positiven Erfahrungen im Preußisch-Österreichischen Krieg wurden 1870 fünf preußische Feldeisenbahn-Abteilungen formiert und dem Pionier- und Ingenieur-Korps unterstellt. Später kam noch ein Eisenbahn-Bataillon hinzu.

[34] Der Maschinenbauer Schreck, als uneheliches Kind in Berlin geboren, errichtete ab etwa 1870 Gasanstalten für Beleuchtungszwecke.

[35] Der Engländer William Wenborne (1799–1869) leitete von 1835 bis 1860 in Bonn ein evangelisches Knabenpensionat. 1837 heiratete er Emilie Marie Harleß (1812–1892). Der 1841 geborene Sohn Harry William Wenborne war 1870 Premier-Leutnant im 3. Westfälischen Infanterie-Regiment Nr. 16 und fiel in der Schlacht bei Mars-la-Tour.

[36] Haindorf war 1815 als Lazarettarzt zunächst in Wesel und danach in Münster tätig.

[37] Im Jahr 1841 wurde Eduard Mayer Schützenkönig.

[38] Ohlys Taufe wurde in das Kirchenbuch der katholischen Gemeinde Sankt Johannes Baptist in Rietberg eingetragen.

[39] Ein Zug oder Peloton als militärische Teileinheit umfasste ein Drittel einer Kompanie, also rund 60 bis 70 Mann.

[40] Der 1826 gegründete Bürgerschützenverein errichtete 1867 einen Tanzsaal, dem ein Restaurationsgebäude folgte (Ostenschützenhof). 1870 stellte man die Räumlichkeiten für ein Notlazarett zur Verfügung. In diesem Jahr fiel das Schützenfest aus.

[41] Als Losmann bezeichnete man in Ostpreußen einen Pächter kleiner, ausgeloster Ackerflächen.
[42] Sowohl im Garnisons- als auch im Regimentskirchenbuch wurde als Herkunftsort irrtümlich „Heide im Kreis Diepholz" eingetragen.
[43] Als Hauswirt oder Hausmann bezeichnete man Bauern, die gepachtetes Land bewirtschafteten.
[44] Seit 1686 wurde die Kirche von Protestanten und Katholiken simultan genutzt. Erst 1845 fand der Neubau zweier separater Kirchen statt, die noch bestehen.
[45] Friedrich August Saran (1836 – 1922), Sohn eines Schmiedemeisters, stammte aus Altenplathow bei Genthin in Sachsen-Anhalt. Nach dem Abschluss seines Studiums der Theologie und der Musik im Jahr 1861 arbeitete er zunächst als Gymnasiallehrer und wurde 1863 zweiter Prediger bei der 1. Armee-Division in Königsberg. 1870 erhielt er als Divisionspfarrer der 2. Division das Eiserne Kreuz 2. Klasse für Nichtkämpfer. 1873 wurde er Superintendent und Oberpfarrer in Zehdenick in Brandenburg.
[46] Die preußischen Garde-Grenadier-Regimenter stellten die Elite der Infanterie dar. Ehemals warf ein Grenadier Granaten, später war es eine Ehrenbezeichnung. Die Regimenter trugen die Namen ihrer ersten Chefs: Nr. 1 Kaiser Alexander – Zar Alexander I. von Russland (1777–1825), Nr. 2 Kaiser Franz – Franz I. von Österreich (1768–1835), Nr.3 Königin Elisabeth von Preußen (1801–1873), Nr. 4 Königin Augusta (1811–1890), ab 1829 Gattin des preußischen Thronfolgers, ab 1861 Königin von Preußen, ab 1871 deutsche Kaiserin.
[47] Bauer, der eine halbe Hufe (15 Morgen) bewirtschaftete.
[48] Sowohl im Garnisons- als auch im Regimentskirchenbuch steht fälschlich der Name „Tillmann".
[49] Brinksitzer besaßen nur geringe Ackerflächen und waren auf Nebenerwerb angewiesen.
[50] Im Fürstentum Lippe-Detmold standen Straßenkötter auf der untersten sozialen Stufe. Sie besaßen nur einen kleinen Kotten und arbeiteten auch als Tagelöhner und Hopfenpflücker.
[51] Möglicherweise handelte es sich um den späteren Maler und Lackierer Eduard Franz Gustav Leopold Dienenthal (1842–1895), einen Sohn des Schuhmachermeisters Franz Leopold Dienenthal und dessen Ehefrau Caroline Uhrig, der 1872 in Frankfurt die Webertochter Sophie Magdalena Blumer (1840–1912) heiratete.
[52] Die Handwerkerabteilungen waren üblicherweise Teil der Ersatz-Bataillone. Sie bestanden in erster Linie aus Schneidern, Schuhmachern und Sattlern. Als Schneidergeselle brachte Hellmund also dafür ideale Voraussetzungen mit.
[53] Der polnische Ortsname lautet Sokolna.
[54] Im Kirchenbuch der Gemeinde Tarnowke wurde Typhus als Todesursache eingetragen, basierend auf dem Totenschein, ausgestellt durch die Lazarett-Direktion in Hamm.
[55] Ein Zeugschmied stellte Werkzeuge her.

[56] Im Hammer Garnisonskirchenbuch notierte man irrtümlich, dass die Bestattung auf dem Kirchhof in Braunschweig erfolgte.
[57] Als Leibzucht bezeichnete man das Altenteil eines Bauernhofes.
[58] Nachdem die gleichnamige Vorgängereinheit 1815 aufgelöst worden war, entstand 1855 ein neues Infanterie-Regiment mit der Nummer 93. Es kam bei Mars-la-Tour und Gravelotte zum Einsatz und wurde anschließend in Metz eingeschlossen.
[59] Gemeint war das Arrondissement Epinal im Departement Vosges (Vogesen).
[60] Diese Detailinformation passt zu den Symptomen eines Wundstarrkrampfes, der zunächst Kiefer und Zunge befällt.
[61] Das 1670 gegründete kursächsische Leibregiment wurde 1867 als 101. Infanterie-Regiment in die Truppen des Norddeutschen Bundes aufgenommen.
[62] Couronnieren bezeichnete das Anlegen eines speziellen Laufgrabens vor einer belagerten Festung. Ravelin nannte man ein vorgelagertes, inselartiges Festungswerk, welches dazu diente, die Fläche zwischen zwei, aus dem Festungswall hervorspringenden, Bastionen zu schützen.
[63] In dem Eintrag im Kirchenbuch der Gemeinde Sankt Agnes steht fälschlich „Loire" anstelle von „Loiret".
[64] Das 41. Linien-Infanterie-Regiment war 1820 als „Légion de l'Aude" entstanden.
[65] Die Ursprünge des 27. Infanterie-Regiments reichen in das frühe 17. Jahrhundert zurück. 1870 war es im Besonderen an der Schlacht bei Beaumont am 30. August beteiligt. Vermutlich zählte Poncet dort zu den Gefangengenommenen.
[66] Die Gemeinden Le Plessis und Lastelle wurden 1964 zusammengeschlossen.
[67] Die mobile Nationalgarde wurde 1868 angelegt, um im Kriegsfall die reguläre Armee bei der Verteidigung des Vaterlandes zu unterstützen. Ähnlich dem deutschen Landsturm waren die Einheiten schlecht bewaffnet und trainiert.
[68] Das französische Infanterie-Regiment Nr. 60 ging in der Revolutionszeit aus dem ehemaligen königlichen Marine-Regiment hervor.
[69] Das 10. Dragoner-Regiment hatte seine Wurzeln im 17. Jahrhundert. 1825 kam es zu einer Neuvergabe des Namens. Dieses Regiment machte sich 1870 von Limoges aus auf den Weg nach Norden, und bei Sedan gerieten zwei von vier Eskadronen in Gefangenschaft. Ein weiteres Detachement ereilte dieses Schicksal bei der Kapitulation von Straßburg.
[70] Es wurde unterschieden zwischen dem Kreiswundarzt und dem Kreisphysikus, ab 1899 Kreisarzt genannt.
[71] Greiff heiratete 1761 Sophia Margaretha Philippina Louisa Dorothea Deegen, geboren 1733 in Leeden. Der Sohn Friedrich Ludwig Greiff, geboren 1772, promovierte 1796 als Arzt und ließ sich in Tecklenburg nieder. Sein Bruder Carl Friedrich Greiff kam als Verwalter nach Vellinghausen und heiratete 1791 in Leeden Sophia Henrietta Banning aus Ladbergen.
[72] Scheingelenke können bei ausbleibender Heilung eines Knochenbruchs entstehen.
[73] Wiemer hatte die Pfarrstelle in Hennen von 1829 bis 1862 inne.
[74] Die Pépinière genannte Anstalt zur Aus- und Weiterbildung von Militärärzten wurde 1795 gegründet. 1895 erfolgte die Umbenennung in Kaiser Wilhelms-Aka-

demie. Nach einer vorübergehenden Auflösung 1919 und Wiedereröffnung 1934 fand 1945 die endgültige Schließung statt.

[75] Nordsieck wurde in Bielefeld als Sohn des Chirurgen Friedrich August Nordsieck und dessen Ehefrau Margarethe Charlotte Meyer zu Stapelage geboren. Bevor er nach Hamm kam, war er Kompanie-Chirurg in der Garde-Artillerie-Brigade in Berlin. Dort promovierte er 1835 mit der Dissertation „Nonnulla de graviditate extrauterina, adnexa morbi historia“ (Einiges von der Eileiterschwangerschaft, anhängende Krankheitsgeschichte). 1840 heiratete er in Bielefeld Dorothea Christiane Dieckmeyer (1818–1871). 1848 versetzte man ihn zum Füsilier-Bataillon des 13. Infanterie-Regiments. 1858 wurde er Garnisonsarzt in Wesel. 1868 bekam er den Roten Adler-Orden und 1876 den Königlichen Kronen-Orden verliehen, jeweils 4. Klasse. Nordsieck starb 1877 in Lennep.

[76] In der Kreissynode Hamm hatte ursprünglich neben der Stadt Hamm auch das Dorf Mark sowohl eine lutherische als auch eine reformierte Gemeinde. 1807 wurden die beiden reformierten Gemeinden zusammengelegt. 1821 erfolgte in Hamm die Vereinigung der reformierten mit der lutherischen Gemeinde. Berge war rein lutherisch, dagegen Bönen, Drechen, Flierich, Herringen, Hilbeck, Pelkum, Rhynern und Uentrop reformiert.

[77] Gosebruchs Position als Hammer Stadtoberhaupt ist nicht vollständig geklärt. 1806 war er laut Sterbeeintrag seiner ersten Ehefrau Kämmerer. Ein Jahr später wurde er bei seiner zweiten Trauung als „hiesiger Bürgermeister“ genannt. Im Taufeintrag des Sohnes 1809 nennt man den Vater als Beigeordneten. Aus dem Traueintrag des Sohnes im Jahr 1842 geht allerdings hervor, dass der Vater Bürgermeister in Rhynern war.

[78] Hackländers Großvater Jacob von der Kuhlen (1777–1862) war Pastor in Herringen und in Drechen, Superintendent des Kirchenkreises Hamm und als Präses Leiter der Märkischen Gesamtsynode.

[79] Paul Heermann (1882–1962) war von 1833 bis 1845 Präsident des Landgerichts in Essen.

[80] Die Rietzgartenstraße erinnert an die beliebte Gartenwirtschaft, die ursprünglich direkt an der Lippe lag. Durch den Bau des 1914 in Betrieb genommenen Datteln-Hamm-Kanals wurde der Flusslauf verändert.

[81] Bemerkenswert ist eine Änderung des standesamtlichen Sterbeeintrags, die 1950 vorgenommen wurde. Demnach lautete der Familienname des Verstorbenen „Franke“, in Anbetracht seiner unehelichen Abstammung.

[82] Schockenhoff senior war ein unehelicher Sohn der Catharina Elisabeth Schockenhoff, die später den Tagelöhner Diedrich Reinert heiratete.

[83] Der Kornhändler Franz Klaphecke nutzte zeitweilig das bekannte Haus Vorschulze in Hamm als Geschäfts- und Lagerhaus. Seine Tochter Henrietta Sophia Antonia Klaphecke (1851–1883), katholisch, heiratete 1870 den Kornhändler Christian Heinrich Vorschulze (1840–1918), katholisch.

[84] Der Grieche Eleutherius, zu Deutsch „Befreier“, war von 175 bis 189 Bischof von Rom. Auch der Reformator Martin Luther (1481–1546) trug zeitweilig diesen Namen.

[85] Der Ort hieß ursprünglich Roy und wurde ab 1893 Mount Angel genannt, hergeleitet von der dort 1881 gegründeten Abtei, einem Ableger des Benediktinerklosters in Engelberg in der Schweiz. Mount Angel wurde ein Anziehungspunkt für zahlreiche Auswanderer aus Baden und aus Bayern. Das alljährlich veranstaltete Oktoberfest erfreut sich großer Beliebtheit.

[86] Domherren gehörten zur Beamtenschaft geistlicher Fürstentümer. Sie mussten nicht zwangsläufig Geistliche sein.

[87] Vorstand des Domkapitels.

[88] Die Gegend zwischen Vendôme und Le Mans war im Dezember 1870 und im Januar 1871 Schauplatz mehrerer Gefechte. Dabei kamen die drei Bataillone des 7. Westfälischen Infanterie-Regiments an unterschiedlichen Orten zum Einsatz.

[89] Der Steinmetzmeister Wilhelm Kilhey (1850–1909), evangelisch, war ein Sohn des Fuhrknechts, Tagelöhners und Wiesenbauers Friedrich Andreas Georg Matthias Kilhey (Jahrgang 1814) aus Soest, der 1844 in Hemer mit Christine Maria Friederika Pohlmann (Jahrgang 1819) getraut wurde. Die Mutter stammte aus Elfringhausen in Waldeck. 1877 heiratete er in Soest Louise Margarethe Florentine Maria Philippi, die 1850 in Hattrop geborene Tochter eines Tagelöhners.
Sein Geschäftspartner, der Steinmetzmeister Heinrich Schäfer (1843–1890), war katholisch und stammte ebenfalls aus Soest. Dessen Eltern waren der Maurer Johann Georg Schäfer und Elisabeth Hillebrandt. Er heiratete 1868 in Soest Maria Glahe, eine Tagelöhnertochter aus Schmerlecke bei Erwitte. Schäfer starb mit 46 Jahren in Hamm an der Schwindsucht.

[90] Nach dem Sterbeeintrag im Uentroper Kirchenbuch handelte es sich um Vorkloster (Předklášteří), im Regimentskirchenbuch wird dagegen Tischnowitz (Tišnov) genannt.

[91] Die Protestanten in Vöckinghausen gehörten zum Kirchspiel Dinker.

[92] Bei Rosberitz, am 3. Juli 1866, wurde Sekonde-Leutnant Anton Egon Carl Friedrich von Hohenzollern, geboren 1841 in Sigmaringen, von vier Gewehrkugeln in einem Oberschenkel getroffen. Er starb daran am 5. August. Sein Bruder Leopold kandidierte für den spanischen Thron.

[93] Bernard Hartmann (1853–1908), geboren in der Feldmark, ab 1880 verheiratet mit Catharina Elisabeth Klostermann. Sein 1882 geborener Sohn Theodor Heinrich wurde ebenfalls Bildhauer.

[94] Heinrich Seelige (1872–1937) schuf unter anderem die Mariensäulen in Beckum und in Sendenhorst.

[95] Die korrekte Schreibweise lautet Untiedt.

[96] Johann Diedrich Bülling war ein weiterer Landwehrmann. Er wurde 1785 in Westerbönen geboren, als Sohn des Bauern Johann Bülling und dessen Ehefrau Maria Catharina Stratmann. Nach drei Jahren Dienstzeit gehörte er zum Ersatz-Bataillon des 1. Westfälischen Landwehr-Infanterie-Regiments und starb am 4. November 1815 im Festungslazarett in Luxemburg an Nervenfieber.

[97] Im Taufeintrag in Flierich steht als Vornamenkombination „Clara Lotthie“.

[98] Die hölzerne Gedenktafel für ein Opfer der Befreiungskriege, angebracht im Kircheninneren, ist nicht mehr vorhanden. Darauf wurde Johann Caspar Diedrich

Schulze-Edinghausen genannt, der 1786 geborene Sohn des Bauern Johann Stephan Kreyenfeld genannt Schulze-Edinghausen und der Albertina Catharina Hinkmann. Laut Kirchenbucheintrag starb er am 15. Juni 1815 in der Nähe von Charleroi. Die in dem Eintrag erwähnte Verbindung zur Schlacht bei Belle-Alliance (Waterloo) ist allerdings abwegig, da sie erst drei Tage später stattfand. Die Eltern des Gefallenen hatten 1785 in Flierich geheiratet, wobei der Vater als Soldat in Wesel seinen Militärdienst ableistete, und die Mutter die Witwe des 1784 tödlich verunfallten Johann Hermann Schulze-Edinghausen war.

[99] Hermeling arbeitete als Jäger für Haus Mundloh, einen ehemaligen Rittersitz, seit 1763 im Besitz der Herren von der Recke zu Uentrop.

[100] Es gab auch die Schreibweisen Becker und Bäcker. Am 16. Juni 1815 fiel Johann Heinrich Becker, Jahrgang 1791, in der Schlacht bei Ligny. Für ihn existiert in Hilbeck ebenfalls eine hölzerne Gedenktafel.

[101] In das Lazarett in Quingey brachte man auch den Jäger Friedrich Wilhelm Maria Armbrust, geboren 1841 in Osterwick bei Coesfeld, dem der linke Oberschenkel durchschossen worden war. Er starb noch während des Feldzugs an einer nicht überlieferten Krankheit.